中国经济周期波动原因分析及调控管理

李长璐 著

中国财政经济出版社

图书在版编目（CIP）数据

中国经济周期波动原因分析及调控管理/李长璐著．—北京：中国财政经济出版社，2011.9

ISBN 978－7－5095－3041－2

Ⅰ．①中…　Ⅱ．①李…　Ⅲ．①经济周期波动－研究－中国　Ⅳ．①F124.8

中国版本图书馆 CIP 数据核字（2011）第 163960 号

责任编辑：赵　力　　　责任校对：李　丽
封面设计：郁　佳　　　版式设计：董生平

中国财政经济出版社 出版

URL：http：//www.cfeph.cn

E－mail：cfeph@cfeph.cn

社址：北京市海淀区阜成路甲 28 号　邮政编码：100142
发行处电话：88190406　财经书店电话：64033436
北京富生印刷厂印刷　各地新华书店经销
787×960 毫米　16 开　14.25 印张　201 000 字
2011 年 9 月第 1 版　2011 年 9 月北京第 1 次印刷
印数：1－1000　定价：35.00 元
ISBN 978－7－5095－3041－2/F·2580
（图书出现印装问题，本社负责调换）
本社质量投诉电话：010－88190744

序 言 一

经济周期是宏观经济学历久弥新的研究课题。熊彼特说:“周期并不像扁桃体那样,是可以单独摘除的东西,而是像心跳一样,是有机体的核心。”萨缪尔森也把经济周期与经济增长并列为宏观经济学的两大核心研究任务。从实践看,经济周期性波动既是世界各个经济体所遇到的共性问题,又是困扰各国经济发展的难题,改革开放以来,在构建中国特色社会主义市场经济进程中,平抑经济周期性波动,实现经济平稳较快增长始终是中国政府宏观调控的主要目标。席卷全球的国际金融危机引发了一场“百年一遇”的经济危机,同时也引发了经济理论的危机。主流经济学面对危机的理论解释的苍白和对策措施的失灵,都需要经济理论界深入反思。在抵御这场危机的努力中,中国率先实现了经济发展的企稳向好,并对世界经济摆脱经济周期的衰退阶段作出了积极的贡献,对此,现有的西方经济周期理论又一次被证明已经无法准确刻画和解释中国经济运行的增长态势,这就需要研究者结合现有的中国经济自身特点,完善和修正原有经济周期理论的前提假设条件和适用范围,深化对中国经济宏观调控的理论研究,并寻求对于真正影响中国经济周期变动因素的更全面而深刻的认识,以便为完善我国宏观经济调控体系、优化宏观调控模式,提供理论依据和政策支持。

李长璐同志的《中国经济周期波动原因分析及调控管理》即将付梓，本书从经济社会学的视角系统回顾改革开放前后历次经济周期波动的情况和特点，并从理论和实证两方面深入剖析波动的原因及其内在联系。基于对计划经济和市场经济体制中历次经济周期波动的深入分析，作者提出调控管理中国经济周期的可行性既源于中国的政治经济制度安排，又源于改革开放以来的财富积累与大国优势，中国经济周期的调控模式具有鲜明的中国特色。书中展开的研究工作颇具新意，丰富了关于经济周期的认识，对深入分析“中国调控模式”下政府宏观经济调控的机理、方式及调控路径，具有启发意义。本书中关于实现经济周期平滑化的政策建议，对管理部门具有参考价值。当然，本书中对近年国际金融危机的研究及其与经济周期波动关系的研究还有待深入，因为在世界经济全球化不断深入背景下，世界经济周期与中国经济周期的协动性日益增强，因而，要进一步拓宽宏观调控的研究视野，就要充分考虑世界与中国之间的双向影响因素，关注世界发展的中国因素及其与外部因素的互动。

坚定不移地推进市场化是经济体制改革的基本方向，因此今后仍然要减少政府运用行政手段直接干预国民经济的做法。鉴于中国现阶段处于经济发展与体制转型过程中，结构性失衡的问题非常突出，而需求管理尚无法有效解决结构问题，在今后一段时期内，宏观调控就需要高度注重理性的供给管理。在宏观调控政策工具的组合中，财政政策侧重于调结构，这除了市场经济“常规”的政策工具分工原因之外，更是因为中国实现现代化战略目标的赶超性质和激烈的国际竞争环境，不允许我们坐等由漫长的平均利润率形成过程和市场自发调节资源配置过程来解决结构问题，有必要更多借助财政政策促进结构优化而服务于后来居上的现代化赶超；货币政策当然应侧重于调总量，这是因为货币政策对于总量调控的功能更为显著，效果更为直接，尤其长于通货膨胀时期的总量紧缩，但凡事不应绝对，货币政策与财政政策结合部的政策性金融，也是中国经济调控中所需要注重解决好的重大问题。动态地看，只有根据经济社会发展不同阶段的不同情况相机抉择，采取相应的松紧搭配和适当的政策组合，才能有效促进国民经济平稳运行，从而平稳延长每一经济周期的上升阶段，尽可能抑制、收短低速阶段实现经济在适度高位平滑运行，充分释放中国经济成长性的潜力，确保国民经济的可持续健康发展。

李长璐是一位理论基础扎实和实践经验丰富的青年学者，作为他的博士后联系教师，我对他诚恳求学的态度和勤奋钻研的精神印象深刻。在长璐同志的专著即将出版时，我很愿意以作序的机会，祝贺他已经取得的阶段性学术成果，并希望他在今后的研究中继续努力，不断进取，形成更多的高质量的成果。

财政部财政科学研究所所长、博士生导师 贾康

2011 年 5 月 23 日于北京

序 言 二

经过新中国60多年卓有成效的经济建设，特别是改革开放30多年来，中国经济高速发展。根据罗斯托经济发展阶段论判断，中国经济基本进入了向成熟推进的阶段。在取得经济发展成就的同时，世人分别从不同角度对中国经济发展的真实性、稳定性和可持续性提出了质疑。今后十年中国经济能否持续稳定健康发展对未来中国具有非同寻常的战略意义。李长璐博士在本书中运用历史分析方法、理论抽象方法和统计计量方法，对新中国成立以来中国经济的周期性波动进行了分析研究，揭示了计划经济体制和市场经济体制下经济周期不同的波动形态和波动原因，并据此客观分析未来中国经济的发展路径，从有效调控投资、贸易和出口等方面提出了促进经济周期高位平滑稳健运行的对策。

为了增强研究结论的科学性，作者从经济社会学的角度验证了改革开放以后在消费、投资、出口等拉动经济增长的因素中，投资变动与经济周期波动具有高度相关性，同时对未来十年的经济增长具有十分重要的拉动作用，而在中国模式下，由于政府掌握着资金、土地等生产要素，并能够通过政策影响劳动力的配置，因而政府能够通过财政政策、货币政策和土地政策影响投资规模，进而对经济周期实施有效的调控管理。由于作者在政府宏观经济管理部门长期从事经济理论研究，并实际参与宏观调控政策制定，因而所提出的政策建议在具备理论高度的同时也具有较强的现实可操作性，这是作者独立开展经济科学研究工作的优势。

作为一名青年学者，李长璐博士具有扎实的理论功底和丰富的实践经验，作为他的博士生导师，我非常赞赏他的钻研精神和科学态度，也非常愿意为他的阶段性研究成果作序，希望他继续就经济周期问题进行深入研究，在经济周期研究领域作出新的贡献。

吉林大学经济学院教授、博士生导师 吴宇晖

2011 年 5 月 23 日

序　言　三

从1949年新中国成立以后，截止到2009年，中国经历了改革开放前后各30年的经济增长。伴随中国现代化建设发展历程的不仅有肯定，还有世人对中国经济发展的质疑，但中国最终以举世瞩目的经济成就交出了靓丽的答卷。较之西方300年的现代化建设历程，中国60年的建设成就不走侵略和控制他国的老路，而是抓住和平与发展的历史机遇，充分发挥制度优势、比较优势和大国优势，以60年的成功奋斗开创了“中国模式”之路，更成为世界现代化发展历史潮流中的进步力量。

李长璐同志的研究成果系统回顾了共和国的经济发展历程，对“中国模式”进行了深入解读，经对前后两个30年的实证分析得出了科学的研究结论，即中国经济发展的成就是60年的成就，前后两个30年无法割裂开来，不能对立起来。改革开放后30年的建设成就已经广为人知，但在改革开放前30年中，除去1949—1953年“恢复时期”的超高增长率，从1953年“第一个五年计划”开始计算，到1978年我国也获得了高达6.5%的GDP年均增长率，这就给后30年年均9.8%的飞跃式增长奠定了坚实基础。通过作者对计划经济时期和社会主义市场经济体制中经济周期波动形态及原因的分析，我们可以清楚地看到中国道路的成功，既挑战了西方经济学的“市场与计划两分”原则，又挑战了西方政治学的“民主与专制两分”原则，还挑战了西方社会学的“国家与社会两分”原则，因而，本书的研究结论具有重大的理论和现实意义。

李长璐同志长期在政府宏观调控综合部门从事政策研究工作，经历过多个工作岗位，具有丰富的实践经验，在行政管理工作中往往善于从理论的高度来分析研究问题进而提出行之有效的解决办法，在政策研究和文字综合工作中也不仅能够“以我观之”、“以物观之”，而且往往善于“以道观之”，能够把理论与实践有机结合起来，富于创造性地解决工作中遇到的问题，因而是一个思维开阔、作风扎实、处事严谨、素质全面的青年干部。在长璐同志的专著即将出版之时，我很愿意受邀作序，祝贺他已经取得的阶段性学术成果，同时也希望他继续保持勇猛精进的求索精神，在行政管理和理论研究两个方面都获得丰收，不断拓宽自己的人生道路。

中央驻澳办行政财务部部长 王树勤

2011 年 5 月 25 日

目　录

绪 论

1. 研究的事实基础

站在21世纪第一个十年的时间节点上回望百年中国现代化建设的求索历程，世界上客观公正的人们都会承认，1949年中国取得的自由独立，奠定了现代化建设的坚实基础；1978年中国开始的改革开放，创造了现代化建设的瞩目成就。1978—2008年，中国经济以年均9.8%的增长率连续30年高速增长，GDP总量在2004年超过意大利，2005年超过法国，2006年超过英国，2008年超过德国居世界第三位。在2009年国际金融危机背景下，中国经济率先复苏，全年出口12017亿美元，出口总量超过德国列世界第一位，成为发展最快的新兴经济体。[①] 2010年国内生产总值39.8万亿元，增长10.3%，经济总量超过日本，成为世界第二大经济体；粮食产量54641万吨，比上年增长2.9%，实现了连续7年增产；全年社会消费品零售总额156998亿元，比上年增长18.3%；全年国家财政收入8.3万亿元，增长21.3%。[②]

伴随中国改革开放以来经济高速增长始终的是西方的中国“崩

---

① 国家发展和改革委员会：“关于2009年国民经济和社会发展计划执行情况与2010年国民经济和社会发展计划草案的报告”，《人民日报》2010年3月17日。

② 国家发展和改革委员会：“关于2010年国民经济和社会发展计划执行情况与2011年国民经济和社会发展计划草案的报告”，《人民日报》2011年3月5日。

溃论”和中国“威胁论”。[①] 这两种结论完全相反的质疑能够交替加之于中国表明了西方社会始终没有以接纳性的态度来理解中国。中国不为任何艰难所惧，不为任何风险所惑，向来有自主命运的决心和勇气，不会以别人的意志为转移，不惧外人说三道四，始终坚持发展这个硬道理，较好地解决了自身发展中遇到的经济体制转型、工业化、城市化等世界性难题。在奔向自由富强的艰苦历程中，中国没有必要以外人的评判为指南，但为了更好地从中国国情出发研究和解决中国的问题，从而更好地办好自己的事情，中国应以他人的评判为参考，并给予足够重视，以便吸取一切正确的要素为我所用，更好地校准中国现代化的航向。外部世界对中国的质疑与解答中国长期经济增长和经济周期循环往复的动因问题具有高度相关性，在此综合归纳外部世界对中国的质疑作为问题提出的逻辑起点。

（1）西方对中国经济发展真实性的质疑

2000 年，美国匹兹堡大学（University of Pittsburg）教授罗斯基（Thomas Rawski）发表了两篇文章，题目分别是《中国的 GDP 统计发生了什么》和《中国的 GDP 统计：该被警告》。在文章中，罗斯基从经济增长和能源消耗的萎缩、物流的下降和主要工业产品的缓慢增长、服装等商品的消耗到农业的迟滞等因素，几乎全方位地质疑中国经济增长模式并指责中国在统计方面造假。从 2001 年开始，几乎在美籍华人章家敦出版《中国即将崩溃》的同时，西方质疑中国统计数据的文章在主流媒体上开始大量发表，质疑的声音在 2002 年达到顶点。2002 年 1 月，美国《中国经济》季刊的主编斯塔德维尔在其《中国梦》一书中把中国经济比喻为“一座建立在沙滩上的大厦”。2002 年 4 月 1 日，美国《时代》周刊也刊登了一篇题为《中国

① 中国“崩溃论”和中国“威胁论”是对中国经济发展两种截然不同的看法。持中国“崩溃论”的人看重中国存在的经济差距、失业以及环境恶化等问题，认为中国无法解决这些问题，经济最终会走上崩溃道路。持中国“威胁论”的人着眼于中国经济发展的潜力，他们认为中国经济正在日益抬头，最终会威胁其他国家的经济发展。这两种看法相互交替，特别是 2003 年上半年以前，中国“崩溃论”盛极一时，而下半年以后，中国“威胁论”则甚嚣尘上。

为什么造假账》的文章，批评中国经济成就是建立在虚假数字基础上的。西方由此认为中国经济属于“虚假繁荣”，最后会一步步走向崩溃。“中国崩溃论”由此诞生。随着时间的推移，中国经济的强劲表现将上述命题逐一击破，而且西方有识之士也对此给予客观评论，比如摩根士丹利（Morgan Stanley）亚洲荣誉董事长、顾问总监华沃兹（Jack Wadsworth）就曾在2003年的一次经济年会上当面对章家敦讲：“你的‘中国崩溃论’，只在你的书中存在，不存在于中国的现实中。”但对中国经济发展真实性的质疑并没有完全消除，而且迁延至今。对于中国2008年第4季度GDP 6.8%的增长率，摩根士丹利公司曾提出疑问，他们认为中国该季度增长实际停滞；对中国2009年第1季度的6.1%增长率，伦敦资本经济公司（Capital Economics in London）认为实际GDP增速不超过6%，而英国隆巴德街研究所（Lombard Street Research）的研究结论是第1季度增长速度为零；2009年8月，美国企业研究所（American Enterprise Institute）访问学者马钦（Makin · H. John）基于对中国GDP采用生产法统计的质疑，提出了中国经济存在虚假繁荣的论断；美国传统基金会（Heritage Foundation）亚太经济政策研究员史剑道（Derek Scissors）在2010年初发表文章，质疑中国2009年的经济数据，同时表示中国的经济政策令人难以理解，泡沫在所难免。

（2）西方对中国经济发展稳定性的质疑

亚洲金融危机之后，美国著名经济学家保罗·克鲁格曼（Paul R. Krugman）出版了《萧条经济学的回归》，其中谈到，中国经济可能是多米诺骨牌即将倒掉的“下一个”。虽然他在书中强调这只是可能，而且在同一段文字中接下去指出，由于中国已经充分认识到这个问题的严重性，并正在采取积极的措施，因此也可能就不会是中国。但是，只有他的前一半观点在世界上得到了广泛传播。这充分表明西方对中国经济发展稳定性心怀疑惑。俄罗斯一投资公司战略部主任阿列克谢·扎博特金曾说，如果以审慎的眼光来看待中国的成就，中国经济的增长主要是靠国家投资带动的。一旦政府遏制贷款扩张速度，中国就会变成一个泥足巨人。2009年新加坡国立大学东亚研究所所长郑永年发表《中国经济均衡增长的内外压力》指出中国经济日益面临欧美贸易保护主义的压力，而改变出口导向型经济的机会正在流失，同时，中国经济内需与外贸之间存在不平衡，国有部门与非国有部门之间也存在不均衡，生产性投资和社会性投资之间还存在严重失衡，这种种失衡对经济发展的稳定性构成了挑战。对于中国经济在金融危机率先复苏的实际表现，苏格兰皇家银行经济学家贝哲民认为，尽管经济增长的速度在提升，质量却在恶化，稳定性很差。很多国外媒体对中国经济复苏的稳定性持怀疑态度，认为高速增长的背后孕育着潜在的风险和危机。路透中文网在2009年7月16日刊登了一篇具有代表性的文章，题为《中国经济企稳回升态势虽确立　结构失衡及民间投资不足成掣肘》，文章表示中国公布的上半年经济数据印证了经济企稳向好的普遍预期，但是仔细分析不难看出，支撑经济回稳的基础仍是政府主导的大量投资和政府消费，而产能过剩问题、经济结构失衡问题及民间投资不足的状况并未从根本上得到解决与改善，中国经济发展的稳定性不足。

（3）西方对中国经济发展可持续性的质疑

对中国经济发展可持续性的质疑实际上是对中国经济发展动力的质疑，也是对中国克服制约经济发展瓶颈能力的质疑。这个问题关系到中国经济未来发展走势和对世界经济格局的影响，很多研究中国经济发展的专家学者都对这一问题给予了极大关注。克鲁格曼在《亚洲奇迹之谜》中就认为中国的增长方式是不可持续的。与其他对中国抱有偏见的西方经济学者相比较，摩根士丹利首席经济学家史蒂芬·罗奇（Stephen Roach）是为数不多的能对中国经济作出相对客观评价的西方经济学家之一。2005年5月23日，罗奇先生在摩根士丹利网站上发表了《假如中国减速》，罗奇在文章中写道“中国经济在年内有很大可能将进一步减速”，“我们有理由相信世界已初步踏上由中国领头的全球性减速轨道”。然而，事实上中国经济并没有发生像罗奇所预测的那样大幅度减速。于是，10月21日罗奇先生又在摩根士丹利网站上发表了第二篇文章，题目是《对中国经济减速的错判》。在文章中，他坦承自己原来的预测有误，“期待已久的中国经济放缓并没有出现。在过去的一年里出现过一些短暂的停顿期，但是并没有出现我所预测的大幅度的周期性下滑。”但是，他始终认为中国经济处于失衡状态，随时会受到严峻考验。在2008年9月夏季达沃斯论坛上，罗奇表示他认为中国经济未来还会减速。2009年，在瑞士达沃斯的世界经济论坛上，罗奇再次强调，不要只看到中国的高速经济增长，中国经济背后是不平衡，不稳定，不协调和最终的不可持续的，中国应当注意保持经济体系内部的平衡，同时也要维护与外部发展环境之间的平衡。美国加州大学戴维斯分校经济系教授、布鲁金斯学会高级研究员胡永泰认为，中国金融体系存在监管不力等系统性风险；中国老龄化程度不断加剧使构建合理的社会保障体系任务日见繁重；中国基尼系数已超过0.45，贫富差距日益加大引发了社会公平问题；而目前国际市场上石油、铁矿石等能源资源供应瓶颈对中国经济工业化构成了制约；中国国内的土地和水资源等生产要素供应不足也会对中国经济持续发展造成重要影响。

（4）对外部世界质疑合理性的评析

对中国经济发展真实性的质疑，实际上是对中国经济增长数量的质疑；对中国经济发展稳定性的质疑，实际上是对中国经济增长质量的质疑；对于中国经济发展可持续性的质疑，实际上是对中国经济增长动力的质疑。前两个问题属于静态范畴，是对中国以往经济建设成就的质疑；而后一个问题属于动态范畴，是对中国未来发展前景的质疑。在外部世界的质疑声音中，既有恶意的攻击，也有善意的提醒，但不论是善意的提醒，还是恶意的攻击，我们都应抱以“有则改之，无则加勉”的科学态度，因为从国际社会得到的评论是中国经济在发展过程中从国际市场取得的有价值信息的重要组成部分。充分利用这些信息构建有力的信号反馈机制，可以促使中国在通往经济繁荣之路上对经济行为进行矫正或再矫正。中国人没有必要对这些非议耿耿于怀，更不必事事加以反驳，中国正在逐步地全面融入全球市场经济和快速发展的世界金融市场之中，中国必须学会把这些评论当作加快经济健康平稳快速持续发展的积极动力，因为睿智和老练也是任何一个国家走向成熟所必须具备的基本素质。所以，聚精会神搞建设，一心一意谋发展，办好中国自己的事情，用经济蓬勃发展的事实和日益扩大的世界影响力来回答质疑是中国解疑释惑的最好方式。由于中国经济发展的真实性、稳定性和可持续性与本书所研究的中国经济周期动因分析密切相关，为筑牢本书开展经济研究的逻辑基础，下面对上述问题予以简要辨析。

对于中国经济发展的真实性问题，李晓西（2002）、林毅夫（2005）和许宪春（2010）分别从统计指标选取和应用的技术角度进行了解释，回应了国外学者的质疑，得出了中国经济发展客观真实的结论。笔者采用逻辑推理和实证分析的方法，从统计数据的作用、中国经济的表现和中国经济的影响等方面对中国经济发展真实性问题进行了深入研究，研究结论是，中国统计数据与实际经济规模之间可能有差距，但统计数据仍然处于可以信赖的置信区间内。这是因为统计数据可能造假，但生产能力不能造假，中国经济建设表现出的活力无法造假，中国工业化和经济发展带给世界的巨大影响更无从造假。从统计数据的作用看，美日欧因中国出口产品总量连年攀升而相应逐年增加提交 WTO 的贸易摩擦案件并没有哪件是采用中国的统计数据作支撑。美国近年来不断向中国施加压力要求人民币升值背后的主要理由也是中国商品大量对美国出口影响了美国的就业，如果说西方发达国家不约而同地采取抵制中国商品进口的大规模行动，直至连篇累牍如临大敌地叫嚷中国“威胁论”，进而要求中国做与自身能力相适应的负责任的大国，而这一切仅仅源于中国统计部门制造了几个虚假的国民经济统计数据，这种逻辑命题显然是荒谬的。怎么可能发生中国修改几个统计数据就导致了美国的商品市场、劳动力市场和货币市场严重失衡的事情呢？对于这个问题唯一合理的解释就是西方发达国家确确实实感受到了中国这个新兴经济大国经济快速增长的压力，中国经济发展的真实性有其客观实在性。对中国经济发展真实性的质疑，不只存在于外部世界，国内质疑经济发展真实性的声音也始终不绝于耳。在以 GDP 作为考核官员晋升重要参考指标的情况下，确实在有些地域出现了“官出数字、数字出官”的事实。对此，经济研究不应回避，否则就是不尊重客观事实，也就无法得出科学的成果。但是，应当看到的是，我们研究的对象是中国经济的整体而非局部，"官出数字、数字出官"的现象大多发生在中国经济欠发达地区，在这些地区虚报经济指标的同时，也应当看到很多经济发达地区的地方政府出于维护自身经济利益的需要，在与上一级政府的经济博弈中采取了瞒报经济指标的策略，以避免本地经济资源在分税制经济体制下过多地被上级政府集中。况且，有些经济指标是官员们无法造假的，比如，中国外汇储备金额2009年达到23992亿美元。这些因素从不同方面影响了中国宏观经济的统计结果，相互抵消后确保了中国经济的宏观统计数据基本处于值得信赖的置信区间内。从中国经济的活力看，20世纪90年代，中国一度是世界上最大的建设工地，平均每年建成高速公路四千多公里，在不到20年的时间里高速公路总里程达到6.5万公里，仅次于美国居世界第二位；进入21世纪，中国经济表现更为活跃，而且重大项目建设成果的科技含量不断提升。2003年神舟五号实现载人太空飞行；2006年青藏铁路全线通车；2007年首架自主知识产权支线客机ARJ21下线、自主研制的首列时速300km动车组下线，世界级的三峡船闸全部建成；2008年首都国际机场T3航站楼建成启用，奥运场馆工程定期交工使用，亚洲最大客运站——北京南站建成，世界上最长跨海大桥——杭州湾跨海大桥通车；2009年中国成功研制千万亿次超级计算机"天河一号"，首条自主设计的厦门翔安海底隧道建成，世界上最长的输水隧道也在辽宁全线贯通，世界上跨径最大的双层公路斜拉桥——上海闵蒲大桥也通车使用①，同年，中国又有江阴港、厦门港、湛江港和湖州港吞吐量超过1亿吨，使中国吞吐量上亿吨的港口达到20个，而全球吞吐量上亿吨的港口总数为30个。② 从中国经济的影响力看，目前中国在世界上的经济影响也有力地证实了中国经济增长的真实性，近年来中国市场是世界上名贵商品销售量增长最快的市场；近年来中国的国有企

① 苏青、朱宇、代丽、岳臣："2009年中国重大科学技术与工程进展"，《科技导报》2010年第1期。

② 钱永昌："全球30个港口吞吐量上亿吨三分之二在中国"，《新华每日电讯报》2010年5月27日。

业和民营企业在世界上购买资产的势头日益强劲，产生较大影响的案例有联想收购 IBM 商用电脑、吉利汽车收购沃尔沃、中海油求购美国尤尼科公司等。2009 年，中国在欧盟、日本、加拿大和澳大利亚等发达国家出口市场上的排名均有上升，分别成为日本和澳大利亚的第一大出口市场，欧盟、加拿大的第三大出口市场，继续保持了美国第三大出口市场的地位。2010 年 3 月《华尔街日报》理财专栏请加拿大安大略省皇后大学商学院金融学系教授王维研究了 2006 年年底以来，在名字中加入“中国”一词的 82 家公司的股票收益情况，经对这些公司改名前后各 20 个交易日的股票收益情况深入分析，发现这些股票在此期间平均业绩高于整体市场 31 个百分点，在剔除了最极端情况之后，更短期和更长期的数据也均支持这一结果。从宏观层面看，全球贸易信息系统数据显示，2009 年中国取代德国成为全球第二大进口国，在已发布 2009 年外贸数据的 71 个主要贸易国（地区）中，有 59 个国家（地区）的出口量对中国市场的依赖程度增强，其中，德国等 33 个国家和地区对中国出口比上年增长，美、日等 26 个国家和地区对中国出口降幅远远小于其出口总体降幅，这也说明了中国的影响力正处于全面扩散之中。2009 年底的美国《时代》周刊说，“中国仍是全世界增长速度最快的经济体，对其他所有经济体都起到刺激作用”。《华盛顿邮报》认为，中国是世界经济免于陷入“深渊”的一大因素。法国《费加罗报》2009 年 11 月刊登了一篇题为《中国让经合组织走出衰退》的文章，认为发达国家经济从危机中恢复过来，“部分归功于中国经济的活力”。2009 年中国进口价格走势与国际同期大宗商品价格指数（CRB 指数）的相关性也是有力的证明：在 2009 年 3 月国际市场价格暴跌之时，中国进口价格已经开始止跌回升，环比上涨 2.7%，此后进口价格指数连续 12 个月环比逐月走高，而同期 CRB 指数也从 2009 年 3 月的 200 点，一路震荡上行至 2010 年 1 月初的 293.8 点。① 由此可见，中国经济的表现稳定了国际市场预期，为世界经济的复苏作出了贡献。目前在中国周

① 海关总署：“我国外贸将更加平衡发展”，《人民日报》2010 年 4 月 13 日。

边的国家中，即便那些对中国抱有戒备之心而在安全上采取依靠美国策略的国家，在经济上也努力地搭乘中国经济发展的快车。之所以在此着重对中国经济发展的真实性给予论证，是因为中国经济发展的真实性是研究中国长期经济增长和短期经济周期波动的事实基础，是从理论层面上研究中国经济问题的出发点和落脚点，是能够转而研究中国经济发展稳定性和可持续性的转折点。

与中国经济发展真实性问题不同，对于中国经济的稳定性和可持续性的评估，应当作为中国经济发展过程中必须予以关注的重点问题。因为中国经济的稳定性反映了中国经济结构的合理性，中国经济的可持续性反映了中国经济发展长远动力的合理性。中国仍然是世界上最大的发展中国家，人口多，底子薄，发展不平衡仍然是中国的基本国情。虽然中国经济总量位居世界第三，但人均国内生产总值刚刚超过 3000 美元，居世界一百位之后，按照联合国标准，还有 1 亿多人生活在贫困线以下，发展经济、改善民生的任务十分繁重。中国要实现现代化，使全体国民过上安居乐业、富裕幸福的生活还要进行长期艰苦的努力。所以，在未来 20 年战略机遇期内，中国经济能否实现持续稳定健康发展，既取决于经济结构的稳定性，又取决于经济发展动力的强劲性。在这种背景下，我们对推动中国经济发展取得显著成就的各种因素加以详细分析就具有非同寻常的意义，因为理清中国经济发展的规律，可以鉴往而知来，及时解决制约今后中国经济发展的瓶颈，消除各种不确定因素对经济发展的冲击，针对经济发展中出现的新情况、新问题，合理运用市场的“无形之手”和政府的“有形之手”促进中国经济持续平稳较快发展，实现经济的稳定性和可持续性。

综上所述，中国经济发展确实已经取得了举世瞩目的成就，不必质疑经济建设成就的真实性。但是，在解释中国几十年来的经济发展成果和制度变迁结果时，现有的经济理论无法给出全面、系统、正确的答案，在中国波澜壮阔的经济实践面前显得有些无能为力。美国著名经济学家米尔顿·弗里德曼（Milton Friedman）甚至断言：谁能正确解释中国改革和发展，谁就能够获得诺贝尔经济学奖。

2. 研究问题的提出

中国“崩溃论”和中国“威胁论”是结论完全相反的两类质疑，这两类质疑能够交替加之于中国也从侧面印证了中国经济发展的艰巨性，毕竟中国在1949年“一穷二白”基础上想要在较短时期内实现人类历史上最大规模的现代化，就要采取超越常规且非常正确的方法来解决人口、资本、科技、制度等影响经济增长的诸多难题。而这些难题西方发达国家从未面对过，均属无从借鉴发展经验的世界级难题。这就如同一个长跑运动员，先天身体素质不强，后天训练条件不良，比赛经验不足，而且跑步的姿势用已有的理论衡量也是不科学的，无论是场内对手还是场外观众都不看好这样的选手，但就是这样一名运动员，在漫长艰苦的比赛中居然跑赢了大部分种子选手，跑在了比赛队伍的前列。如果有这种事情发生，最合理的解释就是这名选手一定做了非常正确的事情，极大地克服了面临的诸多困难，很好地解决了自身的诸多问题，并充分发挥了自己不为人知的综合实力，才取得了这种令人惊叹的竞争优势。

与此相类似，中国在1949年后大部分时间处于孤立无援的状态，但仅用61年时间就走过了西方发达国家300年时间走过的发展历程，创造了独具特色的“中国模式”，将13亿中国人从畸贫畸弱的基础上带入了现代化的康庄大道，并且对世界经济发展产生了积极而深远的影响，那么，与上述用常理难以解释的长跑运动员一样，中国究竟做对了什么？换言之，驱动中国经济高速增长和经济周期在高增长率基础上循环往复的动因何在？

天下大事，必做于细；天下难事，必做于易。经济发展和经济增长的具体路径与表现形式是经济周期。按照辩证法关于社会科学由表及里的分析方法，从经济周期着手对中国经济发展问题进行分析，进而理清解释经济周期短期波动的原因和长期的驱动因素，即准确定位经济周期的长短期动因，我们就有可能独辟蹊径，从经济周期的视角解释中国经济的短期增长和长期发展。

论述至此，本书所尝试解决的问题已经比较明晰地刻画出来，这就是以往驱动中国经济高速增长和经济周期循环往复的动因何在？这些动因是否还将继续驱动中国经济未来继续实现持续稳定健康发展？中国经济转型后可持续发展还需要哪些动力？正确回答这些问题能够对中国未来经济发展提供有价值的理论支撑，能够为中国这样一个超大规模经济体寻找到驱动经济持续稳定高速增长的发动机，并清楚界定维持其平稳高速健康运转所需的成本和要素，对经济学者而言，既是巨大挑战，又是难得机遇，更是历史责任。

3. 研究思路与方法

（1）研究思路

本书以马克思主义为指导，广泛吸收和借鉴了现代西方经济学关于经济增长和经济周期的理论研究成果，注重把中国经济建设实践与理论抽象解释相结合，唯物辩证法与历史唯物论相结合，理论逻辑推演与历史事件分析相结合，规范分析与实证分析相结合，运用历史、理论和统计的分析方法，在描述中国经济周期波动特征的基础上，深入分析了以往驱动中国经济高速增长和经济周期循环往复的影响因素，归纳分析了改革开放前后中国政府对经济周期已实施了有力影响的事实，提出“经济周期调控管理理论”，并对这些动因今后能否继续驱动中国经济在未来持续增长作出了分析判断。

（2）研究方法

理论分析方法的特点是深刻，历史分析方法的特点是全面，统计分析方法的特点是准确，因此本书用上述这三种方法进行研究。

①理论的分析方法。马克思在《资本论》1867 年第一版序言中写道：“分析经济形势，既不能用显微镜，也不能用化学试剂。二者都必须用抽象力来代替。”理论能够从具体现象中抽象出规律，只要运用科学的思维方法对具体感性的经济现象进行去粗取精、去伪存真、由此及彼、由表及里地加工，就能够实现由感性认识向理性认识的飞跃。因此，要在充分占有具体资料和观察经济现象的前提下，抓住事物的本质联系和内在矛盾，进行科学的提炼、归纳和概括。罗宾逊夫人曾无比巧妙地比喻说，经济理论是一个工具箱。由于理论研究

方法能够深入经济现象的本质，探求各种经济现象之间内在的、本质的、必然的规律性，因此，逻辑推演就成为从理论上解释经济现象的必然选择。经济周期是经济发展的具体路径和重要表现形式，从经济周期的表象分析其内在的客观规律性，也必然要借助理论分析方法。本书在分析中国经济周期波动时，通篇应用了理论分析方法，在抽象掉影响经济波动次要因素的基础上，对影响经济周期波动的主要因素进行了分析和验证。

②历史的分析方法。经济理论如果不联系其结果所赖以生效的历史背景，就不可能把这种结果明智地应用于实际问题或用于分析一个国家的具体经济状况。熊彼特在《经济分析史》中说："如果一个人不掌握历史事实，不具备适当的历史感或所谓历史经验，他就不可能指望理解任何时代（包括当前）的经济现象"。社会经济过程实际上是一个不可分割的有机整体，这既包括空间的相关性，也包括时间的连续性，更包括事件的继起性，选用静态的方法从社会经济过程中抽取一个片断加以研究，以求"尝一脔而知鼎味"是切实可行的，也是思维模拟现实的技术条件迫使我们不得不作出的选择。但也应当看到社会经济活动是不断地发展变化的，许多经济现象都隐含它过去的历史背景，必然要放在其发生发展的大背景下进行研究才能得出正确结论，而历史事件的片断必然要还原到历史洪流中才能真正展现出生机和活力，才能够与其他历史事实共同构成反映历史客观发展的航标，否则无异于"盲人摸象"和"刻舟求剑"，必然容易陷入形而上学的泥沼中。鉴于经济周期本身就是包含时间因素的概念，笔者着重应用了历史分析的方法，把静态分析和动态分析结合起来，系统分析了1949年新中国成立以来的当代发展史，联系各阶段社会发展历史背景，对改革开放前后两阶段经济周期波动进行了深入研究，在注重分析经济现象内生因素的同时，也注重联系事件发生时的社会发展格局与背景以及其他外生变量冲击，以求得出客观结论。

③统计的分析方法。毫无疑问，对于经济学而言，统计数据是极为重要的。数学是现代科学理论不可或缺的工具，同样，统计分析方法也是经济分析不可或缺的工具。为准确描述中国经济周期的波动特

征，在计量经济技术的选择上，本书不仅应用了常规的相关、回归分析方法，还更多地尝试在时间序列变量研究中，把向量自回归模型、格兰杰因果检验、HP 滤波等计量技术应用在数学建模中。

4. 研究框架与内容

(1) 研究框架

本书以中国经济发展真实性为逻辑起点，在充分论证中国经济发展具有客观真实性的基础上，采用历史分析、理论分析和统计分析方法，深入研究了中国经济周期波动问题，通过考察中国经济周期波动的协动性、非对称性和持续性特征，分析其波动原因，揭示了政府通过财政、货币和土地等宏观调控政策有效管理经济周期波动的事实，对政府“有形之手”调控管理经济周期进行了理论概括，提出了“经济周期调控管理论”，论证了“经济周期调控管理论”是“中国模式”的重要组成部分，并依据“经济周期宏观调控管理论”对中国经济未来一段时期发展的稳定性和可持续性作出了分析、判断和预测，给出了肯定性结论。

(2) 研究内容

本书共有 5 章。

第 1 章：经济周期理论概述及文献综述。本章对经济思想史上的经济周期理论文献进行了系统梳理和论述，简要介绍了经济周期理论发展的源流、轨迹、相互联系与区别，并对马克思危机周期理论、凯恩斯经济周期理论、熊彼特经济周期理论、货币主义经济周期理论、新古典经济周期理论、新凯恩斯经济周期理论进行了评价，在回顾西方经济周期理论发展历程的基础上对西方经济周期理论的发展特点进行了总结，对西方经济周期理论发展的趋势作出了初步判断，指出西方经济周期理论作为西方经济学重要的宏观议题，始终随着经济实践的发展处于发展变化之中，总体上呈现出政府“有形之手”与市场“无形之手”的结合广度与深度日益扩展和深入，并指出其原因在于市场经济体制存在失灵范围扩大的趋势，而政府监管和规制能够促进市场机制的完善，弥补市场的不足，有利于经济的稳定。经济周期理论的综合概述为本书研究分析中国经济周期波动原因奠定了理论基础。

第2章：中国改革开放前经济周期波动特征及原因分析。1949年以前的中国是一个人口众多且素质较低、经济极度落后、发展很不平衡的农业国，而且连续多年战乱使社会财富消耗殆尽，国民经济遭到重创，国民消费不断下降，用于投资的经济资源枯竭、社会严重两极分化，生产生活资料严重短缺，恶性通货膨胀全面爆发，国民经济已经濒临崩溃。1949年中华人民共和国成立，国民经济经过3年左右的恢复调整后，从1953年开始进入大规模的经济建设时期，开始了以工业化为标志的现代化建设历程，也从此进入了马克思所说的“现代工业特有的生活过程”，经济发展出现了扩张与收缩起伏交替的波浪式运动。以1953年第一个五年计划为标志，中国高度集中的计划经济体制全面确立起来。计划经济时期，中国经济建设受到政治运动的冲击和影响较大，1958—1960年的大跃进使国民经济经历了1961—1965年长达4年多的调整恢复，1966—1976年的“文化大革命”使中国国民经济又陷入长达十年的低谷，1977—1978年通过政治上的“拨乱反正”使经济得以重新恢复。这一段时期的经济周期特征表现为古典型经济周期，经济周期波动表现为“大起大落”，对经济增长效率产生了不利影响。1949—1978年经济周期表现为古典型波动且波幅较大固然有经济宏观调控错误的原因，但波动特征也充分反映了当时国民经济结构中基础农业比重大，经济基础薄弱，工业化水平低，经济抗冲击能力差的特点。通过计划经济时期经济建设的实践，中国初步建立起门类较为齐全的工业基础，同时积累了管理国民经济并施行宏观调控的宝贵经验。

第3章：中国改革开放后经济周期波动特征及原因分析。以1978年党的十一届三中全会为标志，中国经济建设开始了改革开放时期的新历程。1978—1991年为经济体制改革与对外开放的探索时期，1992年以来为经济体制改革与对外开放的深化时期。与改革开放前相比，中国经济周期的特点为波动幅度减缓，并由古典型周期转变为增长型周期。发生转变的原因在于在开放条件下的市场化进程当中，宏观经济总量的逐渐增加使国民经济抗冲击的能力不断增强，政府有效的宏观调控也有力地减少了经济周期波动幅度。这时经济周期所具有的稳定性不仅导致了周期分界的模糊，而且出现了周期弱化的现象。在1996年之前，中国已经经历的经济周期大都是非对称的，即经济周期中经济增长率的“缓升陡降”或者“陡升缓降”的非对称过程。这些非对称性表明经济增长速度没有接近或者没有稳定在自然增长率水平附近，经济增长率变化的突发性较多。我国经济实现“软着陆”以后，在1996—2000年的经济周期中，经济增长率基本保持水平的态势，这意味着经济周期的对称性正在逐步恢复。进入2003年以后，我国的经济增长出现了新的态势，虽然当年经济增长受到了“非典”疫情等突发事件的负面影响，但当年经济增长速度仍然达到了近7年来历史的新高9.3%。2009年中国经济实现V形反转增长，宏观数据显示，国民经济企稳向好且呈现加速增长态势，预示着中国经济增长开始进入一轮新的经济周期。

第4章：改革开放后经济周期波动影响因素的理论分析。改革开放以来，1978—2008年中国经济年平均增长率达到9.7%，保持了连续30年的经济高速增长。2009年，在受到国际金融危机影响的情况下，经济增长率达到8.7%，率先实现了经济复苏，“中国模式”引起了世界的关注。纵观中华人民共和国成立以来，改革开放前后两段经济建设的成败得失，始终可以看到政府“有形之手”干预经济生活的巨大影响和作用。历史经验表明，在中国特殊国情下，政府的宏观调控对集中经济资源突破发展瓶颈，促进国民经济重要产业部门实现经济赶超，保持国民经济实现超常规发展方面发挥着重要的推动作用，切实保证了经济持续稳定健康发展。改革开放以后，在市场经济逐步建立和市场机制逐步完善的过程中，政府“有形之手”的不断调整与市场“无形之手”共同影响经济发展的边界，不断修正政府与市场之间的“黄金分割点”，充分运用财政政策、货币政策和土地管理政策，对影响经济周期波动的内生因素和外生因素进行了有效调节。从经济建设的发展历程看，政府“有形之手”能够对经济生活造成正反两方面的重大影响。改革开放30年来的经济实践表明，中国政府只要在经济建设的重大战略方向选择上不出现失误，就完全有能力在供给和需求方面通过市场机制对经济发展施以积极影响，进而调控管理好经济周期波动。以供给管理为基础，同时兼顾需求的“经济周期调控管理论”是中国经济建设经验总结，也是“中国模式”的重要组成部分。其构成要素是富有调控管理经验而强有力的中央政府，准确便捷的信息反馈渠道，敏锐科学的决策机制，高效灵活的政策传导机制，可由政府施加影响的充足经济资源，经济要素丰富的大国优势，制度创新和技术创新带来的经济持续稳定发展的创新动力。

第5章：调控管理中国经济周期的政策建议。基于21世纪头20年是中国经济发展和现代化建设的战略机遇期判断，根据第一个十年中国政府已对经济周期波动实施有效调控管理的经验，本章建议，在下一个十年中，中国经济发展过程中应当着眼于供给，同时兼顾需求，根据后危机时期世界经济全球化趋势继续加强、新兴经济体所占比重逐渐加大、经济多极化趋势不断加快的形势发展变化，准确判断世界经济格局变动对未来中国经济发展的双重影响，努力把握这次危机给中国增强经济实力和扩大国际影响提供的难得机遇，加强中国在世界经济中的地位；同时要对外部世界带来的不利影响给予充分重视和评估，积极参与全球治理，反对贸易保护主义，调整优化经济结构，发展战略性新兴产业，抢占技术制高点。在把握外部世界发展趋势前提下，要加快转变经济发展方式，尽快推动产业结构优化升级，通过优化需求范畴的国民收入分配结构，提高国民收入水平，增加有效需求，从而拉动供给，带动产业和产品结构优化升级，推动经济进入创新驱动、内生增长的发展轨道，引领新一轮经济周期在高位持续稳定发展。

5. 研究创新与不足

（1）可能实现的创新

①研究视角的创新。国内现有经济周期研究成果大多数侧重采用HP滤波及时间序列分析等数量经济技术从统计层面研究分析经济周

期，而在理论和历史层面对经济周期的分析研究尚有不足。由于社会是一个整体，因此，笔者努力拓宽研究视角，在注重使用专门统计分析技术描述中国经济周期波动特征的同时，也站在理论经济学的高度对中国经济周期动因进行了解释与分析，把历史分析和理论分析结合起来，同时把社会学分析与经济学分析结合起来，力求从经济社会学的视角研究解释中国经济周期和中国经济增长。

②在对中国经济周期波动原因进行理论、历史和统计分析的基础上，提出了中国经济周期是可以调控、可以管理的理论观点。中国经济周期调控管理的理论可行性源于“中国模式”的政治经济制度安排；现实可能性源于改革开放以来政府积累了大规模的经济资源。政府“有形之手”能够对经济周期波动施以有利影响，保持经济平衡较快健康发展，进而改变经济发展路径。政府“有形之手”干预经济的合理性在于，市场经济机制下，如果承认由于边际消费倾向递减、资本边际效率递减、流动性偏好三个因素及市场机制缺陷导致“市场失灵”，而在市场“无形之手”难以发挥作用时，政府“有形之手”义不容辞地要担负起弥补市场失灵，进而保持经济平稳较快发展责任的事实，那么，也就同时承认了政府宏观调控的“有形之手”干预经济的正当性和有效性，承认了政府具备调控管理经济周期的基础条件。中国经济发展正反两方面的实践结果充分证明，在中国模式下，政府“有形之手”既能使国民经济陷入低谷，中断经济周期的上升势头，左右经济周期走势（自然灾害失误出现马鞍形状），又能组合各种宏观调控政策相机抉择，使国民经济保持持续稳定健康发展的势头，延长经济周期高位平滑运行，还能根据世界经济格局发展变化和国内经济发展实际需要，启动新一轮经济周期。只要把握好市场机制与政府调控“黄金分割点”，充分发挥大国优势，在“中国模式”下，政府“有形之手”可以在准确捕捉和综合运用总供给量、总需求量、总就业量、利率、汇率及国际收支情况等宏观经济信息的情况下科学决策，通过市场机制对土地、资本（财政、信贷、国企）和劳动力等生产要素施以有力影响，从而实现对经济周期的驾驭管理。

③提出管理新一轮经济周期实现高位平滑运行的政策建议。本书在分析研判后危机时期世界经济格局变动趋势对中国经济影响和中国经济发展进入工业化加速阶段的基础上，着眼于引领新一轮经济周期实现高位平滑运行，从调整优化国民收入分配结构、妥善应对后危机时期世界经济格局变动趋势、财政政策、货币政策和土地政策等宏观调控政策科学组合等方面提出了调控管理新一轮经济周期的政策建议，进而实现国民经济需求和供给、短期与长期、总量与结构的均衡，保持国民经济持续稳定健康发展。

（2）研究工作的不足

中华人民共和国成立至今已有 61 年，改革开放至今已有 32 年，虽然政府在以往的经济发展中对经济生活实施了有效的调控管理，而且改革开放以来从未在大的战略选择面前决策失误，促进了中国经济连续 32 年的高速发展，也支持了作者所提出的政府能够有效调控管理经济周期的观点，但与西方数百年市场经济发展的历程相比，中国市场经济的实践时间还很短，“中国模式”至今仍然处于论争中，中国政府能够有效调控管理经济周期的观点也必然要在今后的发展历程中进行实证研究不断修正研究结论，不断发展完善，以便能够与中国波澜壮阔的经济发展实践实现更紧密的结合，从而更好地解释中国经济现实，为经济建设更好地服务。

第 1 章 经济周期理论概述及文献综述

现代经济发展过程中经济总量周期性波动是重要的经济现象。每一次国民经济的周期性波动对波动所在的经济体的经济增长、就业状况、通货膨胀和国际贸易都带来深刻影响，同时对波动所在经济体的社会生活方式和社会发展方式产生深远影响。马克思就是透过资本主义经济危机周期性爆发的经济现象，看到了资本主义社会化大生产和生产资料私人占有之间无法解决的矛盾，得出了资本主义经济体系必然引致经济危机的结论。鉴于经济周期性波动给经济生活正常秩序带来的严重冲击，经济周期性波动始终是经济学研究的一个主要问题。萨缪尔森（Samuelson）就认为，经济周期与经济增长共同构成了宏观经济学研究的两大“核心命题”。对市场经济条件下经济周期的属性，熊彼特（Schumpeter）也做了生动而简明的阐述：“周期并不像扁桃体那样，是可以单独摘除的东西，而是像心跳一样，是有机体的核心。”在经济思想发展演进的历史上，从凯恩斯革命以后，现代西方主流经济学和非主流经济学的诸多流派都对经济周期问题进行了深入研究，并分别从不同的视角给出了理论解释，但约翰·克拉克（John Clark）曾对此作出评述：现代世界对经济周期的看法如古代埃及人之对尼罗河泛滥的认知，这一经济现象间隔复发，它对我们每个人都有非常重要的影响，但我们并不明了其自然成因。本章对马克思经济危机周期理论、西方主流经济学和非主流经济学及其流派的经济周期理论进行了系统梳理和评价，为本书研究经济周期波动奠定了理论基础。

1.1 西方古典经济学经济周期理论的源流①

理论必须来源于实践，必定要接受实践的检验，并必然要负有解释实践的责任。18世纪末，产业革命使资本主义世界的社会生产出现了惊人增长，社会财富急剧增加，但社会需求增长的滞后使经济生活中出现了以产品供给相对过剩为主要特征的经济危机，并且这种相对过剩经济危机还日益表现出周期性特征。如何从理论上解释周期性经济危机，如何在现实中解决经济发展生产相对过剩问题，就成为摆在当时资产阶级经济学家面前的一个严肃问题。围绕资本主义经济会不会出现生产全面过剩的经济危机，当时最有影响的经济学家如萨伊(Say)、李嘉图（Ricardo)、西斯蒙第（Sismondi)、马尔萨斯（Malthus)、穆勒（Mill)、麦克库勒赫（McCulloch）等发起了空前的大讨论。论战双方围绕供给能够自动创造需求的萨伊定律是否真实有效，形成了支持萨伊定律的“萨伊—李嘉图”阵营和反对萨伊定律的“西斯蒙第—马尔萨斯”阵营。萨伊认为，商品—货币—商品的模式实质是商品—商品，既然本质上属于物物交换，那么就不存在供给与需求的失衡。萨伊据此提出著名的“生产给自己的产品创造需求”的萨伊定律。② 根据萨伊定律推导，由于供给能够自动创造需求，则国民经济在运行中会自动实现平衡，既不会出现供给大于需求，也不会出现需求大于供给，经济运行始终处于平衡状态，必然既不存在周

① 凯恩斯将其之前特别是以马歇尔、庇古为代表的经济学家们称为古典学派，相应将他们的经济理论称为古典经济学。

② 萨伊：《政治经济学概论》，商务印书馆1963年版，第142页。

期也不存在危机。萨伊的理论得到李嘉图的大力支持并加以发挥，而后得到穆勒的赞同，并为马歇尔（Mashall）和庇古（Pigou）所默认，但受到西斯蒙第和马尔萨斯的质疑、批评与挑战。市场能否自求平衡，从而避免经济周期性危机是论战的焦点。

1.1.1　萨伊—李嘉图阵营的均衡论

萨伊—李嘉图阵营的理论内核是供给能够自己创造需求的萨伊定律。萨伊认为，商品交换的实质是物物交换，每个卖主同时又是其他商品的购买者，因此“生产给自己的产品创造需求”，从而国民经济总供给和总需求必定是相等的。萨伊认为，能够提供效用的只有具体商品和劳务，货币在流通过程中作为交换媒介存在，并不产生效用，只是遮在商品交换上的一层面纱，因此，在萨伊定律成立的假设条件中，最为重要的前提条件是对货币作用的设定：（1）“钱的全部效用，在于把顾客想买你的货物而卖出的货物的价值转移到你的手中。到你下一次购买东西时，钱又把你所卖给别人的货物的价值转移给第三者。所以，你只是使用暂时变成银钱形式的你的产品的价值购买你所需要的或所喜欢的东西，每一个人也一定得使用只暂时变成银钱形式的他们产品的价值购买他所需要的或所喜欢的东西。”（2）“一般地说，生产者在完成产品的最后一道加工后，总是同样急于把产品卖出去，因为它害怕产品在自己的手中会丧失价值。此外他同样急于把出卖产品所得的货币花去，因为货币的价值也容易毁灭。但想要摆脱手中的货币，可用的方法就是拿它买东西。”（3）“卖者不会要货币，他们也不需要货币，因为货币对他们的唯一用途，就是换取他们所需要的东西。”①

针对当时业已出现的因产品供给过剩而销售停滞的现象，萨伊认为，这只是发生在个别商品生产部门中的现象，并将之归因于其他部门的生产过少。用萨伊的话说：“某一种货物所以过剩，……则因为它的生产过多，或因为别的产品生产过少。……正由于某些货物生产

---

①　萨伊：《政治经济学概论》，商务印书馆 1963 年版，第 143—144 页。

过少，别的货物才形成过剩。”① 所以，可以用扩大商品种类的办法，来克服某种商品生产过剩的现象。根据萨伊定律，萨伊得出四个结论：一是“在一切社会，生产者越众多产品越多样化，产品便销得越快、越多和越广泛，而生产者所得的利润也越大，因为价格总量跟着需求增长。”二是“每一个人都和全体的共同繁荣有利害关系。一个企业办得成功，就可以帮助别的企业也达到成功。”三是“购买和输入外国货物决不至损害国内或本国产业和生产。”四是“仅仅鼓励消费并无益于商业，因为困难不在于刺激消费的欲望，而在于供给消费的手段。”②

根据市场能够自动实现供求平衡的结论，萨伊反对国家干预。萨伊断言：一种产品供过于求，其价格必然下降从而减少利润；相反另一种产品供不应求，其价格必然上涨从而增加利润。因此“除非政府当局愚昧无知或贪得无厌，否则一种产品供给不足而另一种产品充斥过剩的现象，决不会永久继续存在。”“如果对生产不加干涉，一种生产很少会超过其他生产，一种产品也很少会便宜到与其他产品价格不相称的程度。”③

李嘉图非常认同萨伊设定的商品总供给必然等于商品总需求的经济均衡关系。在《政治经济学及赋税原理》第二十一章中，李嘉图说：“萨伊先生曾经非常令人满意地说明，由于需求只受生产的限制，所以任何数额的资本在一个国家都不会得不到使用。任何人从事生产，都是为了消费和出卖，任何人出卖都是为了购买对他直接有用或者有别于未来生产的某种别的商品，所以，当一个人从事生产时，他不成为自己产品的消费者，就必然成为他人产品的买者和消费者。不能设想，他会长期不了解为了达到自己所追求的目的，即获得别的产品，究竟生产什么商品对他最有利。因此，他不可能继续不断地生产没有需求的商品。”

---

① 萨伊：《政治经济学概论》，商务印书馆 1963 年版，第 145 页。
② 同上，第 147 页。
③ 同上，第 145 页。

1.1.2　西斯蒙第—马尔萨斯阵营的质疑及危机理论

西斯蒙第和马尔萨斯都反对萨伊定律，都认为国民经济各部门供给全面过剩是无法避免的，但两者分别从不同角度对萨伊定律提出批评和质疑。

西斯蒙第作为法国古典政治经济学的完成者，与作为英国古典政治经济学的完成者李嘉图的经济理论却是完全对立的。西斯蒙第十分强调自己理论观点的现实基础。对于李嘉图而言，只要有利于生产力的发展，小生产者和工人阶级作出的利益牺牲是可以忽略不计的。而西斯蒙第却从小生产者和工人阶级的日益贫困中发现了资本主义社会矛盾和危机的必然性。虽然西斯蒙第接受了英国古典政治经济学的某些原理，但却得出了与英国古典经济学家全然不同的结论，即否认资本主义制度是合理的制度，否认市场体系会自动实现供求平衡。西斯蒙第认为经济危机的根源是“我们社会制度不良的必然结果”，[①] 虽然生产能够决定收入，但是产品并不立即转化为收入，而必然要经历一个收入实现的过程。在《政治经济学新原理》中，西斯蒙第这样表述：收入是从再生产中来的，但生产本身还不是收入，因为生产只有在实现之后，只有在每一件产品由需要它或享受它的消费者把它从流转中抽出来使之变成消费基金后，才能获得这一名称，才能具有这种性质。根据上述结论，西斯蒙第认为萨伊和李嘉图把生产和收入直接等同起来，增加生产会自动增加收入的观点是完全错误的，因此，萨伊定律在理论前提上就存在问题，其结论必然是不科学的。马克思在评论西斯蒙第和李嘉图时说：“如果说在李嘉图那里，政治经济学无情地作出了自己的最后结论并以此结束，那么西斯蒙第则表现了政治经济学对自身的怀疑，从而对这个结束做了补充。”[②]

与西斯蒙第选取的论战角度不同，马尔萨斯的理论切入点是李嘉

---

① 西斯蒙第：《政治经济学新原理》，商务印书馆 1977 年版，第 530 页。

② 马克思：《政治经济学批判》，《马克思恩格斯全集》第 13 卷，人民出版社 1962 年版，第 51 页。

图体系的理论缺陷。马尔萨斯利用李嘉图体系中价值规律与劳动和资本相交换之间的矛盾，以及价值规律与等量资本与等量利润之间的矛盾来反对李嘉图的理论观点。在马尔萨斯看来，资本主义生产有效运作的前提条件是“有效需求”，但由于资本过快的积累，必然会因商品生产增长的速度超过其所必需的购买力的增加，最终引起“有效需求”不足而导致商品的“普遍过剩”。马尔萨斯在批评萨伊定律时说：“假定如果社会上比较富有的一部分人为了积累而放弃惯用的便利品和奢侈品的享受，那么，唯一的结果就是国内的资本几乎全部会流向必需品的生产，因而引起耕种和人口的大量增加。但是，这恰恰是李嘉图先生所明确承认的那种可能发生普遍的供给过剩的情况。因为必需品的生产将无疑地会超过现在需求所能容纳的程度。”① 马尔萨斯关于有效需求不足的理论，被凯恩斯所继承并发展，成为凯恩斯边际消费倾向递减而引致消费需求不足的理论来源。

相对于萨伊—李嘉图阵营中声名显赫的拥护者如穆勒、马歇尔和庇古等人，西斯蒙第—马尔萨斯阵营的追随者知名度就低很多，在论战中居于少数派地位。虽然论战双方在理论上并未决出高下，但由于萨伊—李嘉图阵营在经济思想史中的显赫地位，萨伊定律还是在客观上取得了主流优势地位，并深刻影响了此后几十年的经济周期理论研究。但社会科学发展的历史事实表明，真理往往掌握在少数人手中，历史已经对论战给出了客观评判。值得注意的是，论战中西斯蒙第—马尔萨斯阵营虽然势单力孤，但能够在论战中与对手平分秋色一方面得益于所坚持理论的客观规律性，另一方面也得益于西斯蒙第对马尔萨斯理论观点的高度认同。西斯蒙第曾经高度评价马尔萨斯：“还有一个经济学家马尔萨斯先生，他具有伟大的思维天赋，如果他不是最初经常地把他的敌人卷进形而上学的深处和过分地把精密科学的计算方法应用到精神力量上，他本来是可以加速科学的步伐的，因为他隐约地看到必须在生产和消费之间保持差不多准确的平衡，他十分明白消费并不是生产的必然结果。他看到了市场可能发生拥塞，以致使生

① 马尔萨斯：《政治经济学原理》，商务印书馆 1962 年版，第 267 页。

产活动成为生产者本身破产的一个原因。但是无论是他，还是从他那里派生出来的党派都确信，财富的一个巨大而有效的起源就是永远生产得更多，生产得更快；他们确信，各国应该用自己的全部力量加速工业的发展。他得出了一个有点奇怪的结论，认为加速消费也同样重要，认为富人的责任就是赶紧享受，迅速消灭正在堆积起来的商品，而无论是他们挥霍无度也好，政府大肆浪费也好，对于那些不得不靠劳动谋生的人来说，都是做好事。”①

1.1.3　简要评论

萨伊定律是古典经济学的重要理论成果。由于萨伊认为市场经济中供给与需求能够自动平衡，因而，在萨伊看来，国民经济虽然可能出现局部相对性过剩，但这种相对性过剩只是暂时的，很快就会被需求方增加的供给自动解决，在市场体系中，国民经济各部门供给普遍大于需求的全面过剩是不会存在的，因而，经济发展既不会出现危机，也不会出现周期。鉴于萨伊、李嘉图及马歇尔、庇古等人在经济思想发展过程中的历史地位，萨伊定律把古典经济学对经济周期的理论研究推后了几十年。

货币只是媒介，产品交易才是目的。从物品交易的角度看，实物产品最终要靠实物产品支付。因此，在市场分工体系中，任何理性的经济人要取得所需的商品和劳务，就要生产并提供与这种商品和劳务等值的使用价值。由此可以推导出，生产不仅增加了市场上的商品供给，而且还同时增加了对商品的需求。在这个意义上，萨伊定律是正确的。但是萨伊在宏观上构筑起社会总需求始终等于社会总供给的模型，并使萨伊定律发生作用的条件中，有两点因素是萨伊所没有注意到的。一是货币不仅是价值尺度和流通媒介，还是重要的储藏手段。对于市场体系中的理性经济人而言，货币是能够提供流动性效用的资产，并且货币资产供给无弹性，与市场上其他实物资产相互间替代弹性为零。当市场参与者出于流动性偏好将部分国民收入以货币形式储

① 西斯蒙第：《政治经济学研究》第一卷，商务印书馆 1960 年版，第 46—47 页。

藏起来时，这部分收入将漏出国民经济循环体系，进入流动性陷阱，从而造成市场有效需求不足。二是物价粘性和工资刚性也会造成市场价格信号的迟滞，无法及时准确地有效反映市场供需状况。市场价格信号的非瞬时调节同样会导致非充分就业，进而使市场供需双方出现失衡。

萨伊定律反映出萨伊没有清楚地界定物物交换与以货币为媒介交换的区别，没有看到买和卖作为商品运动的具体阶段，既具有两阶段的同一性，又具有两阶段的对立性。马克思的评价中肯地指出了萨伊的错误所在："如果这是指实际完成的卖的次数等于买的次数，那是毫无意义的同义反复。……但谁也不会因为自己已经卖，就得马上买。流通所以能够打破产品交换的时间、空间和个人的限制，正是因为它把这里存在的换出自己的劳动产品和换进别人的劳动产品这二者之间的直接的同一性，分裂成卖和买这二者之间的对立。"①

但是萨伊定律在经济思想史上仍然是有价值的，因为萨伊是从国民经济总量均衡的角度研究经济的宏观运行问题，这个研究方法是值得肯定的。萨伊定律是古典经济学的一个重要基础并产生了深远影响。即便在理论上已被证伪，其仍然在很长时期内占有重要地位的原因也是一个值得认真思考的问题。诚如约翰·肯尼斯·加尔布雷斯（John Kenneth Galbraith）所言："思想从本质上说都是保守的。它们不会屈服于其他思想的攻击，却会屈从于它们难以应付的环境的巨大冲击。"② 据此而论，只有当新的经济活动使旧有理论明显不适用时，新的理论才能取代被广泛接受的旧理论。也可以这样讲，萨伊定律所坚持的供给自动创造需求进而保证市场经济能够自动产生充分就业，因而不会出现经济周期波动和出现经济危机的理论观点，并不是让步于对立阵营所阐述的逻辑思想，而是让步于 1929—1932 年的全球性经济大萧条和大规模失业。

① 《马克思恩格斯全集》第 26 卷，人民出版社 1973 年版，第 570 页。

② John Kenneth Galbraith, The Affluent Society (Boston: Houghton Mifflin, 1958), 20.

1.2 马克思经济危机和周期理论

资本主义制度建立后，经过产业革命的发展，资本主义进入了机器化大生产时代。工业化的到来，使“资产阶级在它的不到一百年的阶级统治中所创造的生产力，比过去一切世代所创造的全部生产力还要多、还要大。自然力的征服、机器的采用，化学在工业和农业中的应用，轮船的行驶，铁路的通行，电报的使用，整个整个大陆的开垦，河川的通航，仿佛用法术从地下呼唤出来大量的人口”①。但经济危机的周期性发生却成为资本主义这个巫师无法支配自己用符咒呼唤出来的魔鬼的有力证明，马克思深刻指出，“几十年来的工业和商业的历史，只不过是现代生产力反抗现代生产关系、反抗作为资产阶级及其统治存在条件的所有制关系的历史。要证明这一点，只要指出周期性的循环中愈来愈危及整个资产阶级社会生存的商业危机就够了。在商业危机期间，总是不仅有很大一部分制成的产品被毁灭掉，而且有很大一部分已经造成的生产力被毁灭掉。在危机期间，发生种在过去一切时代看来都好像是荒唐现象的社会瘟疫。”② 在马克思的生动论述中，可以看到周期性发生的经济危机在经济和社会各个方面都对资本主义的存在构成了严峻挑战。

马克思并没有专门的论著系统地阐述经济危机，对于经济危机的论述只散见于《资本论》、《剩余价值论》和一些信件的观点和片断性论述中。但只要对马克思关于经济危机的论述加以综合，经济危机理论就呈现出系统性和完整性。马克思认为经济危机是资本主义制度一切矛盾的集中表现，是资本主义社会各种矛盾充分展开后的结果，

① 《马克思恩格斯选集》第 1 卷，人民出版社 1972 年版，第 256 页。

② 同上，第 257 页。

同时也是资本主义阶段经济关系一切矛盾的现实综合和强制平衡。由于商品买与卖两个阶段在时间和空间上的分离，使经济危机具备了可能性；由于资本主义商品生产的高速扩张，潜伏在商品交换中具有抽象可能性的危机就逐步发展为现实的危机；由于资本主义社会化大生产和生产资料私人占有之间的内在矛盾，爆发经济危机就成为资本主义的必然结果；由于每次经济危机都只是暂时地缓解了供给与需求、生产与消费之间的矛盾，经济危机也就必然会周期性地反复出现；由于固定资本损耗及更新的特点，经济周期具有危机、萧条、复苏和繁荣等阶段性特征。

1.2.1 危机发生的可能性

马克思亲身经历过 6 次完整的资本主义经济危机，并对 1844 年以后的 4 次危机给予重点关注和研究，通过把危机与资本主义制度的最终命运联系起来加以考察，马克思发现了资本主义经济危机的本质和根源。恩格斯对资本主义经济危机的理论研究早于马克思，并准确预言了 1847 年经济危机的特点，为写作《共产党宣言》中关于经济危机的重要论断奠定了理论基础。马克思深刻指出，在简单商品经济中就包含有发生经济危机的可能性，这种可能性源于商品交换的货币媒介作用。

在以货币为交换媒介的市场中，商品交换从物物交换的买卖一体分裂为可以在时间上与空间上分离的两个行为。人们可以选择只买不卖，也可以选择只卖不买，所以当货币媒介把交换分裂成两种行为时，就已经使经济运转背后蕴藏了危机的萌芽，也即货币在执行流通职能时就给经济危机的发生带来了潜在的可能性。当货币执行支付职能时，又大大加强了危机发生的可能性。马克思主义政治经济学认为，商业信用中，不仅普通商品的价值会发生变化，作为交易媒介的货币价值也会发生变化。货币的“这种价值变动对于作为流通手段的货币来说也是无关紧要的，因为货币作为流通手段的数量已由尺度决定。但是，作为在契约中出现的货币，货币的价值变动却具有重要意义，因为，一般来说，正是这一规定让货币的矛盾显露出来了。”[①]如果货币价值发生变动，就会给以信用为基础的商品交换活动的债务人按期偿还债务造成风险，很可能使其无法在预定的时间内销售自己的商品。一旦发生这种情况，就会造成商品供给方的破产，引发经济危机。

正如马克思在《资本论》中所说的，从商品生产到货币实现是一次非常惊险的跳跃，如果掉下去，那么摔碎的不仅有商品。还有商品的所有者。“如果买和卖不发生梗阻，因而没有必要强制地加以平衡，另一方面，如果货币作为支付手段发挥作用的结果是彼此的债权互相抵消，也就是说作为支付手段的倾向中潜在地包含着的矛盾没有变为现实；因此，如果危机的这两种抽象形式本身并没有实际地表现出来，那就不会有危机。只要买和卖不彼此脱离，不发生矛盾，或者只要货币作为支付手段所包含的矛盾不出现，因而，只要危机不是同时以其简单的形式——买和卖矛盾的形式和货币作为支付手段的矛盾的形式出现，那就不可能发生危机。但是，这终究只不过是危机的形式，危机的一般可能性，因而也只不过是现实危机的形式，现实危机的抽象形式。”[②] 世界市场作为国内市场的必然延伸和重要补充，可以在很大程度上缓解资本主义生产日益扩大同国内市场相对狭小的矛盾。但是市场规模的扩大使买者与卖者的分离、生产与流通的分离更为严重，从而使社会资本长时间处于商品资本阶段的流通状态中，必然要求信用规模的膨胀和信用期限的延长，原来潜伏于商品货币关系中危机的可能性获得了充分的发展和实现。综合而论，资本主义生产总过程中的生产过程与流通过程之间的统一关系包含着资本主义经济危机的可能性，而这种潜在的经济危机在转变为现实经济危机之前，需要经历一系列中间环节。资本主义大机器工业生产和货币信用体系的扩张分别为经济危机提供了物质产品的生产基础和产品价值交换的现实信用基础。随着资本主义的日益成熟，经济危机的现实条件也日

① 《马克思恩格斯全集》第46卷，人民出版社1972年版，第188页。

② 《马克思恩格斯全集》第26卷，人民出版社1972年版，第584页。

益成熟。

1.2.2 危机发生的现实性

马克思从再生产的均衡性和社会资本运动的连续性相统一的角度出发，论证了经济危机由可能性转化为现实性的实现机制。机器大工业的出现是危机可能性向现实性转化的物质基础，在大机器工业时代到来之前，地方局部性商业危机和货币危机的基本条件已经具备，但生产过剩的危机所需的条件是在机器大工业时代才逐渐成熟的。大机器工业时代初期发生的若干次局部生产过剩危机也表现出商品滞销、生产萎缩的症状，其根源在于工厂制度的发展。因此，这个时期的局部危机与后来的普遍生产过剩危机属经济性质相同的危机，是资本主义运动同一规律在不同历史阶段发生作用的表现和结果。

机器大工业奠定了产业危机的现实基础。机器大工业的出现使资本主义由简单商品经济进入发达商品经济阶段，这大大增强了在简单商品经济条件下就已经存在的经济危机发生的现实基础。这是因为机器大工业出现后，资本的扩张能力迅速增强，“当机器工业如此根深蒂固，以致对整个国民生产产生了绝对的影响时，……才开始出现不断重复的周期，它们各个相继的阶段都为时数年，而且它们总是以一场普遍危机的爆发而告终。”① “一旦与工业相适应的一般生产条件形成起来，这种生产方式就获得一种弹力，一种突然地跳跃式地扩展的能力，只有原料和销售市场才是它的限制。”② 机器大工业改变了社会生产方式，使资本迅速积累起来，造成资本过剩的同时也造成了相对人口的过剩。资本的实物表现是商品，因而，资本的过剩包含着商品生产的过剩。由于社会生产过程中更多地使用机器和一般固定资本，单位商品中包含劳动量呈递减趋势，总资本有机构成不断提高，利润率不断下降，劳动者阶级也出现日益贫困化，对社会商品的有效需求也因而日益递减，出现产业危机的现实条件也就逐步具备。

---

① 马克思：《资本论》第一卷，人民出版社 1975 年版，第 494 页。

② 《马克思恩格斯全集》第 26 卷，人民出版社 1972 年版，第 586 页。

货币信用扩张奠定了商业危机的现实基础。在马克思的经济理论体系中，信用是与竞争、股份制并列的推动资本集中的三个重要杠杆之一，信用关系是资本主义经济关系的扩张因素。信用能够促进资本的积累、集中和集聚，能够实现利润的平均化，能够节约商业资本、交易费用并扩展流通渠道。信用还促进了股份制公司的建立，使个别资本支配社会资本成为可能，极大加速了再生产过程。在资本主义发展的成熟阶段，信用关系已经渗透到社会生产的各个层面，经济危机通过信用渠道进行传播和破坏的力量都大大加强了。信用工具对经济危机的爆发具有推波助澜的作用，由于信用工具的存在，资本家不再按照自有资本的规模确定生产规模，而是按照生产的需要，通过信用工具调动社会上的闲置资本为自己的扩张服务。这就为资本主义生产的盲目扩大和过度地膨胀创造了条件，特别是在工业生产高涨时期，更使生产的发展速度远远超过市场上的有效需求，为日后危机的发生预备了条件。商业信用的出现进一步加快了生产过程与流通过程的彻底分离，通过商品抵押或票据贴现等方式将滞销商品进行抵押以获取银行贷款用于生产的情况制造出繁荣时期资金回流迅速而可靠的假象，而实际生产过剩便被这种假象掩盖起来。在市场经济中，投机现象是无处不在的，信用的高度发展使投机行为具备了扩大市场供求缺口的有力工具。“这种汇票中也有惊人巨大的数额，代表那种现在已经败露和垮台的纯粹欺诈营业；其次，代表利用别人的资本进行已告失败的投机；最后，还代表已经跌价和根本卖不出去的商品资本，或者永远不会实现的资本回流。”① 从上述论述中，可能看到马克思通过考察产业资本和金融资本，充分地论证了经济危机发生的现实基础。

1.2.3　经济危机的必然性

经济危机的必然性源于资本主义生产社会化和生产资料私人占有之间矛盾，经济危机是资本主义生产方式各种矛盾充分展开后的结

① 马克思：《资本论》第三卷，人民出版社 1975 年版，第 555 页。

果，是资本主义生产力同生产关系矛盾发展的必然产物，构成经济危机根本原因的基本因素同时也是资本主义经济制度的基本因素。因为发达的商品经济和大机器生产，既是资本主义生产的条件，又是经济危机出现的条件。如果说与货币流通手段和支付手段相关的买卖关系脱节和信用链条的中断为经济危机提供了可能性，资本主义制度下机器大工业生产和货币信用的扩张为经济危机提供了现实基础，那么资本主义社会生产的无政府状态和工人群众购买力的相对缩小就构成经济危机必然发生的事实基础。

马克思深刻地指出，资本主义生产动机和目的“不直接在于商品的使用价值，而在于交换价值，特别在于增加剩余价值”。在这样的生产目的和生产动机驱使下，资本主义生产规模扩张是为满足“资本家追求发财致富而扩大自己资本的无限欲望，而绝不是消费”。对于消费而言，它“早就被破坏了，因为，一方面，人口的最大部分，即工人人口，只能在非常狭窄的范围内扩大自己的消费，另一方面，随着资本主义的发展，对劳动的需求，虽然绝对地说是在增加，但相对地说却在减少。”① 这就充分说明资本主义社会中产品市场供给大于需求的情况是必然出现的，而劳动力市场需求大于供给的状况也是必然出现的。因此，生产与消费之间的平衡是偶然状态，而生产与消费之间的失衡是必然结果，资本主义生产是以常态化的不均衡为前提条件的。基于对以上经济实践的研究分析，马克思和恩格斯认为，危机并不是偶然现象，而是资本主义生产方式深层次矛盾的表面化，是必然要发生的问题。

资本主义生产过程中存在诸多无法调和的矛盾，例如：生产受制于有支付能力的消费和商品转化为货币过程的顺利程度，生产力发展受制于剩余价值率趋向下降的规律，这些矛盾使社会再生产的合理的比例关系经常性地遭受破坏。资本主义的基本矛盾具体表现为：单个企业生产的有组织性和整个社会生产无政府状态之间存在的对立；资本主义生产能力的巨大增长和劳动者支付能力相对不足之间存在的对

① 《马克思恩格斯全集》第26卷，人民出版社1972年版，第562—564页。

立。在社会再生产中，现代科学技术和货币信用的发展及产业后备军的存在使生产具有跳跃发展的现实条件，在追逐利润的过程中，竞争使生产规模的不断扩大成为资本主义生产方式存在的条件，资本主义生产的三个主要事实也日趋明显："（1）生产资料集中在少数人手中，因此不再表现为直接劳动者的财产，而是相反地转化为社会的生产能力，尽管首先表现为资本家的私有财产。这些资本家是资产阶级社会的受托人，但是他们会把从这种委托中得到的全部果实装进私囊。（2）劳动本身由于协作、分工以及劳动和自然科学的结合而组织成为社会的劳动。从这两方面，资本主义生产方式私有财产和私人劳动被扬弃了，虽然是在对立的形式上把它们扬弃的。（3）世界市场的形成。在资本主义生产方式内发展着的、与人口相比惊人巨大的生产力，以及虽然不是与此按同一比例的、比人口增加快得多的资本价值的增加，同这个惊人巨大的生产力为之服务的、与财富的增长相比变得越来越狭小的基础相矛盾，同这个不断膨胀的资本的价值增殖的条件相矛盾。危机就是这样产生的。"①

面对经济危机，资本主义社会采取了开拓新市场、更为充分和彻底地利用旧市场等很多办法力图解决危机问题，但由于资本主义经济危机具有内在的必然性，马克思认为这些试图克服经济危机的办法只是使经济危机更加猛烈到来的办法，即便是适当提高工人工资，因为"危机每一次都恰好有这样一个时期做准备，在这个时期，工资会普遍提高，工人阶级实际上也会从供消费用的那部分产品中得到较大的一份"，但危机只是暂时缓解而没有根除，所以"看起来，资本主义生产包含着各种善意或恶意无关的条件，这些条件只不过让工人阶级暂时享受一下相对的繁荣，而这种繁荣往往只是危机风暴的预兆。"②所以这些方法也是使防止危机的手段越来越少的办法，"每一个对旧危机的重演有抵消作用的要素，都包含着更猛烈得多的未来危机的

① 马克思：《资本论》第三卷，人民出版社1975年版，第296页。

② 马克思：《资本论》第二卷，人民出版社1975年版，第457页。

萌芽。”①

1.2.4 危机表现的周期性

马克思和恩格斯在经济危机理论创设初期就认为资本主义经济危机具有周期性，这是由资本主义基本矛盾的周期性决定的。这种周期性的过程“正如天体一经投入它们的轨道就会无限期地围绕着轨道旋转一样，社会生产一经投入这个膨胀和收缩的交替运动，也会由于机制的必然性不断重复这一运动。结果又成为原因，最初是不规则的、表面上是偶然的变动，越来越表现为正常周期的形式。但是，当机器工业如此根深蒂固，以致对整个国民生产产生了决定性影响时；当对外贸易由于机器工业而开始超过国内贸易时；当世界市场逐渐兼并了新大陆、亚洲和澳洲的广阔地区时；最后，当走上竞赛场的工业国家为数众多时；只是从这个时候起，才开始出现不断重复的周期，它们的各个相继的阶段都为时数年，而且它们总是以一场普遍危机的爆发而告终，这场危机既是一个周期的终点，也是另一个新周期的起点。”② 恩格斯在《政治经济学批判大纲》中写道，危机“就像慧星一样有规律地反复出现，在我们这里现在是平均每五年到七年发生一次”。

资本运动正常进行需要的条件是资本运动的均衡性和连续性，但在资本主义生产方式中，资本运动的连续性和均衡性在复杂的矛盾运动中周期性地被破坏并周期性地得以恢复。当旧的均衡关系和连续关系对立要素逐渐发生数量上的不均衡和分布的不对称，从而使资本运动的连续性出现中断时，危机出现周期性的因素就会开始量的积累，当量的积累引起质的变化，就会从根本上破坏资本运动的均衡性和连续性，具体表现为把新的均衡建立在生产力巨大破坏的基础上。但这仅仅是资本运动过程中的一个循环片断，新的均衡性的建立和新的连续性的形成又意味着新一轮失衡的起点，因此资本主义生产过程中，

① 《马克思恩格斯全集》第26卷，人民出版社1972年版，第554页。

② 《马克思恩格斯全集》第49卷，人民出版社1972年版，第240—241页。

始终充斥着这样一个无限循环演进的过程。这种演进的动力是资本主义基本矛盾的周期性激化。

资本主义社会中生产社会化和生产资料私人占有基本矛盾周期性激化使经济危机周期性发生。每次经济危机都只是暂时地、局部地解决了生产规模的无限扩张与市场有效需求之间的矛盾。经济危机通过破坏部分社会生产力的办法使经济失衡实现了强制平衡，但这只能缓解矛盾却无法从根本上消除矛盾。随着生产的继续发展，不管生产力绝对水平和市场绝对规模怎样，只要固有矛盾量变的积累达到质变的程度，经济危机必然再次爆发。马克思揭示了经济危机周期性发生的本质关系，在探寻经济周期性波动根本原因的同时，也十分注重对经济周期阶段性的研究，即对经济周期的具体原因也进行了深入探索。固定资本更新是危机周期性运动的物质基础，经济周期的长短很大程度上是由大工业中最有决定性影响的部门固定资本平均使用寿命决定的。固定资本的更新既能够使经济摆脱危机，又为危机的再度发生准备了条件。从经济失衡到形成新的均衡，从资本运动连续性的中断到资本运动连续性的恢复，资本主义经济周期性循环的物质基础是固定资本更新。经历危机造成的停滞和萧条后，当过剩的商品已被消耗殆尽时，如果想要在社会有效需求总体水平还很低的情况下获取利润，并战胜竞争对手，就必须采用新技术，提前更新旧设备或进行新的投资，以降低生产成本，提高生产率。一方面固定资本在上一轮经济周期中的物质磨损较为严重，另一方面危机过后社会资本利率很低，取得固定资产投资贷款也较为方便，固定资产更新的成本也相对较低，因此危机过后固定资本更新具有了必然性、现实性和物质基础。应当看到，固定资本更新既加速了经济摆脱危机的进程，又为下一次经济危机的到来创造了物质基础。固定资本大规模更新带来了技术发展和生产扩张，在使社会产品迅速增加的同时，也导致了失业人口的剧增。社会有效需求远远落后于产品供给，必然使资本主义基本矛盾再次尖锐，不可避免地将经济再次推入新的危机中。

1.2.5 经济周期的阶段性

马克思对经济周期的阶段性也有生动描述："自从1825年第一次普遍危机爆发以来，整个工商界，一切文明民族及其多少尚未开化的附属地中的生产和交换，差不多每隔十年就要出轨一次。商业停顿，市场盈溢，银根奇紧，信用停止，工厂关门，工人群众因为他们生产的生活资料过多而缺乏生活资料，破产拍卖相继发生。停滞状态持续了几年，生产力和产品被大量浪费和破坏，直到最后，大批积压的商品以或多或少压低了的价格卖了出去，生产和交换的运动逐渐恢复起来，运动逐渐加快，慢步转成快步，工业快步转成跑步，跑步又转成工业、商业、信用和投机事业的真正障碍赛马中的狂奔，最后，经过几次拚命的跳跃重新陷入崩溃的深渊。如此反复不已。自1825年以来，这种情况我们已经经历了整整五次，目前正经历着第六次。"①

马克思和恩格斯认为资本主义经济周期通常包括四个阶段：即危机、萧条、复苏和高涨，每个阶段都各有特点。随着经济实践的发展，对经济周期的实证分析表明，在经济生活中具体的经济周期中，危机、萧条、复苏和高涨四个阶段并非泾渭分明，各个阶段的转折交替也并不十分清晰，某个阶段可能表现得不太明显甚至于根本就没有出现，特别是在现代经济周期由古典型转变为增长型之后，经济周期的这个特点就表现得愈加明显。但是，在马克思看来，经济周期阶段性的核心是经济危机，因此经济周期各阶段变化的先后顺序是危机—萧条—复苏—高涨，尽管各个阶段的表现特征可能不够充分，但各个阶段的顺序是固定的。而且，尽管危机和萧条预示着经济状况的恶化和下降，但两者却有质的区别。危机是生产下降到达的谷底，代表着资本主义固有矛盾的尖锐化和强制平衡，而萧条则是矛盾在被现实综合后的对立统一实现阶段。与此相同，复苏和高涨都代表经济的活跃和增长，但复苏阶段经济还有很大发展空间，而在高涨阶段经济发展已经到达顶点，新的危机即将爆发，新一轮经济即将开始。

---

① 《马克思恩格斯全集》第20卷，人民出版社1972年版，第300—301页。

危机是生产规模无限扩大与社会有效需求相对不足矛盾的集中体现，是经济周期的基本阶段。其主要表现是：市场的萎缩造成商品滞销，存货增加，商品价格不断下跌，信用关系紧张，资本市场上证券价格猛跌，工商企业大量倒闭，生产规模大幅度缩减，失业人数猛增，固定资产投资缩减等。一般认为，生产下降和失业激增的情况是判断危机阶段的两个主要指标。危机作为供给和需求之间的校正机制，作用就在于强制社会再生产比例达到暂时的平衡，为资本主义再生产继续进行创造条件。当危机经过一段时间的持续，商品供给同有支付能力的需求之间矛盾逐步缓和，经济周期便由危机转入萧条。

萧条是经济周期中的停滞阶段。萧条阶段的显著特点是：最严重的危机震荡已经过去，各类企业停止倒闭，生产下降势头得到遏制，但社会生产仍然疲软，仍有大量失业人口，信用呆滞，整个社会经济呈现出萧条景象。为了尽快摆脱困境，资本家力图通过降低成本寻求出路，同时设法改进生产技术，更新固定资产和机器设备。这就为过渡到复苏阶段奠定了物质条件。当社会生产开始全面回升时，经济萧条便转入经济复苏阶段。

复苏是经济周期中的恢复阶段。复苏阶段的主要特点是：生产逐渐地全面回升，大规模的投资和固定资本更新逐渐增加，失业人数随着投资需求的增加而逐渐减少，对消费资料的需求也逐渐增加，整个社会生产逐步得以恢复和发展，资本周转开始加快，货币信用渐趋活跃，企业实现的利润额开始增长，社会生产逐渐恢复和发展到危机前的水平。当社会生产比较稳定地达到危机前的最高点时，经济周期便由复苏阶段进入高涨阶段。

高涨阶段又称繁荣阶段，是新一轮经济周期中危机的准备阶段。高涨阶段的主要特征是：生产规模迅速扩大，就业人数迅速增加，商业十分活跃，信用开始过度膨胀，商品价格加速上涨，利润开始增多，社会经济呈现出全面的繁荣景象。由于社会生产迅速扩大，很快超过了社会的有效需求，而商业投机使市场的虚假需求掩盖了社会购买力相对缩小的真实情况。信用膨胀带来的虚假繁荣也掩盖了生产与消费的严重脱节。这时只要某些重要商品的流通发生梗塞，就往往以很偶然的形式引发新一轮的经济危机。

资本主义经济周期四个阶段是彼此互相紧密联系的，每一阶段都是从前一阶段中孕育出来，同时又都为后一阶段创造了条件。在四个阶段中，危机是周期的决定阶段，不经过经济周期的危机阶段，资本主义再生产所面临的矛盾就无法强制性地解决，所以危机阶段是资本主义经济周期的基础。萧条阶段本质上讲是危机的延长，而复苏阶段和高涨阶段都是新一轮危机的准备阶段。

1.2.6 马克思经济周期理论的现实意义

2007 年肇始于美国并席卷全球的金融危机堪称百年一遇。在求解这场金融危机爆发原因的过程中，西方主流经济学家仍然没有改变对马克思主义的回避态度。但是，马克思的经济学著作却在西方国家出现了热销，西方媒体也陆续发表了一些肯定马克思主义经济学理论的文章，同时西方的左翼经济学家们也运用马克思经济学的立场、观点和方法发出了很多声音，这些努力使马克思在世界上的影响出现了走出低潮的趋向。

应当客观地说，金融危机引发的理性思考使马克思的经济理论再次回到人们的视野之内。危机让人们想起这位伟大的经济学家关于资本主义自我毁灭的先知式预言。面对危机，拯救被马克思称作“资本力量的基础”的银行已经成为所有深陷危机的国家的首要任务。2008 年 9 月 25 日，法国总统萨科奇在一次大型聚会上批评“市场万能、不需要任何规则和政治干预”的观点是“疯狂”的。德国财长在接受采访时也表示自己是马克思的新读者，《资本论》重新风行于西方社会，德文版《资本论》在一年内销量就增加了两倍。法国哲学家艾伦·巴迪欧激烈抨击资本主义的论著《共产主义假设》也取得了成功。2008 年 11 月 21—23 日，巴西共产党在圣保罗主办了第十次世界共产党和工人党国际会议，俄罗斯、美国、保加利亚、印度、西班牙等 55 国的共产党和工人党代表出席会议，中国、朝鲜、越南、老挝、古巴五个执政共产党也派代表出席会议。会议发表了《第十次世界共产党和工人党国际会议新闻公报》、《第十次世界共产党和工人党国际会议圣保罗宣言》和《第十次世界共产党和工人党国际会议决议》，指出金融危机是资本主义制度内在矛盾的必然表现，其直接根源是几十年来资本主义推行新自由主义的金融自由化政策。

1.3 现代西方主流经济学经济周期理论

现代西方主流经济学通常指 1930 年代以来特别是第二次世界大战后，在西方经济理论界占据主导或支配地位的经济学说。其主导支配地位的表现是得到多数经济学家承认或赞同，并曾经作为一定时期政府制定经济政策的理论依据，为政策当局提供理论支持和政策解说。按此标准划分，现代西方主流经济学主要包括凯恩斯主义、货币主义、新古典宏观经济学、新凯恩斯主义。上述经济学流派都站在不同角度对经济周期的产生原因、传导机制作出了各自的解释说明。

1.3.1 凯恩斯主义

20 世纪 30 年代席卷资本主义世界的经济危机给以马歇尔局部均衡和瓦尔拉斯一般均衡为代表的古典经济学以重创，认为资本主义通常为非就业均衡状态的凯恩斯革命由此兴起。凯恩斯认为边际消费倾向递减规律、资本边际效率递减规律和流动性偏好规律在经济运行中的作用会使经济处于非均衡状态，特别是资本边际效率递减使经济运行出现周期性波动。凯恩斯说：“了解一给定量的资本品的边际效率取决于预期的改变这一点是很重要的。因为，主要是这种依赖关系才使资本边际效率具有相当强烈的波动，而正是这种波动解释了商业周期。经济繁荣之后之所以会出现萧条，萧条后之所以又会出现繁荣，可以用资本边际效率相对于利率的波动来加以分析和解释。”① 凯恩斯认为：在利息率和居民边际消费倾向及物价水平基本稳定，社会各生产要素一定时期内不会发生显著变化的条件下，社会资本资产由于不同的使用寿命，并随着时间流逝而损耗，如果社会投资总量低于社会资本资产更新所需要的最低水平时，资本边际效率就会趋于上升，投资利润率增长，从而拉动社会投资总额，使社会资本资产实现顺利更新，实现经济的稳定发展。在此运行机制中，如果利息率、边际消费倾向和物价水平（通货膨胀率）不发生明显变化，那么经过一段时期，社会投资总量就会持续增加到保障社会资本资产正常更新所需水平，带动社会就业量持续增加，实现国民收入稳定增长，从而实现经济繁荣；但是，如果社会投资总量在超过社会资本资产更新所需的最低水平后，继续持续增长，那么经过一段时间就会达到并越过社会资本资产更新所需的最高水平，资产边际效率就会下降，投资的利润率就会降低，这将使社会投资总量减少，同时这种投资利润率减少的趋势足以使社会投资总额一路下滑到社会资本资产更新所需的最低水平之下，直至最终出现社会投资总量严重不足，失业人数增加，国民收入水平不断下降，经济陷入萧条。

凯恩斯所论证资本边际效率对经济周期性出现繁荣与萧条的作用如图 1.1 所示：

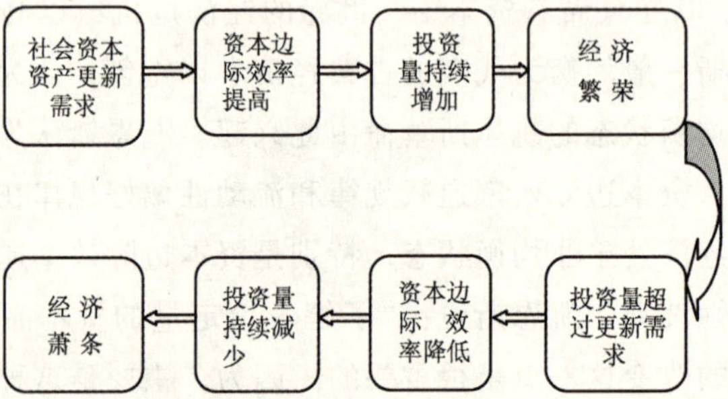

图 1.1 凯恩斯所论证资本边际效率对经济周期性出现繁荣与萧条的作用

① 凯恩斯：《就业、利息和货币通论》，华夏出版社 2005 年版，第 112 页。

凯恩斯在提出边际消费倾向递减规律后，运用这一概念在《通论》中很好地解释了英国经济学家卡恩提出的投资乘数理论。鉴于凯恩斯运用的是比较静态分析方法，不能度量从原有均衡到新均衡的动态调整过程，同时单一的乘数理论没有说明收入的变化如何又引致了需求的变化，萨缪尔森认为，只有将乘数原理与加速数原理结合起来，全面考察这两者在动态序列过程中的相互作用，才能准确说明经济周期的扩张和紧缩过程。因此，萨缪尔森在1939年发表了"乘数分析与加速数原理的相互作用"一文，将乘数理论与加速数原理有机地结合在一起，提出了"乘数—加速数"动态模型，通过对个人消费、私人投资和政府支出等主要经济变量相互关系的分析，来说明经济周期的原因和波动幅度。

设定Y_t代表t时期国民收入，G_t代表t时期政府支出，C_t代表t时期消费支出，I_t代表t时期私人投资，则有：

$$Y_t = G_t + C_t + I_t \tag{1.3.1}$$

设定α为边际消费倾向（$\Delta C/\Delta Y$），Y_{t-1}为t上一期的国民收入，根据汉森所作假设，t时期消费支出是t－1期国民收入与边际消费倾向之积：

$$C_t = \alpha Y_{t-1} \tag{1.3.2}$$

设定β代表加速数，也即资本—产出比率，则t时期私人投资I_t是t时期消费支出C_t与t－1时期消费支出C_{t-1}之差与β之积：

$$\begin{aligned} I_t &= \beta(C_t - C_{t-1}) \\ &= \beta(\alpha Y_{t-1} - \alpha Y_{t-2}) \\ &= \alpha\beta(Y_{t-1} - Y_{t-2}) \end{aligned} \tag{1.3.3}$$

将（1.3.2）和（1.3.3）式代入（1.3.1）中，则有：

$$Y_t = G_t + \alpha(1+\beta)Y_{t-1} - \alpha\beta Y_{t-2} \tag{1.3.4}$$

（1.3.4）式充分说明，本期（t）国民收入水平是由前两个时期（t－1/t－2）国民收入水平及乘数$1/(1-\alpha)$和加速数β共同决定的。当前两期政府支出、消费支出和投资支出发生变动时，乘数—加速数原理会使当期收入出现波动；或者说，只要存在乘数和加速数，通过改变当期和下一期的国民收入水平，完全可以对下二期的国民收入水平产生影响，而且影响的显著程度与乘数及加速数大小密切相关。经济周期的出现与乘数和加速数密切相关，这是因为，当经济处于繁荣阶段，当期国民收入总是处于较高水平。那么，从动态角度看，国民收入就会在乘数与加速数作用下始终处于增加趋势，推动国民收入达到谷峰。但在资本边际效率递减规律作用下，同时受一定历史发展阶段和一定技术条件制约，支撑国民经济高速发展的资源及要素基础是有限的。国民收入增长达到瓶颈时就会减少，从动态角度看，国民收入会呈现下降趋势，这同样会在乘数—加速数作用下加快国民收入进入谷底的速度。然而当经济在谷底运行一段时期后，由于边际投资回报率增长引致总体投资规模又呈现增长趋势，从而会推动经济再次上行，经济周期由此产生。除萨缪尔森外，希克斯（Hicks）对凯恩斯经济周期理论也给出了独特见解，希克斯的理论贡献是把投资划分为引致投资和自发投资，其中引致投资是引起经济体系失衡引发周期性波动的主要原因。这是因为，自发投资基本属于长期投资，而引致投资极易受需求与产量变化影响对经济体系造成冲击，在乘数—加速数作用下，这种冲击增强了经济体系运行波动的幅度。此外，希克斯还认为引起经济周期的可能原因是乘数和加速数值既不过大又不过小，恰好能够引起经济体系中国民收入的波动。如果此时引致投资积累的冲击力量不足，在乘数—加速数尚未充分发挥作用将国民收入推到充分就业情况的最高点时，国民收入经济总量就开始呈现下降趋势，紧接出现向下方运动的经济萧条。希克斯将这种经济周期情况称为“繁荣因其自我原因而自动死亡”①。

1.3.2 货币主义

货币主义也称现代货币主义，代表人物是米尔顿·弗里德曼（Milton Friedman），是20世纪50年代中期出现的一个重要经济学流派。货币主义以现代货币数量论为基础，以主张市场能够自动实现均衡为其政策主张的基调，以实行单一规则的货币政策为主要内容。货

① 宋承先：《资产阶级经济危机理论批判》，上海人民出版社1962年版，第156页。

币主义的兴起与20世纪60年代出现的通货膨胀并最终引发“滞胀”密切相关。货币主义在解释经济周期波动形成原因时，用现代货币数量论解释货币供给冲击经济周期性波动的机制，强调货币供给的决定作用，主张采取控制货币数量的政策以便消除通货膨胀，从而保证经济体系的正常运转。正如布赖恩·摩根所说：“财政政策的失败和便宜货币倾向的灾难性后果加重了某些经济学家关于货币理论发展得过于狭窄的说法的分量，结果出现了另一种替代的学派，他们对当前问题提出了不同的解决方法。这些解决问题办法的基本概念比作为凯恩斯学派体系为基础的货币过程更为广泛，它以货币数量论的变化为中心。这一学派被称为货币学派或现代数量学派。”①

弗里德曼在综合费雪“交易方程式”、庇古“剑桥方程式”和凯恩斯货币分析理论模型基础上，提出货币主义的宏观经济模型。在排除对外贸易同时不考虑政府的财政支出和各种外部冲击情况下，货币主义宏观经济模型可以用以下方程式描述：

实际收入为名义收入与物价水平之比，即Y/P，利息率为r，实际的消费支出为名义支出与物价水平之比，即C/P，有如下消费函数：

$$\frac{C}{P}=f\left(\frac{Y}{P},r\right) \tag{1.3.5}$$

实际投资量是名义投资量与物价水平之比，即I/P，由利息率r决定：

$$\frac{I}{P}=g(r) \tag{1.3.6}$$

在市场均衡条件下，实际收入Y/P等于实际支出（C/P + I/P）：

$$\frac{Y}{P}=\frac{C}{P}+\frac{I}{P} \tag{1.3.7}$$

在上述设定的前提下，货币需求M^D由物价水平P、实际收入Y/P和利息率r共同决定：

---

①　布赖恩·摩根：《货币学派与凯恩斯学派——它们对倾向理论的贡献》，商务印书馆1984年版，第75页。

$$M^D = P * L\left(\frac{Y}{P}, r\right) \tag{1.3.8}$$

在货币供给 M^S 方面，货币供给数量由利息率 r 决定：

$$M^S = h(r) \tag{1.3.9}$$

在市场达到均衡后，货币需求等于货币供给：

$$M^D = M^S \tag{1.3.10}$$

根据上述变量关系，弗里德曼认为，从经济长期均衡实现过程的角度分析，所有宏观经济变量的实际水平都由非货币因素决定，而货币只是决定物价水平，进而决定以货币作为计量的名义收入和名义支出水平。

凯恩斯学派认为，货币数量变动影响货币价格（利率），当货币供应量增加，市场上以货币购买债券的行为增加，债券价格上升，利率下降，从而引致投资增加。投资增加后，在乘数—加速数作用下，使得国民收入增加。因此，凯恩斯主义认为货币利息率的变化使得投资总量发生变化，最终影响国民收入，引致经济周期性波动。

货币主义反对凯恩斯主义对货币作用传导机制的解释。货币主义者认为，货币增量不仅可以通过金融渠道通过收益影响投资量，而且可以直接影响支出、物价水平，同时还可以影响很多种类实物资产的收益率。弗里德曼认为，凯恩斯十分重视投资的利息率弹性是因为凯恩斯主义只考虑相当狭窄范围内的金融资产和利息率，没有考虑耐用消费品和其他实物资产。如果将目光从狭窄的金融资产范围扩大到耐用消费品和实物资产，在资产选择范围更广泛、资产范围扩大的情况下，在货币数量供给增长引致利息率开始下降初期，货币需求方面的利率弹性小，这时增加的货币不会引致对债券等金融资产的需求，而会主要用于购买各种资产，也即货币增量主要会拉动包括政府支出在内的消费支出的增长从而通过乘数—加速数原理影响国民收入。在进一步分析货币数量变动与利息率变动关系时，费里德曼认为，在货币数量总量增加较多时，物价水平和企业贷款需求会推动利息率上升，如果考虑到此时实际利息率和名义利息率的背离，名义利息率上升的幅度更大。因此，通过乘数作用，国民收入波动幅度也相应增大。

在经济政策方面，货币主义认货币政策能够防止货币本身成为冲击经济运行的因素，同时正确的货币政策能够为经济稳定运行提供稳定的背景，实行单一规则的货币政策有助于抵消经济体系中其他原因造成的比较严重的冲击。由此可见，反对国家“有形之手”过多地干预经济，主张经济自由是货币主义经济政策的基本观点。只要充分发挥市场的作用，市场机制会自发地使国民经济体系自然而然地趋向均衡状态。因而，在货币主义看来，凯恩斯主义主张政府需求管理而引发的不适当的财政金融政策是造成“滞胀”的重要原因之一。从货币主义对政策当局的实际影响看，在 20 世纪 70 年代中后期，货币主义开始在英美等西方主要发达国家取代了后凯恩斯主流经济学地位，成为西方发达国家政府制定政策的理论依据。美国前总统里根曾公开声称其经济政策的指导理论来源于弗里德曼，同期的英国首相玛格丽特·撒切尔夫人更是制定了以货币主义为指导的经济政策。从政策效果看，这货币主义政策主张在短期内奏效，但并没能根除西方发达国家的“滞胀”问题，在经济实践的检验中暴露了局限性。

1.3.3　新古典宏观经济学

理论永远需要紧跟实践的发展，这是因为人们对实践中存在的问题总是需要在理论层面上具备正确清晰的认识，才能为问题的根本解决创造条件。在货币主义面对经济发展中“滞胀”问题同样表现得无能为力时，新古典宏观经济学逐步兴起。与凯恩斯主义经济周期理论和货币主义经济周期理论不同的是，新古典经济周期理论在解释经济周期波动时，强调理性预期和全要素生产率的重要影响和作用，指出政府宏观调控政策和新技术发明都会对市场造成冲击和影响，从而引发经济周期波动。新古典宏观经济学经济周期理论全面否定了宏观调控政策稳定经济的有效性，强调市场实现均衡的有效性。新古典宏观经济学在发展过程中经历了两阶段，即 20 世纪 70 年代主要是以卢卡斯（Lucas）、萨金特（Sargent）和华莱士（Wallace）等为代表的“理性预期学派”和 20 世纪 80 年代巴罗（Barro）、基德兰德（Kedland）、普雷斯科特（Proscott）等提出的实际经济周期理论。

20 世纪 70 年代卢卡斯根据“理性预期”系统地提出了他对经济周期问题的理论观点。他认为，历次经济周期过程中存在的共同特点是解释经济周期原因和建立理论模型的出发点。一是耐用消费品和资本品波动幅度大于非耐用消费品和资本品的波动幅度；二是国民经济各部门的产出波动具有高度的同步性；三是初级产品（农产品和原料资源）的价格波动与产量波动一致性高于其他产品；四是企业利润在经济周期中也表现出较强的同步性；五是产品价格具有一定的超前性；六是长期利息率在经济周期中的超前性不明显，但短期利息率超前性较为明显；七是货币总量及流通速度也存在超前性。根据以上特点，卢卡斯从具有超前特性的价格和货币总量波动入手，探寻价格和货币总量波动引发经济周期性波动的原因。由于通货膨胀和产品相对价格变动均对物价总水平变动产生影响，因此，生产者必须在面对名义价格波动时，研究判断名义价格中通货膨胀影响部分和产品相对价格变动影响部分。对生产者而言，因为物价总水平变动在“理性预期”作用下，并不会影响到实际产量和就业量，而只会拉升物价总水平，也即“货币中性”不会对国民经济资源配置方向和配置状况产生实质影响。所以只有国民经济体系中不同部门产品相对价格变动才对其经济决策具有积极意义，唯有根据相对产品价格变动情况调整雇佣劳动和产量才能确保经营者获利。此外，由于市场决策信息的不完全与不对称，市场中经济主体在经营活动中难以准确区分两种不同原因造成的物价总水平波动。在人们没有预期到的情况下政府突然增加货币供应量，物价总水平将会上升，如果此时生产者把物价总水平上升误判为是其所生产产品相对价格上升所致，就会增加雇佣劳动人数扩大生产规模并增加投资，推动生产进入繁荣阶段。但是经过一段时期的运行后，生产者逐步掌握了实际的经济运行情况，决策信息更为完备和准确，就会发现自己决策和预期的错误，从而会减少雇佣劳动人数、减少投资并缩减生产规模，纠正自己的错误决策。由于投资和雇佣劳动人数减少，经济就会从繁荣走向萧条，使经济出现周期性波动。在卢卡斯看来，如果一个国家以往物价水平较为稳定，那么政府出人意料地增加货币供应量是可以制造出经济繁荣，但政府采取这类政策时间越长，生产者对政策信号的反应就越弱，当人们已经能够事先完全预期到政策效果时，政策就已经变得完全无效了。“理性预期学派的一个主要原则就是：经济如果不反复遭受政府的冲击，就会基本上是稳定的。”① 为保持经济的稳定运行，唯一有效的方法就是最大限度地减少政府对经济的干预，充分发挥市场机制的调节作用。政府的作用只是为社会经济活动提供一个稳定的并容易为人所知的良好环境，为此，“我们需要的是稳定的政策，而不是积极行动主义政策。”②

20世纪80年代以来，巴罗（Robert Barro）、基德兰德（Finn Kydlard）、普雷斯科特（Edward Prescott）和泰勒（Taylor）等人提出了实际经济周期理论，创立了应用宏观经济学。在实际经济周期理论看来，市场机制在长期或短期中都可以自发地使经济实现充分就业的均衡，因而市场本身是完善的，经济产生周期性波动来自于经济体系之外的全要素生产率等真实因素的冲击。因为这些因素源于外部，故这种冲击称为“外部冲击”。引发冲击的是一些实实在在的真实因素，所以这种理论被称为实际经济周期理论。市场主体无法预料到这些因素的变动与出现，因此也就无法自发地作出调整和反应，故而经济运行表现为周期性波动。引发经济周期的外部冲击可分为引起总供给变动的冲击和引起总需求变动的冲击。在这两类冲击中又分为有利于刺激经济繁荣的“正冲击”（或称“有利冲击”），以及导致经济衰退的“负冲击”（或称“不利冲击”）。有利的冲击如技术进步能够刺激投资需求，而不利冲击如石油危机则影响供给。在经济社会中发生的各种事件都可能构成对经济的外部冲击，但其中最重要的因素是技术进步。从目前实证分析情况看，引发经济波动的外部冲击中技术进步占三分之二以上。需要特别强调的是，实际经济周期理论认为由于投资者和消费者预期的存在，政府宏观经济政策也会引发经济波

① 小沃尔特·格萨迪：“切合实际的新经济学”，《世界经济译丛》1979年第4期。

② 丹尼尔·贝尔主编：《经济理论的危机》，上海译文出版社1985年版，第131—132页。

动。外部冲击引发经济周期波动的传导机制是这些外生因素通过影响投资和就业量进而造成经济的周期性波动。以技术进步为例，假定一个经济体系处于正常运行过程中，如果出现了重大的技术创新，那么这种技术突破会迅速地吸引投资的增加，这就会带动整个经济快速发展并提高经济增长质量，推动经济走向繁荣，但新的技术突破不会以稳定均衡的速度接踵而来，当新一轮技术突破引发的投资热潮消退后，经济重又趋于平静，经济因而出现增长型周期。实际经济周期理论认为，经济周期既然并非由市场机制的不完善所引起，当然无需动用国家政策去干预，只要在市场机制自发调节作用下，经济就可自发实现均衡。因而，从经济政策的建议方面看，新古典宏观经济学基本没有给出系统的政策建议。

1.3.4 新凯恩斯主义经济周期理论

凯恩斯主义在20世纪70年代让出了其长期占据的主流经济学的位置，主要原因是在经济学发展过程中，凯恩斯主义经济学的局限性逐步显现，从理论上讲，凯恩斯主义宏观经济学的大厦并非是在坚实微观基础上，也即与传统的微观经济学不能保持一致；从实践中看，凯恩斯主义又无法解释经济停滞和通货膨胀同时并发的经济现象，面对滞胀束手无策，因而陷入了理论与实践的双重危机之中，并因此受到了新古典宏观经济学不停的抨击，特别是理性预期学派和实际经济周期理论在内的新古典宏观经济学对凯恩斯主义的理论和政策主张发动了全面的攻击，这些攻击严重地动摇了凯恩斯主义在西方宏观经济学中的统治地位。为了挽救凯恩斯主义，80年代形成的新凯恩斯主义经济学从微观入手，力图为凯恩斯主义构建坚实的微观基础，并在此基础上重新表述了凯恩斯主义的理论和政策主张。新凯恩斯主义全面继承了凯恩斯主义的传统，但也通过吸收货币主义、新古典宏观经济学的营养在很大程度上修正了凯恩斯主义的缺陷。为此，新凯恩斯主义接受了货币主义的分析框架，承认了理性预期假说，着重从微观层面上解释失业和经济周期性波动等现象。美国学者加尔布雷斯（Galbraith）和戴瑞提（Darity）认为，“新凯恩斯主义者接受了三分之二的新古典主义的世界观：即货币主义（至少就长期而言）和理性预期。”[①] 但新凯恩斯主义与新古典综合派不同之处主要是从市场缺陷造成的失灵出发，试图通过考察市场失灵条件下的最优化行为以解释工资和价格粘性以及它们与经济周期性波动的关系。

新凯恩斯主义认为，产生经济周期性波动的原因既可能来源于供给方面，也可能来源于需求方面。而供给或需求冲击之所以能够对经济波动产生较大影响，主要是国民经济体系中存在产品和劳务价格刚性及信息不完全性。通过经济体系中的传导机制，这些刚性及不完全性会放大冲击效果，进而导致就业、价格水平及实际产量的波动。由于在较短时期内工资刚性和价格粘性的存在，货币工资和初级产品价格均可视为固定，所以如果经济体系运行过程中受到来自于货币管理当局调整货币供应量所造成的冲击，则总需求水平会下降，但价格水平受刚性约束无法作出调整，总产出量就会有较大幅度下降，产量减少引致的直接后果就是生产所需劳动量的减少，这样产品市场产出量的变化就会很快传导到劳动市场中，劳动量需求减少，失业人数增加，产出量和失业量都发生较大变化，市场处于失衡状态，经济运行出现波动。

新凯恩斯主义针对新古典宏观经济学理论上完美但与现实经济生活脱节的弱点，在经济分析过程中注重从经济生活的实际情况出发研究和分析问题。新凯恩斯主义经济学者根据菜单成本的存在修正了理性经济人的假设，提出经济当事人的行为是近似理性的，即当事人面对需求的变化会逐步缓慢地调整工资和价格，因此从微观经济学层面看，价格和工资变动不能随着需求的变化而及时调整。制定或变动价格决策的交易成本会引致经济生活的波动。对于能否市场自动回复平衡，新凯恩斯主义认为短期内货币影响是非中性的。因此，在一个不完全竞争的经济体系中，短期内的经济波动是无法避免的。由于市场寡头垄断行为造成了“协调失灵”（coordination failure），因而这个调整过程会很漫长且代价高昂。要想缩短这个过程，减少调整的成本，

① 加尔布雷斯、戴瑞提：《宏观经济学》，经济科学出版社 1997 年版，第 311 页。

只有依靠政府的有形之手。既然刚性工资理论和刚性价格理论已经说明，市场机制的运行并不一定保证各类市场能够自动达到均衡状态，那么当经济运行遭遇到供给方面冲击或需求方面冲击后，必然产生较大幅度的周期性经济波动。如果让市场机制通过自发调节来重新实现均衡，则这个过程不仅极为缓慢，而且会付出很高的经济和社会成本。因此，只要政府宏观调控当局采用正确的财政政策和货币政策，由于货币非中性和人们近似理性的存在，宏观经济政策是会产生积极作用的。斯蒂格利茨和格林伍德更是从理论上坚持认为，即便价格粘性基本不存在，需求管理政策也是有效的。

1.4 西方非主流经济学现代经济周期理论

西方经济学中的非主流经济学虽然没有在经济理论界占据主导或支配地位，对政府决策的实际影响也远远小于主流经济学，但这些非主流经济学从各自的角度对经济增长和经济周期问题提出了各自的理论解释。很多理论产生了积极而深远的影响，丰富了宏观经济学的研究成果，使西方经济学经济周期理论视角进一步拓宽，纳入经济周期研究范畴的影响因素在一定程度和某些方面对经济周期现象给出了较为合理的解释。在非主流经济学中，对现代经济周期进行了系统研究并构成经济周期理论的主要有熊彼特经济周期思想、公共选择学派的政治经济周期理论和奥地利学派经济周期理论。

1.4.1 熊彼特经济周期理论

作为与凯恩斯同时代的著名经济学家，熊彼特以“创新”概念为核心，构筑起独具特色的经济理论体系。熊彼特深信“创新”是经济体系内部存在的不断打破市场均衡的内生因素，因此熊彼特从瓦尔拉经济均衡体系入手，跨越了静态的一般均衡理论，建立了从经济体系内部说明经济动态现象的经济理论。在熊彼特看来，经济体系从一种均衡向另一种均衡的调整过程其动力来源是创新活动，而且，也正是创新主导了经济增长和经济周期。

按照熊彼特的经济解释，创新并不单纯是技术方面的新发明，从经济属性看，创新是经济生活中出现的新事物，主要包括五方面内容：一是开发新产品或创造某种产品的新功能；二是采用新的生产方法；三是开辟新市场；四是发现新的原料供给来源或采用新材料；五是建立新的企业组织管理模式。据此，熊彼特对经济周期的起因及过程进行了系统分析。在对经济周期形态的描述上，熊彼特主张四阶段和三种周期。最初熊彼特在应用"创新"概念来说明市场经济中内生周期现象时，建立了一个只包括上升期和下降期两个阶段的简单模型，并通过模型论证了创新带来盈利机会推动经济发展进入上升阶段的过程，但在创新被众多企业采纳后，市场竞争加剧，生产成本上升，产品价格下降，这会导致企业利润大幅减少，总产出也因此减少，导致经济出现下降趋势。创新活动的特征是非连续的，并且存在周期性，因此，经济生活就呈现出周期性波动。考虑到伴生繁荣的投机心理和投机行为会逐渐增加，熊彼特把这些从属现象统称为"从属波。"① 由于从属波的作用，许多与创新无关的经济部门也出现了很多投资机会，扩展了生产规模，推高了经济上升幅度，造成了经济体系的虚假繁荣。因此，一旦创新活动停止，经济下降幅度同样超过单纯因创新而造成的衰退幅度，而进入萧条。待从属波影响逐渐消失后，经济生活重又进入复苏阶段，待新一轮创新到来后，新一轮经济周期便重又启动，至此，熊彼特成功构建了经济周期的四阶段论。对此，斯托尔泼曾经这样说：熊彼特相信每一个周期包括四个阶段。他把复苏阶段和衰退阶段看成是适应的过程，而繁荣阶段和萧条阶段则表现为离开均衡位置的一种运动。繁荣阶段和萧条阶段分别由创新和诸如投机、恐慌、经济政策不当之类的外生的、非实质性的现象所引

---

① 熊彼特："经济分析变化"，刊载于《现代国外经济学论文选》第十辑，商务印书馆 1986 年版，第 28 页。

起。繁荣阶段和衰退阶段对于资本主义过程来说是本质的，而萧条阶段和复苏阶段则不是本质的。由于尖锐的社会和个人障碍发生于非本质阶段内，所以政策能够消除它们。”①

在具体描述经济周期类型时，熊彼特重点分析了三种周期类型：

第一种是长达50多年的康德拉季耶夫周期，即由前苏联经济学家康德拉季耶夫于1926年提出的长波周期。熊彼特承袭了康德拉季耶夫的理论观点，认为资本主义第一个长波约从1783—1842年，即第一次产业革命时期；第二个长波约从1842—1897年，即世界铁路化时代；第三个长波大约从1897年至20世纪20年代末，也即电气、化学和汽车时代。

第二种是平均9—10年的朱格拉周期，即由法国经济学家朱格拉于1860年提出的中周期，朱格拉认为中波周期与固定资产集中更新有很大关系。

第三种是平均3—4年的基钦周期，即由美国经济学家基钦于1932年首次提出的短周期理论，基钦认为短周期与企业存货变动状况有关系。

熊彼特认为1个长周期包括大约6个中周期和18个短周期，1个中周期包括大约3个短周期。长周期构成中周期发生作用的背景，并影响中周期的繁荣和萧条程度；而中周期构成短周期发生作用的背景，同样影响着短周期的繁荣和萧条程度。三种周期相互交织并且任何一种都与一定的创新活动相联系，特别是长周期与经济发展史上重大创新活动密切关联，为熊彼特创新影响经济周期的理论假说提供了有力的证据。由于经济周期源于经济生活内生的创新活动，熊彼特就认为，经济周期不像以前部分经济学家所认为是资本主义制度的弊端，而是市场创新活动自发的波动，因而是经济进步在资本主义条件下的必然表现。需要说明的是，熊彼特并不否认其他外部因素如货币等也存在对周期的影响作用。虽然熊彼特没有对经济周期现象提出明

① 斯托尔波：“熊彼特”，载《国际社会科学百科全书》第14卷，商务印书馆1968年版，第69页。

确的政策建议，但从熊彼特的经济著作中来系统分析和推断熊彼特的经济政策主张，可能会得出熊彼特同样主张政府通过推动创新、减少从属波干扰的途径合理干预经济生活。

1.4.2　奥地利学派经济周期理论

凯恩斯主义因为无法合理解释“滞胀”问题而失去了在现代西方经济学中的主导地位。针对凯恩斯主义政府干预经济的政策主张，货币主义、新古典宏观经济学和产权经济学等为代表的新自由主义经济思潮开始在西方流行。在新自由主义经济思潮中，奥地利学派以独特视角和方法对经济周期进行了分析和研究，提出了经济周期理论。在建立经济周期分析框架时，奥地利学派把货币管理不善作为造成资源跨期配置扭曲的主要原因，把分析焦点集中于货币扰动导致的相对价格效应以及数量调整。奥地利学派的经济周期理论最早由米塞斯（Mises）在《货币和信用》中提出，后来哈耶克（Hayek）在《价格和生产》中对此作了进一步的拓展，经过威塞尔（Wieser）、罗斯巴德（Rothbard）、加里森（Garrison）和豪威斯（Horwitz）等经济学家的共同努力，奥地利学派构建了自成系统的经济周期理论，成为经济周期理论中的一个重要流派。

在奥地利学派看来，利率作为货币的价格决定着投资需求的规模，同时影响着资本供给，因而利率机制对平衡资本市场供需起着重要作用。但是由于中央银行随意扩张货币供给规模，这会严重影响了利率对市场自然利息率水平的反映，扭曲了货币价格。如果消费者需求和资源供给没有发生变化，这种货币政策推动的经济高涨本身就潜伏着衰退的必然结果，经济增长就是一个不可持续的过程，因为资源和产品供给的增加源于扭曲货币价格的错误导向，而不是消费需求真实情况的反映，这种不一致必然使衰退难以避免。现代市场经济是一个有中央银行和比较完备信贷市场的货币经济系统，如果中央银行通过增发货币来增加资金的供给，货币利息率就会相应降低，投资和消费都会增加，就业量也会增加，货币管理当局就能够人为造成一个经济繁荣时期。由于信贷条件有利，各项资源会由满足近期消费转向远期消费，投资结构会相应发生变化，当期消费品产出会减少。但是由于资源需求上升，生产要素价格上升，同时生产要素所有者货币收入增加，因此他们对消费品需求也会增加，此时经济中会出现充分就业。由于此时的利率并不在其均衡水平上，因而经济的真正均衡并没有达到。如果储蓄没有增加，新的生产结构并不能顺利实现并得以维持，能够与储蓄增加产生类似效应的途径唯有增发货币。但是在此阶段，生产要素被用于满足消费需求，因此，经济发展遭遇瓶颈，国民经济运行进入到下行阶段，市场中的生产者会发现投资利润率整体水平出现严重下降，而生产成本却由于利率的不断提高而逐渐加大，经济运行进入衰退前期。当经济运行到繁荣前期时，市场对投资需求日益增加，而货币发行规模受到限制的条件下，商业银行流动头寸日益减少使银行担心通货膨胀，就会限制信贷量的增长，推高利息率，增加投资者的生产成本，一部分企业发生财务危机，投资将转向更短期的商品生产过程。对适用于这些较短生产周期的投入品需求将持续增长，其结果必然是导致投资总额的净减少，失业将会出现，经济陷于衰退。奥地利学派认为，经济低迷是货币增发量不可持续的结果，也即是货币信贷增长超过自然储蓄增长的必然结果。

如果自然储蓄的积累自发地推动了投资的增加，经济系统就会自发地达到新的均衡。在这种状态下，供求双方无论是结构还是总量都达到一致，如果此时货币管理当局增发货币，定然人为扰乱经济系统的调整机制，使资本时间结构与跨期消费偏好不一致，生产要素受到失真利率信号的指引，会被投入生产，造成人为的虚假繁荣，必然会最终陷于衰退。因此，奥地利学派主张，必须防止增发货币引致的大量不当投资的发生，经济衰退是经济周期的自我矫正阶段，如果没有价格粘性干扰，经济周期中的衰退阶段是消除不当投资和修正过去错误的必经程序。人为采取扩张政策干预经济不会达到预期目的，而只有当投资增长是自然储藏积累所推动时，才能够保证经济增长的可持续性，同时减少经济周期性波动。

1.4.3　公共选择学派政治经济周期理论

以布坎南（Buchanan）为首的公共选择学派是反凯恩思主义阵营中的非主流派。公共选择学派力图运用新古典经济学的基本原理研究集体选择模式和政府行为，研究政治与经济相互依赖和相互影响的关系。

公共选择学派认为在西方民主选举制度下，政党必须经常性地参与选举。对政党而言，能够取得选票成为执政党代表着政党利益的最大化，因而，实现当选就是政治的全部目标。为此，要夺取竞选的胜利，就必须迎合选民的心理，而且与经济竞争不同，政党竞争的间断性决定了政策的非连续性，导致了政治家们只重视目前地位和未来的选举，很少真正把国民整体利益最大化摆在第一位。由于政治家们的眼光始终盯在下一届选举上，往往在竞选中在减免税收、降低失业率、增加社会福利方面向选民作出超出实际的承诺，同时通过扩张货币供应量增加通货膨胀水平以降低失业率，促进经济繁荣；待到当选后，面对通胀率高企等诸多问题时，政治家们又往往采取违背承诺的宏观经济政策，以增加失业率的方式减少通货膨胀水平，使经济进入衰退。这就造成了政治经济周期的波动。在西方选举政治的制度设计下，政党的着眼点始终在选票上，故出台的经济政策也都是短视的，而对于真正有利于经济发展的长期投资如基础研究、水土保持和环境保护等往往被忽视，降低了经济增长的可持续性，影响了经济发展的长期稳定性。

1.5
中国经济理论界对经济周期理论的研究探索

中国经济理论界对经济危机及周期的研究始于20世纪30年代，沈贯雷、沈志远和关梦觉等前辈学者运用马克思主义经济学基本原理对 1929 年爆发的经济危机进行了分析和研究，并取得了丰硕成果。1931 年，沈贯雷出版了《世界经济危机与武装进攻苏联》，分析并判断了当时发生的经济危机对主要资本主义国家的影响及动向；1935 年，沈志远出版了《世界经济危机》，对 1825 年以来的历次世界性经济危机进行了剖析，并重点分析了 30 年代的经济大萧条；1940 年，关梦觉出版了《经济危机初步论》，对马克思经济危机理论和帝国主义时期的经济危机进行了描述和解释。新中国成立后，中国学者采用马克思主义的立场、观点和方法对资本主义经济危机的研究逐步深入，但由于经济理论界存在把经济周期性波动归因为资本主义制度的思维定式，对社会主义经济周期性波动的研究曾一度成为禁区，直到改革开放后，特别是进入 90 年代后，中国经济理论界思想得以解放，对中国经济周期的研究也达到了一个新高度。

1.5.1 中国经济理论界对资本主义经济周期的研究情况

新中国成立后，理论工作者的研究条件得以改善，到 20 世纪 60 年代末取得了一批研究成果，确立了马克思主义经济危机理论的主流地位，并在此基础上对资本主义经济危机的现实性与必然性、危机的周期性、商业危机、信用危机以及危机后果等各个方面都进行了深入系统的研究。这个时期美国经济发展动向和对世界经济周期进程的影响也得到关注。文革时期，中国学者对资本主义经济危机的理论研究陷于停滞。

20 世纪 80 年代，随着中国改革开放的不断深入，经济理论研究的学术环境也逐渐宽松，况且 1981—1982 年和 1986—1990 年的世界经济危机为中国学者的理论研讨提供了丰富的素材，这个时期的中国理论界重点研究了这两次世界性经济危机、美国经济周期、国家垄断资本主义时期经济周期变形的原因，以及发达国家经济周期向发展中国家经济周期的传导。

20 世纪 90 年代中国学者对资本主义经济危机观察的视野进一步拓展，不仅局限于经济危机，而是从经济周期波动的角度考察资本主义运行趋势，重点关注了战后西方资本主义经济周期理论的发展与变迁、市场经济体制与经济周期的关系、经济周期与投资增长关系问题、战后美国经济周期出现的新变化、宏观调控与经济周期等。

进入21世纪后，特别是2007年肇始于美国的金融危机爆发以来，中国学者对危机研究选用的方法和关注的重点已经与西方经济学渐趋一致，只有少数学者仍然坚持运用马克思政治经济学的分析方法研究和解释金融危机。但这一期间理论研究与经济实践的结合程度有所提高，服务于宏观调控的发展趋向也非常明显。

1.5.2　中国经济理论界对社会主义经济周期的研究情况

改革开放以前，由于经济理论界存在把经济周期性波动归因为资本主义制度的思维定式，社会主义经济周期问题一度成为理论禁区，但“一五”、“二五”时期国民经济呈现的波浪式发展又迫切要求经济理论界对此作出解释说明。所以，从20世纪60年代初期开始，中国经济理论界从学术研究的角度出发，对苏联、中国和东欧国家的经济增长进行了研究，发现了社会主义计划经济同样存在周期性波动。这个时期的经济学家认为社会主义经济周期与资本主义经济周期存在本质上的差别。他们以辩证法中事物的非平衡发展的规律为依据，认为一切事物的发展规律都是平衡与不平衡的对立统一，所以社会主义经济波动的根本原因在于事物发展的波浪式前进规律和螺旋式上升规律，直接原因在于计划工作存在失误以及生产要素投入的波动性。在对社会主义经济周期具体原因的探寻过程中，有些学者根据当时社会主义经济建设的实践，认为自然条件发生的巨大变化、基本建设投资的规模和效果、国民经济中每年新增的企业数量以及新科技发明应用情况在每个年度之间的投入情况都是不均衡的，这都会对国民经济均衡发展产生影响。这个时期的理论研究澄清了理论界对社会主义计划经济不存在经济波动的误解，指出社会主义经济波浪式发展和螺旋式上升是具有客观必然性，是不以人的意志为转移的经济发展一般规律，为以后的社会主义经济周期理论奠定了基础。中国学者对经济周期原因的探究具有科学合理性，与现代西方经济学真实经济周期论、政治周期论和技术周期论相比较，这些理论研究也得到了具有自己特点和自身合理内核的有价值的成果。

改革开放 30 多年来，中国的经济学研究进入了繁荣发展的新阶段。中国的经济学者积极解放思想，坚持实事求是，从中国特色社会主义实践出发，吸收了当代西方经济学有益的研究成果，借鉴了当代西方经济学科学的分析工具，针对社会主义现代化建设遇到的重大经济问题，努力探索社会主义现代化建设中的经济规律，取得了十分丰硕的学术成果。经济稳定是改革和发展顺利推进的重要保证。由于经济周期波动直接影响到经济稳定，经济理论工作者对经济周期波动进行了研究探索，在经济周期的概念定义，中国特色社会主义经济周期波动的性质、中国改革开放以来经济周期的特点、成因和传播机理，以及如何有效应对经济周期等方面，都形成了有影响、有价值的理论成果。

理论的发展是源于实践并需要为实践服务的。改革开放以后，中国经济经过高增长阶段后出现滑坡，经济理论界开始再一次对中国经济周期给予重点关注。1985 年乌家培和刘树成发表《经济数量三十年》，提出社会主义经济增长过程中存在"周期性波动"；1987 年卢建在《我国经济周期的特点、原因及发生机制分析》中正式提出"社会主义经济周期"的概念。随着改革开放的逐步深入，经济体制改革也不断深入，在经历有计划商品经济、社会主义商品经济和市场经济体制几个发展阶段后，市场经济体制得以建立并不断完善。这给中国经济理论界提供了一个研究经济周期的全新理论视角。经济理论界在研究中已经把经济周期性波动与社会制度分离开来，认为经济周期是市场经济中存在的普遍规律，是市场机制发挥配置资源基础性作用的表现形式，只要在市场经济中，就必然存在经济周期。在对中国经济周期性波动的原因探究方面，经济理论界将传统理论分析方法与现代计量经济学研究方法相结合，对经济周期的原因也作了深入系统的研究。通过系统研究，学者们发现，不同的经济体制下，经济周期的实现机制有较大区别。在计划经济体制中，国民经济经过一段时间的运行后就会出现总需求大于总供给的状况，国民经济的实际产出高于潜在产出而出现正缺口，当产出缺口积累使经济发展处于过热的状态时，经济总量和经济结构就会出现严重的失衡，经济的高速增长难以为继，经济发展会进入衰退阶段。当经济在谷底运行一段时期后，经济结构得到调整，经济快速发展的条件又逐渐具备，经济运行很快又出现繁荣，又会进入新一轮的经济过热状态。在市场经济中，国民经济运行机制不会自发地出现需求膨胀从而自动地把经济推向过热状态，而是每隔一段时期后使经济呈现总需求小于总供给的状态，市场中有效需求不足，使实际产出低于潜在产出并出现产出的负缺口，当经济运行逐步下行至经济的谷底时，国民经济就会出现衰退，但经过经济谷底的调整和能量积累，经济又会缓慢地进入上行阶段，并进而出现繁荣。当经济繁荣阶段持续一段时期后，由于边际消费倾向递减和边际投资率递减规律的作用，市场内在的固有机制运行会再一次使经济运行趋于过冷状态，从而进入新一轮经济周期。也就是说，在计划经济体制中，国民经济内生存在把经济运行推向过热的机制，而在市场经济体制中，国民经济内生存在把经济运行推向过冷的机制。在中国特色社会主义市场经济周期性波动研究过程中，部分学者认为社会化大生产为经济周期性波动提供了生产基础，部分学者认为经济周期性波动是市场经济体制的特征，是市场经济和工业化过程中发生的必然现象，资本主义经济制度在一定程度上放大了市场经济的弱点，而社会主义经济制度可在一定程度上弥补市场经济基础弱点。在社会主义市场经济体制下，固定资产大规模更新也对经济周期的产生具有重要影响。

第2章 中国改革开放前经济周期波动特征及原因分析

中国经济周期性波动伴生于中国经济建设的全过程。在中国改革开放前后两个30年里，中国经济周期在计划经济和市场经济这两种经济体制下，分别体现了不同的波动特征和传导机制。新中国前后两个30年共同构成了中国经济发展的有机整体。对比前后两个30年的发展历程，毫无疑问，1978年党的十一届三中全会以后，中国经济实现了世所罕有的持续30年高速增长，人民生活大幅度提高，综合国力明显增强，社会主义中国的面貌和中国人民的面貌都发生了历史性的巨大变化，中华民族为世界经济发展和人类文明进步作出了重大贡献。可以十分肯定地讲，1978年以后30年的建设成果和建设经验对于探索今后中国经济持续稳定健康发展道路的借鉴意义更大。但是，更应该看到，后30年的建设的起点并不是1949年前半殖民地半封建的中国，而是经过近几30年艰苦奋斗而建立起来的新中国。马克思曾经这样说："人们自己创造自己的历史，但是他们并不能随心所欲地创造，并不是在他们自己选定的条件下创造，而是在直接碰到的、既定的、从过去继承下来的条件下创造。"① 1949—1979年的30年建设历程虽然坎坷，但这30年的建设成果仍然是巨大的。在这30年中，中国顺利进行了社会主义改造，通过持续不断的大规模建设，

① 马克思：《马克思恩格斯选集》第1卷，人民出版社1972年版，第603页。

建立起了比较完备的工业体系和国民经济体系，改变了旧中国工业在沿海地区过于集中的不合理布局，提高了农业机械化程度，改善了农业生产条件，为以后的社会主义建设打下了物质和制度基础，积累提供了很多正反两方面的经验教训，为改革开放以来的快速发展做好了准备。从中国经济体制的变迁与发展看，体制变化经历了新民主主义经济体制、高度集中的计划经济体制、有计划的商品经济体制、初步建立的社会主义市场经济体制和逐渐完善的社会主义市场经济体制这样一个逐步变迁的发展路径，表现出历史作为连续有机整体的明显特征。而且纵观历史发展，可以很清楚地看到改革开放前后两个时期具有统一性和一脉相承的特点，经历了哲学意义上的否定之否定过程。因此，研究中国经济增长和经济周期波动问题，必然不能割断历史，而要把中国改革开放前后两个阶段经济周期的表现整体联系起来加以研究，这样才能有利于得出全面客观科学的研究结论。

2.1 改革开放前后中国当代经济史分期的理论依据

研究新中国成立以来经济周期的波动就必然要对经济发展进行科学的历史分期，这是准确描述中国经济周期波动特征并进而揭示波动原因的理论基础，是理论工作者研究和认识历史发展规律而采用的方法。按照目前经济史学界的划分标准，区分中国古代史和近代史的里程碑事件为 1840 年鸦片战争，标志中国进入现代史的历史事件是 1919 年“五四”运动的爆发，而引领中国进入当代史的历史坐标就是 1949 年新中国的建立。对中国历史进行分期是给不同的社会形态进行历史断限，但对中国当代经济史进行分期，则是给同一社会形态下的不同历史发展时期断限。从目前对中国当代经济史发展历程的研究结果看，由于经济史学者们观察历史的角度和研究历史的方法存在差异，可以发现理论界当代经济史的分期也有很多不同观点。赵德馨提出的分期标准是："整个社会经济史应以生产方式为划分历史时期的根据。""在一个社会经济形态内部，以国民经济变化的重要表现作为分期标准。"① 朱佳木则倾向于从经济社会发展目标模式的角度来观察和划分历史时期②。经对史学界分期意见归纳整理，目前经济史学者们对当代经济史分期主要有五种意见：

（1）两阶段分期法。就是以党的十一届三中全会为标志，把中国当代经济史分为改革开放前和改革开放以后两个历史阶段。

（2）四阶段分期法。就是根据《关于建国以来党的若干历史问题的决议》，将中国当代史分为基本完成社会主义改造的时期，开始全面建设社会主义的时期，进行"文化大革命"的时期和伟大历史转折以后的时期（包括粉碎了"四人帮"之后的两年）。

（3）五阶段分期法。就是在以上四阶段分期法的基础上，将基本完成社会主义改造的时期再细分为"新民主主义社会"时期和"社会主义改造"时期。

（4）六阶段分期法。就是在以上五阶段分期法的基础上，把伟大转折以后的时期分为在徘徊中前进的两年（即粉碎"四人帮"之后的两年）和社会主义建设历史新时期。

（5）八阶段分期法。就是在六阶段分期法的基础上，以1992年邓小平在南方发表谈话和十四大召开为标志，把社会主义建设历史新时期划分为初期改革开放13年和转轨建立市场经济体制11年；以2003年十六届三中全会提出树立和落实科学发展观为界限，把以后至今的时期称为"社会主义市场经济体制初步建立，经济社会进入科学发展的改革开放新阶段"，简而言之，就是科学发展新阶段。

在具体时间坐标的划分方面，经济史学者们观点相近，但时间划分各有不同。朱佳木认为，当代史大致分为五个时期，即1949—1956年，这是中国学习苏联社会主义建设道路，并以建设苏联社会

① 赵德磐："关于中国近代国民经济史的分期问题"，《学术月刊》1990年第4期。

② 朱佳木："对中国当代史定义、分期、主线问题的再思考"，《当代中国史研究》2010年第1期。

主义模式为目标的时期；1956—1978 年，这是努力突破苏联模式，探索中国社会主义建设道路，尝试计划经济体制并发动群众运动搞建设的时期；1978—1992 年，这是摸着石头过河、试行有计划商品经济、开创中国特色社会主义建设道路的时期，这一时期主要是采用计划经济加市场调节的方法；1992—2003 年，这是确立了社会主义市场经济体制改革方向，并初步建立了社会主义市场经济体制的时期；2003 年至今，这是社会主义市场经济初步建立后，中国特色社会主义建设进入新的发展阶段的时期，同时也是中国经济发展面临的重大战略机遇期，在这个时期，中国社会已经开始注重经济与社会协调发展，提出科学发展与和谐发展的理念，有效应对外部冲击并取得了明显建设成就的时期。邹东涛和欧阳日辉在《新中国经济发展 60 年》中同样把中国当代经济史区分为 5 个时期，但具体起始时间各有不同：1949—1957 年中国经济的恢复发展时期；1958—1978 年中国经济的动荡发展时期；1979—1991 年中国经济的体制转型时期；1992—2002 年中国经济全面建立市场经济体制时期；2003 年以来完善市场经济体制时期。武力在《中华人民共和国经济史》（增订版）中提出了四阶段论，他认为，1949—1957 年是中国工业化起步和向社会主义过渡阶段，在这个阶段中，中国建立了新民主主义经济体制，恢复了国民经济，提出了过渡时期总路线，完成了社会主义改造，并利用第一个五年计划推进了大规模的经济建设；1958—1978 年是中国国民经济曲折发展时期，在这个阶段中，由于大跃进造成的严重后果，国民经济始终在剧烈振荡中曲折发展，由于文革时期政治方面的干扰，国民经济恢复和发展过程中也遭遇严重困难；1979—1997 年是改革开放与国民经济高速发展阶段，在这个阶段中，中国实现了全面改革开放，经济发展出现了长期的高速增长，确立了社会主义市场经济目标，改革步伐不断加快；1991—2009 年是中国经济发展的新阶段，在这个阶段中，中国经济成功应对金融危机等外部冲击，保持了持续平衡快速发展，并且提出了科学发展观，开始转变经济增长方式和调整优化产业结构，注重统筹区域发展、统筹城乡发展、统筹经济社会发展、统筹人与自然和谐发展、统筹国内发展与对外开放，国民经济整体实力迈上了一个新台阶。

中国当代经济史断限是开展经济周期波动研究的重要前提，断限的科学性在很大程度上会影响经济周期划分和波动原因分析的科学性。列宁说过：“自然界和社会中的一切界限都是有条件的各可变动的。”① 所以，在中国当代经济史分期方面，无论某种观点如何地接近真理，也仅仅具有相对性的意义，随着中国经济建设历史的发展，在一个较长的历史时期内再给当代经济史断限，其结果必然会与今天的研究结论有所不同。故此，在综合以上学术观点的基础上，笔者选取了以经济体制的不同作为区分当代经济史不同阶段的标准，这是因为，历史实践证明，中国经济体制的变迁对经济发展和经济周期影响程度与其他影响因素相比处于重要地位，有利于提高本书研究的科学性和客观性。按照经济体制变迁的标准，笔者认为可以将中国当代经济史断限为五个阶段：1949—1957 年新民主主义经济时期；1958—1978 年高度集中的计划经济时期；1979—1992 年有计划的商品经济时期；1993—2003 年社会主义市场经济体制初步建立时期和 2003 年以来社会主义市场经济体制逐渐完善时期。

2.2 新民主主义经济时期（1949—1957 年）经济发展事实、波动特征及原因

本书所界定的新民主主义经济时期的时间跨度为 1949—1957 年，这是因为新中国成立后，1949—1952 年期间是以《共同纲领》为基础的新民主主义社会，而随后进行的社会主义改造和过渡时期从经济形态看，仍然处于新民主主义社会经济形态中，因此，本书在界定新民主主义经济时包括了社会主义改造和全面开展大规模经济建设的第

① 《列宁选集》第 2 卷，人民出版社 1995 年版，第 693 页。

一个五年计划时期。新民主主义经济时期是中国历史上经济发展和制度变化最快的时期。这个阶段，新中国采取了一系列符合中国经济和社会发展实际情况的行之有效措施，开展了土地改革、镇压反革命和抗美援朝，巩固了新生的人民共和国，通过没收官僚资本确立国有企业管理制度，积极扶持合作社发展，开展公私合营，把对外贸易置于政府控制之中，建立新民主主义的就业和分配制度，较好地确立了国家管理为主和市场调节为辅的新民主主义经济体制。在 1949—1952 年三年时间里，中国工农业主要产品产量基本达到或超过历史最高水平，中国国民经济恢复与发展顺利起步。在这个时期社会主义改造取得阶段性成果的基础上，国家提出了过渡时期总路线，并制订实施了第一个五年计划，对农产品实施统购统销，积极争取外援并开展对其他国家的经济援助，初步形成了政府投资体制，为展开大规模经济建设奠定了坚实基础。在此期间，国民经济的主要特征是恢复和增长。但由于“一五”计划的实施，从 1953 年起，过高的经济增长指标和优先发展重工业的战略使国民经济进入紧运行状态，统购统销就是计划与市场关系紧张的标志，而粮、布、油、肉等生活消费品实行计划供应也造成了积累与消费关系出现紧张。生产和生活资料的全面短缺和经济紧运行使中国经济发展缺乏后劲并出现周期性波动，而且，这个时期形成的单一公有制和计划经济体制在经济实践中也被证明不利于调动各方面积极性，进而促进国民经济的全面发展。

2.2.1　新民主主义经济时期经济发展

在 1949 年中国这样一个经济文化十分落后的半殖民地半封建社会基础上建设成门类齐全的现代化工业体系和国民经济体系，必须经由新民主主义建设时期进入社会主义建设时期，这是中国经济发展的必由之路，也是在当时旧中国半殖民地半封建社会“一穷二白”基础上建设现代化中国的必然选择。当我们站在 60 年后的历史时点上回顾新民主主义经济时期建设成就和经验教训时，我们仍然要对当时迅速恢复的国民经济、快速发展的经济增长给予充分肯定，并对当时掌握了自身命运的中国人民表现的建设热情和奋斗精神表达由衷的敬意。当积贫积弱的旧中国摆脱长期战乱，搬走三座大山，即将建立起人民当家作主的共和国时，摆在中国面前的经济问题异常严峻，“美国国务卿马歇尔在一九四八年二月间向美国参众两院外交委员会的行政会议宣读的声明中，不得不承认美国不断倾注的大量援助，无法挽救中国的经济危机；并且断定，‘中国缺乏原料和工业资源’，在最近的将来难于成为第一流强国。一九四九年八月间，继马歇尔担任国务卿的艾奇逊，在他致电美国总统杜鲁门的信中，嘲笑了中国共产党关于‘解决人民的吃饭问题’的‘种种诺言’，预言在这个问题上中国的任何政府也不会得到成功。”① 尽管面临经济基础薄弱、国内外环境严峻等诸多问题，新民主主义时期正确的经济政策有效治理了通货膨胀，迅速稳定了市场，实现了社会环境的安定，恢复了国民经济的生产，开展大规模经济建设并取得显著成就。这一系统建设成果印证了毛泽东在新政治协商会议筹备会第一次全体会议开幕礼上的致辞：“中国人民将会看见，中国的命运一经操在人民自己的手里，中国将如太阳升起在东方那样，以自己的辉煌光焰普照大地，迅速地荡涤反动政府留下来的污泥浊水，治好战争的创伤，建设起一个崭新的强盛的名副其实的中华人民民主共和国。”②

（1）创造了战后世界上国民经济恢复的奇迹

自从 1840 年进入近代史以来，中国饱受帝国主义经济与军事侵略和封建主义的压迫，逐渐沦为半殖民地半封建社会。在 1840 年到 1949 年一百年时间里，中国战乱不断，长期战争极大破坏了国民经济，不仅人均资本很低，而且绝大部分人口生活在贫困线下，农村劳动力过剩和城市人口失业问题都非常严重，资金积累很困难，国民经济发展缓慢，工业化进程迟滞，交通运输破坏严重，人民生活困苦不堪，而且长期经济落后导致社会生活极为贫困，城乡医疗卫生条件差，教育事业极为落后，人口身体素质和文化素质均较为低下。据统计资料显示，1949 年前中国人均寿命 35 岁，成年人（20—40 岁）

① 周恩来：《伟大的十年》，人民日报 1959 年 10 月 6 日。

② 毛泽东：《毛泽东选集》第 4 卷，人民出版社 1991 年版，第 1467 页。

平均体重只有 52 公斤，平均身高 161.5 厘米，文盲率占全国人口总数的 80% 以上，劳动人口大量过剩与劳动力结构性失衡并存。到 1949 年新中国成立时，由于国民党政府长期滥发纸币，社会物价不断飞涨，农村商品经济向自然经济和半自然经济退缩。与抗战前最高年产量相比，主要农产品产量均有大幅度下降，其中粮食下降 24.5%，棉花下降 47.7%，黄红麻下降 66.1%，桑蚕茧下降 86%，柞蚕茧下降 87.2%，茶叶下降 81.8%，大牲畜存栏数减少 16.1%，羊减少 32.3%，生猪减少 26.5%，家禽减少 42%，水产品下降 70%，花生、油菜子和芝麻三大油料作物合计下降 61.6%；城市中投机倒把盛行，正常流通已难以维持，从 1937 年 6 月到 1949 年 5 月，通货膨胀已达到 1400 亿倍，物价则上涨 85000 多亿倍，物价飞涨给国民经济和民众的生活带来了灾难性后果：

表 2.1　　100 元法币的购买力变化情况①

序号	年份	币值	购买力
1	1937	100 元	2 头牛
2	1945	100 元	2 个鸡蛋
3	1946	100 元	1/6 块肥皂
4	1947	100 元	1 个煤球
5	1948	100 元	1/500 两大米
6	1949	100 元	1/50 亿两大米

虽然从 1861 年洋务运动以来现代工业进入了中国并经过了近 100 年的发展，但到 1949 年前夕，工业规模很小，工业品产值在 GDP 的比重中只占不到 10%，90% 的县城没有电力供应。由于受到连年战火的破坏，工业品产量急剧下降，1949 年各种主要工业品指标都低于历史最高水平，工业部门技术含量低，1954 年，毛泽东曾感叹："现在我们能造什么？能造桌子椅子，能造茶碗茶壶，能种粮

① 根据邹东涛、欧阳日辉所著：《新中国经济发展 60 年》，第 53 页资料整理。

食，还能磨成面粉，还能造纸，但是，一辆汽车、一架飞机、一辆坦克、一辆拖拉机都不能造。”① 从世界范围看，当时中国工业化水平远远落后于其他国家，不仅与美国无法比较，就是与印度相比也存在一定差距，具体情况如表 2.2 所示：

表 2.2　1949 年中国的主要工业产品产量与美国、印度比较情况②

产品种类	单位	中国	美国		印度	
				与中国之比		与中国之比
纱	万吨	32.7	171	5.23	62	1.90
布	亿米	18.9	76.8	4.06	34.6	1.83
盐	万吨	299	1413	4.73	202	0.68
糖	万吨	20	199	9.95	118	5.90
卷烟	万箱	160	770	4.81	44	0.28
原煤	亿吨	0.32	4.36	13.63	0.32	1.00
原油	万吨	12	24892	2074.33	25	2.08
发电量	亿度	43	3451	80.26	49	1.14
钢	万吨	15.8	7074	447.72	137	8.67
生铁	万吨	25	4982	199.28	164	6.56
水泥	万吨	66	3594	54.45	214	3.24
硫酸	万吨	4	1037	259.25	10	2.50
纯碱	万吨	8.8	355	40.34	1.8	0.20
烧碱	万吨	1.5	202	134.67	0.6	0.40

综合 1949 年国民经济各方面情况看，当时的中国是名副其实的“一穷二白”，不仅农业落后，工业发展缓慢，文教卫生社会事业水平低下，基础设施薄弱，而且长期战乱还导致农业凋敝、工业萎缩、失业严重、物资奇缺、满目疮痍。上海等中心城市由于投机活动猖

① 《毛泽东文集》第 6 卷，人民出版社 1999 年版，第 329 页。

② 数据来源于邹东涛、欧阳日辉所著：《新中国经济发展 60 年》，第 47 页。

獗，导致粮食因囤积出现短缺，城市人心浮动，恢复经济发展的任务异常繁重，新中国面临经济方面的重大考验。

尽管新中国接收的是这样一个饱受战乱摧残的残破的国民经济，同时国家刚刚建立后就经历了朝鲜战争，但从1949年10月到1952年底，新中国仅用三年时间就重建了社会经济秩序，国民经济重要部门基本恢复到或者超过了1937年抗战爆发前的最高水平。从农业情况看，由于土地改革极大调动了农民的生产积极性，同时国家把农业的恢复作为国民经济恢复的基础，并且增加财政支农投入和农业贷款，大力兴修水利工程，推广良种和农业病虫害防治技术，采用先进农具，开垦大量荒地，推动城乡交流并提高农产品比价，农业生产迅速恢复并超过历史最好水平。农业积累率不断提高，据财政部农业税司对山东省所属19个县49个乡村农民1950—1952年人均购买力调查，1952年人均全年购买力比1950年增加了83%，其中生产资料购买力增加了32.3%，生活资料购买力增加了26%。[①] 上述各项措施都对农业生产的恢复与发展起到了重要作用。仅在三年内兴修水利工程就动员了2000万人左右，共完成土方17亿立方米以上，相当于巴拿马运河的10倍，苏伊士运河的23倍。到1952年底，全国4.2万公里的堤防绝大部分完成了整修，全国农田受灾面积由1949年的1.2亿亩下降到0.2亿亩，新增灌溉面积0.8亿亩，还有1.8亿亩的农田改善了水利条件。[②] 农业生产技术改良及推广、病虫害防治和农业品种改良工作也对农业生产起到了极大促进作用。据农业部估计，仅防治病虫害，三年中减少的农作物损失折合粮食就达到150亿公斤，使用新式步犁平均也增产16.8%。经过努力，农业经济在1952年底全面恢复，具体情况见表2.3。

① 财政部农业税司编：《一九五二年农村经济、农民负担及农业生产成本调查资料》，1954年2月。

② 武力主编：《中华人民共和国经济史》（增订版·上卷），中国时代经济出版社2009年版，第134页。

表 2.3　**1949—1952 年农业经济恢复情况**①

农产品种类	单位	1949 年		1950 年		1951 年		1952 年	
		产量	比重	产量	占 1949 年比重	产量	占 1949 年比重	产量	占 1949 年比重
粮食播种面积	万亩	164938	100%	171609	104%	176653	107%	185968	113%
平均亩产量	斤	137	100%	154	112%	163	119%	176	128%
总产量	亿斤	2263.6	100%	2642.5	117%	2873.7	127%	3278.3	145%
棉花播种面积	万亩	4155	100%	5679	137%	8227	198%	8364	201%
平均亩产量	斤	22	100%	24	109%	25	114%	31	141%
总产量	万担	888.8	100%	1384.9	156%	2061.1	232%	2607.4	293%
油料作物播种面积	万亩	6342	100%	6265	99%	7718	122%	8571	135%
平均亩产量	斤	81	100%	95	117%	94	116%	98	121%
总产量	万担	5127	100%	5944	116%	7240	141%	8386.3	164%
黄红麻播种面积	万亩	43	100%	73	170%	266	619%	237	551%
平均亩产量	斤	173	100%	217	125%	188	109%	258	149%
总产量	万担	73.7	100%	157.6	214%	499.4	678%	611	829%
猪年末存栏数	万头	5775	100%	6401	111%	7440	129%	8977	155%
羊年末存栏数	万只	4235	100%	4673	110%	5287	125%	6178	146%
大牲畜年末存栏数	万头	6002	100%	6538	109%	7041	117%	7646	127%

① 武力主编：《中华人民共和国经济史》（增订版·上卷），中国时代经济出版社 2010 年版，第 136 页。

从工业经济情况看，新中国成立后，工人阶级的工作热情和劳动积极性空前高涨。生产生活条件得到改善后，工业劳动生产率上升很快。据国家统计局社会统计司《中国劳动工资统计资料（1949—1985）》显示，在 1949—1952 年，工业全员劳动生产率平均每年增长率 11.8%，工业总产值增加额中由于提高劳动生产率而增加的产值占到 48.6%。分行业看，钢铁工业在这三年固定资产投资额达到 5.29 亿元，其中基建投资为 4.49 亿元，更新改造投资为 0.8 亿元，实现利税 7.9 亿元，投资产出率达到 1.49；采煤工业在 1952 年达到 1.081 吨，比 1949 年 10 月 1 日前增长 1.247 倍；纺织工业中 1952 年平均用棉量 196.6 公斤，仅为 1936 年的 88%，国有企业中每个纺织工人年产纱量达到了 37.5 件，比 1936 的日资纱厂增长了将近 1 倍。① 从世界范围看，新中国在这三年工业总产值增长速度也主要国家相比较，也处于领先地位，具体情况见表 2.4。

表 2.4　1950—1952 年中国工业总产值增速与主要国家比较情况②

国别	1950—1952 年平均增速	环比增长速度		
		1950 年	1951 年	1952 年
中国	34.8%	136.4%	137.8%	130.3%
日本	19.5%	115.0%	133.3%	110.9%
美国	16.9%	115.5%	107.1%	103.3%
西德	16.2%	126.3%	119.4%	107.0%
苏联	8.5%	122.8%	116.5%	111.5%
法国	6.5%	98.9%	112.6%	101.0%
英国	2.2%	105.6%	103.4%	97.7%

与农业生产能力的迅速恢复相比，工业经济增长速度更快，因此工业总产值在 GDP 中所占比重仍然上升较快，截止到 1952 年上升了

① 董志凯主编：《1949—1952 年中国经济分析》，中国社会科学出版社 1996 年版，第 282 页。

② 刘国光等主编：《中华人民共和国经济档案资料选编（1953—1957）》工业卷，中国物价出版社 1998 年版，第 1147 页。

11个百分点。中国呈现出向现代化工业国家迈进的良好势头。从外贸情况看，尽管当时国际环境不利，但通过采取记账贸易、结汇贸易、协定贸易和易货贸易等灵活多样的多种方式，1950年新中国对外贸易就结束了长达70年的贸易逆差局面，对外贸易进出口额超过了历史最高水平。从财政收支情况看，通过采取“平抑物价、统一财经、发行公债”等紧急措施，在三年内克服了许多经济困难，总计组织收入382.05亿元，安排支出366.56亿元，累计结余15.49亿元①，实现了收支平衡、略有结余，从根本上扭转了财政状况，有力保证了解放战争的全面胜利，支持了抗美援朝战争，并且不失时机地开展了重点项目建设，保证了市场金融物价的基本稳定，实现了经济社会的良性运转。财政支出方面的详细情况见表2.5。

表2.5　1950—1952年中国财政收支情况②　单位：亿元

项　目	总　额	1950年		1951年		1952年	
		产量	比重	产量	比上年增长	产量	比上年增长
总收入	382.05	65.19	100%	133.14	104%	183.72	38%
总支出	366.56	68.08	100%	122.49	80%	175.99	44%
结余	15.49	-2.89	※※	10.65	※※	7.73	※※

从金融情况看，新中国仅用三年时间，就彻底改变了投机盛行、货币混乱、金融崩溃的局面，迅速稳定了物价，结束了近百年来外币在旧中国自由流通的局面，实现了外汇收支平衡，奠定了新中国的金融基础。从文教卫生社会事业发展情况看，截止到1952年高等学校在校生比1949年增加63.2%；小学、普通中学和中等专业学校比新中国成立前最高年份分别增长115.8%、66.4%和66.1%。累计三年间，全国有400多万人通过参加识字班摘掉了文盲帽子。

（2）“一五”计划取得了巨大成功

---

① 财政部综合计划司：《1950—1985年中国财政统计》，中国财政经济出版社1987年版，第15页。

② 同上。

在1952年国民经济全面恢复的基础上，中国从1953年大规模转入全面的经济建设，开始执行发展国民经济的第一个五年计划。“一五”计划时期，中国GDP平均每年增长11.3%，工农业总产值平均每年增长达到10.9%，国民收入水平每年增长8.9%。与自身历史发展纵向比较，“一五”计划是改革开放前四个半五年计划中经济增长最快、经济效益最好的时期。美国学者费正清（John King Fairbank）在其著作《剑桥中华人民共和国史》中对此给予甚高评价：“从经济增长的数字看，‘一五’计划相当成功。国民收入年均增长率为8.9%（按不变价格计算），农业产出和工业产出每年分别以3.8%和18.7%的速度递增。由于人口年增长率为2.4%，而人均产出增长率为6.5%，这就意味着每隔11年国民收入就可翻一番。与20世纪前半叶中国经济的增长格局相比——当时产出增长速度仅和人口增长相当（二者年增长率均为1%左右）——第一个五年计划具有决定性的加速作用。就是同50年代大多数新独立的、人均年增长率为2.5%左右的发展中国家相比，中国的经验也是成功的。例如印度，也是大陆型的农业经济国，最初的经济状况和中国相似，但它在50年代的人均产出增长率还不到2%。”①

从工业经济情况看，为取得苏联援助，1952年6月，中国代表团访苏，听取苏联对“一五”计划的修改建议，同时就援助中国经济建设进行谈判。1953年5月15日签订了“苏联援助中国发展国民经济的协定”和议定书。苏联在协定中承诺援助中国新建和改扩建钢铁、有色金属、煤炭、汽车制造、飞机制造等91个工业项目；1954年10月，苏共中央第一书记赫鲁晓夫访问中国，双方又签订了关于苏联向中国提供5.2亿卢布长期贷款协定，用于帮助中国新建15个工业企业，并扩大了原来协议规定的企业设备供应范围；此外，国民经济恢复时期苏联还援助中国建设了50个项目，共计有156项工程。上述156个工程与此140多个配套项目共同构成了“一五”

---

① 费正清主编：《剑桥中华人民共和国史》，上海人民出版社1990年版，第164—165页。

计划的核心，为中国全面的工业化建设奠定了基础。“一五”计划时期，施工建设的工矿企业单位达到1万个以上，其中，电力599个，煤炭600个，石油22个，金属加工1921个，化工637个，建筑材料831个，造纸253个，纺织613个，食品及其他约5000个①。建设项目中有许多是中国过去没有的飞机、汽车、发电设备、重型机器、新式机床、精密仪表、电解铝、无缝钢管、合金钢、电子器材制造、塑料等新工业项目，这些项目的建成改变了中国工业门类不全的面貌，为中国建立独立完整的工业体系奠定了基础。经过五年的艰苦建设，1957年工农业总产值中工业比重从1952年的41.5%提高到56.5%，钢材自给率达到86%，机械设备自给率达到60%以上，与1952年相比，12个工业部门产品成本降低29%②。从世界范围看，1953—1957年中国工业增长速度也位居前列，见表2.6。

表2.6　1953—1957年中国工业总产值增速与主要国家比较情况③

国别 / 年度	中国	日本	苏联	西德	法国	英国	美国
一、平均增长速度	18.7%④	15.0%	11.6%	10.1%	7.9%	3.8%	3.6%
二、环比增长速度	※※	※※	※※	※※	※※	※※	※※
1953年	130.2%	122.5%	111.9%	108.7%	101.0%	105.7%	108.1%
1954年	116.3%	108.0%	113.2%	112.0%	110.0%	106.0%	93.3%
1955年	105.6%	108.1%	112.4%	115.1%	109.1%	105.1%	112.9%
1956年	128.2%	123.3%	110.6%	107.7%	110.8%	100.5%	103.1%
1957年	111.4%	116.1%	110.0%	105.8%	109.0%	101.8%	100.0%

从投资效果看，据一机部调查，“一五”计划时期的大中型项

① 武力主编：《中华人民共和国经济史》（增订版·上卷），中国时代经济出版社2010年版，第292页。

② 同上，第294页。

③ 刘国光等主编：《中华人民共和国经济档案资料选编（1953—1957）》工业卷，中国物价出版社1998年版，第1147页。

④ 费正清主编：《剑桥中华人民共和国史》，上海人民出版社1990年版，第164页。

目，建成投产后平均三年半就能收回投资。而在同期日本是三年、美国是四年、苏联是五年，考虑到“一五”计划时期中国一穷二白的经济基础同时缺少科技人才、缺乏建设经验的国情，可以体会到中国当时巨大的经济建设成果建设过程的艰辛。从经济效益看，由于工业全员劳动生产率提高了一倍多，“一五”计划时期工业总产值增加额占产值增加的比重为59.7%；[①] 每百元积累增加国民收入35元，投资系数为1.56；平均每亿元产值消耗能源6.42万吨标准煤，是改革开放前的最低时期。[②] 因此可以说，“一五”计划时期是改革开放前经济效益最好的时期。

从农业经济情况看，1957年农业经济总产值实现602.57亿元，比1952年增加118.67亿元，产值实现大幅增长。在农产品产量增加的同时，“一五”计划时期农业生产条件也得到极大改善，五年累计扩大耕地5867万亩，累计新增水利灌溉面积1.1亿亩，农业生产用拖拉机由1952年的2006台增加到1957年的24629台，五年累计造林21469.5万亩。

从交通运输及邮电情况看，截止到1957年年底，宝成铁路、鹰厦铁路和武汉长江大桥陆续建成通车，全国铁路通车总里程达到29862公里，比“一五”计划初期增加22%；青藏、康藏、新藏公路先后通车后，全国公路通车总里程达到25.5万公里，比“一五”计划增加100%；全国空运航线增长101.5%，内河航运总里程增长51.6%，机械化运输工具的货物周转量和货运量分别增长142%和144%，客运量增长159.1%；邮路总长度增加72.3%，业务量增长72%。[③]

(3) 城市化建设进程迅速推进

1949—1957是与国民经济发展伴生的新中国城市化第一个黄金

① 国家统计局社会统计司：《1949—1985年中国劳动工资统计资料》，中国统计出版社1987年版，第219、229页。

② 张曙光：“经济结构和经济效果”，《中国社会科学》1981年第6期。

③ 武力主编：《中华人民共和国经济史》（增订版·上卷），中国时代经济出版社2010年版，第294—295页。

时期。在此期间，中国城市化取得显著成就，具体表现为：城市化进程加快，城乡间人员迁徙比较自由，城镇人口迅猛增长，由 1949 年的 5765 万人增加到 1957 年的 9949 万人，平均每年增长率为 7.05%，城镇人口比重由 10.6% 增长达到 15.4%；截至 1957 年年底，全国建制市数量已增到 176 个，而且城市规模急剧扩张，人口超百万的特大城市从 1949 年的 5 个增加到 14 个；城市体系逐渐合理化，城市基础设施建设和公用事业都得到较大的发展，城市区域分布和规模结构分布也逐渐趋于均衡化。在看到成绩的同时，也应当看到，城市化进程是经济建设的一个侧面反映，无法独立于当时的整体建设规划，并且受制于当时重工业优先发展的战略规划。由于 1949—1957 年城市和农村户口登记和管理办法已经初步成型，农业人口自由向城市流动已经受到户籍管理制度的限制，相关法律规定也开始出台，城乡二元社会隔离的经济格局初步形成。这些不利于城市化推进和发展的制度框架使中国在以后的城市化发展过程中走上了一条封闭式的道路。此外，社会主义改造的提前完成和经济体制向计划经济的转变客观上也给城市化进程的推进带来了消极影响。随着 1956 年生产资料社会主义改造的完成，城市个体经济和私营经济基本上已被取消，城乡间产品交换的各种形式的市场也基本消亡，城乡产品交流渠道日趋单一，这种结构变化带来的后果是小城镇逐渐衰落，工农产品剪刀差的存在导致农产品商品率低下及农业生产率低下，对整体国民经济运行和城市化发展造成了制约。

2.2.2 新民主主义经济时期经济波动特征

新民主主义经济时期（1949—1957 年）中的国民经济恢复阶段和“一五”计划时期的经济波动特征各不相同，其中，1949—1952 年国民经济恢复阶段物价波动较为频繁，而进入“一五”计划时期后，由于积极确立了重工业的优先发展战略和过高的经济增长指标，国民经济从 1953 年起就始终处于紧运行状态。纵观新民主主义经济时期，较为重要的经济波动主要有两次，分别是 1953 年“小冒进”和 1956 年的“冒进”，这两次经济过热导致国民经济发展出现较大起伏，具体可见图 2.1：

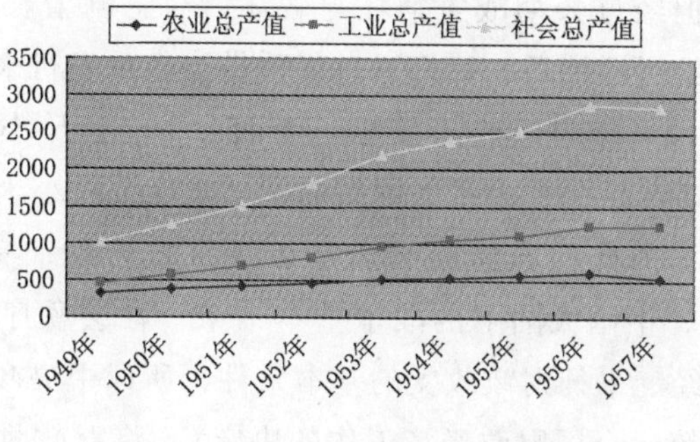

图 2.1　1949—1957 年社会总产值变动趋势情况

数据来源：武力主编：《中华人民共和国经济史》，中国时代经济出版社 2010 年版，第 1396 页和 1450 页。

1949 年 4 月至 1950 年 2 月，由于战争时期长期通货膨胀的影响，加之人民币因财政困难过量发行曾产生了四次物价波动：1949 年 4—5 月间，华北地区由于粮价上涨带动工业品价格上扬，物价波动中心的天津物价指数上涨近 1.2 倍；1949 年 7 月，上海物价发生较大波动并波及华北和华中，在一个多月的时间里，上海物价指数上涨 1.5 倍，天津物价指数上涨 2 倍；1949 年 11 月，粮食价格上涨带动了物价综合指数的整体上涨，这次物价上涨波及了新解放的西北、西南和华南地区，上海物价指数上涨 326.2%，天津物价指数上涨 310.5%；1950 年 2 月，重点城市物价指数再次发生波动，其中沈阳上涨 57%，武汉上涨 68%，上海上涨 71%，天津上涨 83%，广州上涨 73%，西安上涨 132%，重庆上涨 186%。[①] 这四次物价波动的共同特征是粮食等大宗商品成为涨价的源头，因而在应对和治理上述四次物价波动的措施方面，人民政府采取了对物价波动的源头商品如粮食、棉纱、棉布实行抛售，"折实存款"回笼货币，严厉打击金融投机，取缔上海证券大楼的违法金融活动，引导游资转向生产，组织国有企业收购农产品，努力扩大生产，保证供给，较好地控制了这四次物价波动。追

① 武力主编：《中华人民共和国经济史》（增订版·上卷），中国时代经济出版社 2010 年版，第 143 页。

本溯源，这四次物价波动的主要原因在于军费、政费和经济建设需要大量支出，但经过长期战争消耗与破坏，与急剧增长的支出需求相比，财源供给远远滞后，只好通过货币供给超量发行来平衡财政收支1949年新中国全年财政收入仅相当于151.5亿公斤小米，但财政支出却达到283.5亿公斤小米，财政赤字132亿公斤小米主要依靠超发人民币解决，因此治本措施必然是加强财政管理，实现财政平衡。1950年3月，中国大陆上的战争基本结束，社会秩序基本安全，具备了统一财经、平衡财政收支的基本条件，所以中央政府于3月3日发出《关于统一全国财政经济工作的决定》，将财政收入主要集中到中央财政手中，同时规定地方、军队不得随意扩大开支，为了加强对物资和金融管理，还统一了物资调度和现金管理，同时整顿税收、紧缩银根，发行公债，加大粮食调运和工业品收购力度。上述措施取得明显成效，财政支出增长势头得到遏制，同时财政收入大量增加，到4月份财政收支已基本接近平衡，社会物价指数基本稳定下来。

治重病需用猛药，治乱世需用重典。如何治理1950年中国的物价飞涨和物资短缺是一个世界级的难题。矫枉难免过正，1950年中央政府“统一财经”和“平抑物价”先后取得阶段性显著成果，把中国经济一举从抗日战争爆发以来连续12年的物价飞涨、市场波动的混乱局面中拉上了正常运行的轨道，但长期以来通货膨胀和弱势政府造成“工不如商、商不如囤、囤不如金（投机）”的工业萎缩、金融商业畸形繁荣的畸形经济因治理整顿措施过猛而出现公私紧张和需求不足，因此1950年4月以后又出现了市场呆滞、城市私营经济处境困难、有效需求不足的问题。从这个阶段经济波动传导机制看，主要是“统一财经”压缩社会需求的各种措施集中出台，同时物价稳定后投机性需求消失，“5月中旬全国各地工商业者都叫喊货卖不出去”,① 全国私营工业生产下降。与1月份相比，棉布减少38%，卷烟减少59%，烧碱减少41%，绸缎减少47%，普通纸减少31%。1950年第二季度，北京、上海、天津、武汉、广州、重庆、西安、

① 陈云：《陈云文选（1949—1956）》，人民出版社1984年版，第128页。

济南、无锡、张家口 10 个城市开业 5903 家，歇业 12750 家，歇业户数多于开业户数为 6847 家。[①] 针对这种经济波动情况，1950 年 4 月 13 日，毛泽东在中央政府七次会议上提出："今后几个月内政府财经领导机关的工作重点，应当放在国营企业与私营企业以及公私企业各个部门相互关系方面，极力克服无政府状态。根据《共同纲领》的规定，'在经营范围、原料供给、销售市场、劳动条件、技术设备、财政政策、金融政策等方面，调剂各种社会经济成分在国有经济领导之下，分工合作，各得其所'必须充分实现，方有利于整个国民经济的恢复和发展。现在已经发生的这方面的某些混乱思想，必须澄清。"[②] 为此，中财委从 5 月份开始部署调整工商业工作，其中最突出的调整对象是公私关系、劳资关系和产销关系。经过调整，私营经济很快走出困境。1950 年下半年，北京、上海等 10 个重点城市私营工商业共开业 32674 家，歇业 7451 家，开业超过歇业 25223 家。进入 1950 年秋季后，各地市场日益活跃，据对北京、上海、天津、武汉、青岛 5 个城市进行统计，大米、面粉、棉纱及棉布的销售量，10 月份比 4 月份分别增长了 54%、289%、128%、233%。与 1950 年 1 月份相比，11 月份上海私营工业的产量有大幅增长，其中棉纱增长 77%，面粉增长 70%，水泥增长 306%，玻璃增长 283%，颜料增长 74%，呢绒增长 13%，化学胶增长 50%。到 1951 年，全国私营工业总产值比上年增长 39%。伴随着私营工商业的发展，国家税收也同步增长，1950 年全国城市税收超过原概算 62.9%，其中工商税超过 59%。调整工商业对 1950—1951 年国民经济迅速恢复发挥了重要作用。

1953 年是"一五"计划的开局之年，拉开了大规模经济建设的帷幕。由于全国各地加快发展的愿望非常强烈，同时缺乏建设经验，对国力估计不够准确，因而中央政府在制订 1953 年经济计划时，把

① 武力主编：《中华人民共和国经济史》（增订版·上卷），中国时代经济出版社 2010 年版，第 96 页。

② 《中华人民共和国经济档案资料选编》工商体制卷，中国社会科学出版社 1992 年版，第 826 页。

基本建设的盘子定得过大，1952年11月下达的1953年工业总产值比上年增长23%，农业总产值比上年增长8.3%，基建投资增长75%，这些指标都远远超出了国情国力。由于中央将经济发展指标订得高，加之各地方建设热情也高，1953年上半年出现了经济过热、市场紧张的“小冒进”现象。具体表现为财政预算打得过满，而1952年财政结余30亿元又作为信贷资金贷放了出去，这样就造成了预算执行中出现了硬缺口；基建投资摊子铺得过大，基本建设增长速度大大超过了生产资料的增长速度，特别是超过了农副产品的增长速度，结果造成1953年市场供求关系紧张；工业和基建方面资金紧张直接影响了国民经济的总体平衡，为支援工业建设，国营商业部门1953年1月决定压缩库存和流动资金，试图挤出30亿元归还银行贷款，银行同时也准备收紧银根20亿元，为实现这个目标，各地国营商业部门开始对某些工业产品和农副产品少收购或不收购，同时降价推销库存商品，这直接造成了生产部门的产品积压或减产，影响了工业发展；农业方面也存在经济指标过高而强制性增加农民负担的急躁冒进倾向。当经济运行到1953年6月时，上述冒进问题已经充分显现，全国财经工作会议对此作了系统纠正，决定重点建设、稳步推进、集中使用财力并提倡节约，反对百废俱兴；8月份国家计委也对1953年的年度计划做了调整，到1953年年底，经济情况迅速好转，财税、商业、银行、农业等方面存在的冒进倾向得以纠正，财政收支、物资供应、市场供求、银行信贷等方面的全面紧张逐渐缓解，同时1954年度国民经济计划就留有余地，比较稳妥。

由于1954年国民经济计划顺利执行，同时1955年财政资金和钢材、水泥等物资都有结余使当年经济发展表现出较大的潜力，在政治上反右倾保守以及社会主义改造高潮的推动下，1956年国民经济计划草案完全倾向于经济发展速度，提出的工业总产值比1955年增长了21.7%、达到了“一五”计划规定的1957年水平；粮食产量比1955年增长9.2%，超过了“一五”计划规定的1957年指标。在这样的高指标压力下，1956年基建投资、职工工资和农业贷款总额均大大突破原来的计划，导致经济过热，出现物资紧张，生活消费品也供不应求，造成持币待购，影响了货币回笼。存款减少的直接后果是贷款资金来源不足，存贷差额扩大，货币发行增加，1956年年底市场货币流通量比1955年增加42%，远超工农业总产值和社会商品零售总额的增速。1956年经济“冒进”的结果打破了1951年以来的财政收支平衡并略有结余的局面，当年财政及银行信贷共增加支出30亿元，市场货币流通量增加17亿元，造成社会购买力比上年增加14%以上，而同期生活消费资料的供应量仅增长7%左右，国家即便动用1956年商业库存物资17亿元，市场供求关系仍然十分紧张。

1957年的经济建设抑制了“冒进”干扰，采取“保证重点、适当收缩”的经济建设方针，缓解了1956年因经济增长过快造成的全面紧张局面，为第一个五年计划的顺利完成和国民经济综合平衡创造了条件。

2.2.3 新民主主义经济时期经济波动原因

纵观1949—1957年新民主主义时期的经济波动，不难看出经济波动的原因是错综复杂的。在国民经济恢复阶段，国民经济波动主要受到经济因素和宏观政策的双重冲击，而在“一五”计划时期经济波动主要源于经济政策的冲击。

在政策方面，早在1949年3月，中国共产党七届二中全会决议就指出：“中国革命胜利以后，中国尚存在着两种基本矛盾。第一种是国内的，即无产阶级与资产阶级的矛盾。第二种是国外的，即中国与帝国主义国家的矛盾。因为这样，无产阶级领导的人民共和国的国家制度，在人民民主革命胜利以后，不是可以削弱，而是必须强化。对内的节制资本和对外的统制贸易，是这个国家在经济斗争中的两个基本政策。谁要是忽视或轻视这一点，谁就要犯绝大的错误。”① 此后，中国共产党又提出了“公私兼顾、劳资两利、城乡互动、内外交流”的十六字方针，并在1949年9月写入《共同纲领》，简称为“四面八方”经济政策。“四面八方”经济政策是指十六字方针包括

① 《中国共产党第七届中央委员会第二次全体会议决议》，1949年3月13日。

了公私、劳资、城乡和内外四个方面，涉及公方（指国家和集体）、私方（私营和个体）、工人、资方、城市、乡村、国内和国外八个对象。“四面八方”经济政策是对新民主主义经济基本经济政策的高度准确概括，在新中国建立后恢复发展生产、建立新型经济制度和对外经济关系方面都发挥着重要的指导作用。这个政策的确立为治理1949年四次物价指数波动奠定了坚定的制度基础。

1953年的大规模经济建设既取得了巨大的物质成就，又使国家获得了宝贵的经济建设经验；既在宏观管理方面确定了重点建设、稳步前进的经济政策，又在微观方面通过增产节约改善了经营管理，从而使1954年进入了注意综合平衡、平衡发展阶段。在1953年经济建设中出现的“小冒进”主要是各部门建设热情过高，经济计划不够周密造成的，因此纠正起来也比较容易。1953—1954年农业经济遭受严重自然灾害，对国民经济增长产生较大影响，造成了经济运行偏紧。认真分析经济运行偏紧的原因，可以看到这是由于建设上的小“冒进”造成的，反映出政府在基本建设和计划管理方面基本经验的缺乏。而1955年经济增长指标下调和国家与农民关系紧张则是由于1954年自然灾害造成的，反映出中国农业落后、家底薄、积累率低和人口众多等不利条件已对中国工业化和国民经济高速增长构成了严重障碍。对于农业基础薄弱拖了工业化后腿的问题，在当时已被经济专家所充分认识，当时苏联顾问卡尔波夫曾说：“农业产品的生产现在已经开始限制着对居民的粮食供应和对工业的原料供应。五年计划规定粮食产量增长17.6%，或每年平均增长3.3%，这在人口自然增长率为2%的情况下是不能满足每个居民消费量的迅速增长的。”①

1956年的经济总体表现还是“冒进”和过热。1956年11月9日，在国务院常务会议上周恩来指出：“1956年度各种计划指标到底怎样，我们觉得应该说冒了。虽然后来控制了一下，纠正了几项，但

① 国家计委档案150—1—36卷，《苏联国家计划委员会对我国第一个五年计划草案的意见——计委苏联顾问组6月3日在计委局长以上干部会议上的谈话记录》，1955年6月3日。

'上马'就跑，而且是千军万马，齐头并进，'下马'不那么容易。在三大改造高潮之下，各部门提出的计划都是大的，从乡政府到各部门的司、局都想多和快。2月的财政、计划会议是促退会议，但已不能挽回。从2月的促退会议以后到现在，国务院会议每次都在'下马'，总是下不好，速度、质量都受了影响。"① 从经济方面看，1955年农业生产取得了大丰收，当年财政物资也有较大额度结余，客观上为1956年国民经济的增长创造了较好的条件，同时苏联援建的许多项目将进入施工高峰，为避免建设任务过多地留给1957年，各部门也希望尽可能在1956年加快建设进度；从政治方面看，就是政治上反右倾保守及社会主义改造高潮的出现，进一步推动了1956年经济建设指标脱离了实际国情与国力。

纵观20世纪50年代，以"一五"计划为标志，经济发展战略主要是依靠国内积累所需的建设资金，以优先发展重工业为重点，以高速度的经济指标为特征，大规模开展基本建设，同时通过出口部分农产品、工矿原材料和轻工业品换回重工业生产资料，并用国内生产的生产资料实施"进口替代"，在重工业建立并得到发展后，再用重工业生产的生产资料逐步装备农业、轻工业和其他产业部门，随着重工业、轻工业和农业和其他产业部门的综合发展，逐步建立起独立完整的工业体系和国民经济体系，从根本上改善人民生活。这个经济发展战略以外延型发展为主，切实提高了经济发展速度，改善了中国的产业结构，缩短了与世界上发达国家之间的工业技术差距，同时在短时期内改善了生产力布局，综合小了沿海与内地的经济差距。但是由于把重工业放在优先发展的战略地位，同时把高速度发展作为主要目标，不断扩大的外延型经济发展模式需要靠不断增加积累，不断追加生产资料和劳动力等生产要素才能确保国民经济始终处于高速度的扩张之中，因而，"一五"计划全面展开后，国民经济从1953年起就进入财政、物资和信贷的紧运行状态，导致了计划与市场的关系紧张，积累与消费的关系紧张。这是造成经济波动的主要原因。

① 周恩来：《周恩来经济文选》第1版，中央文献出版社1993年版，第322页。

2.3 高度集中的计划经济时期（1958—1978年）经济波动事实、特征及原因

1958—1978年是二战后世界各国经济发展的重要战略机遇期，美国继续巩固其在世界上的超级大国地位，以日本和亚洲四小龙为代表的新兴经济体也先后在此期间把握住发展机遇，实现了经济崛起。与此同时，中国经济建设却在规模和速度问题上一再发生严重失误，出现了“大跃进”，同时受到“文化大革命”等一系列政治事件的冲击，国民经济建设走入歧途并经历了曲折，计划经济体制的局限性充分暴露，市场机制的消失使企业失去了外部的制约机制和价格信号的指导，企业生产出现盲目性，陷入了“一收就死，一死就放，一放就乱、一乱又收”的循环中。因而在此期间国民经济周期性波动剧烈，经济增长周期呈现出古典型特征，国民经济发展出现了“大马鞍”型，这使中国错失了宝贵的历史性发展机遇，并没有取得本来可以取得的更大更好的建设成就。

2.3.1 计划经济时期经济波动事实

从1958—1978年，中国国民经济处于高度集中的计划经济时期。在此期间，由于自然灾害频繁，政治运动接连不断，同时计划体制下平均主义和“大锅饭”的弊端日益显现，国民经济波动剧烈。从经济发展的阶段看，经济波动可以分为四个时期，即1958—1960年的大跃进时期；1961—1965年的国民经济调整时期；1966—1976年文革时期和1977—1978年国民经济徘徊时期。

(1) 1958—1960年大跃进时期国民经济急剧波动。“大跃进”出现的历史背景是“一五”计划大部分指标的超额完成和社会主义改造出人意料地顺利完成，使领导人对中国经济发展作出了过于乐

观的判断，忽视了中国经济建设的艰巨性和长期性。截止到1957年年底，单一公有制的经济基础和计划经济体制下行政管理模式成为制度基础。因此，在1958年党的八大二次会议上正式通过了“鼓足干劲、力争上游、多快好省地建设社会主义”的社会主义总路线，由此不难看出速度和规模仍然是国民经济发展中处于首要位置的目标。

1958年“大跃进”经济波动情况。1958年2月2日《人民日报》社论指出：“我们国家现在正面临着一个全国大跃进的新形势，工业建设和工业生产要大跃进，农业生产要大跃进，文教卫生事业也要大跃进。”1958年3月中共中央成都会议通过了《关于一九五八年的计划和预算和第二本账的意见》等文件，把1958年的农业总产值增长速度提高到16.2%，工业总产值提高到33%。到1958年8月份通过国家计委《关于第二个五年计划的意见》时，构想的建设前景是1962年中国能够建成强大的独立完整的工业体系，钢铁和其他若干重要工业产品产量能够接近美国，农业实现半机械化和机械化，有条件的农村基本实现电气化，90%以上的耕地能够实现水利化，在科学技术方面赶上世界先进水平，提前建设成为具有现代工业、现代农业和现代科学文化的国家，为实现上述目标，“二五”计划期间确定的农业总产值每年要增长30%左右，工业总产值平均每年增长53%，到1962年，原煤产量要达到9亿吨，发电量要达到3000亿度，钢产量要达到8000万吨，棉纱达到2600万件，为此，“二五”计划期间基建投资要完成3860亿元，重工业建设项目要安排1000个以上，比“一五”计划合计增长6.8倍；粮食产量计划达到7500亿公斤，棉花产量计划达到15000万担，均比1957年增长3倍左右。这些都为发动“大跃进”作出了经济指标和舆论宣传方面的准备。1958年5月，标志着“大跃进”运动正式开始的中共八大二次会议作出的形势判断认为，中国正处于“一天等于20年”的伟大时期，社会主义建设事业完全能够达到一个极高速度，因此，“要大大地提高我国的劳动生产率，使我国工业在15年或更短的时间内，在钢铁和其他主要工业产品的产量方面赶上和超过英国”，“使我国科学和技术在实现‘12年科学发展规划’的基础上，尽快赶上世界上最先进的水平。”① “大跃进”运动在全国各方面开展起来后，主要表现是不断修改和提高生产计划指标，极为片面地追求工农业发展的高速度。在农业生产方面，为了解决粮食等初级生产生活资料不足导致农业拖后腿的问题，提出了“以粮为纲”的口号，要求将原来12年完成的农业发展纲要规定的粮食产量指标在5年、3年甚至1—2年内完成，当时的《人民日报》为了配合“大跃进”的高指标，也从舆论方面宣传“人有多大胆，地有多高产”，“不怕做不到，只怕想不到”，“没有万斤的思想，就没有万斤的收获”，“我国粮食增产多少，是能够由我国人民按照自由需要来决定的”，“只要我们需要，要生产多少就可以生产多少粮食出来。”由于远远背离了客观规律，这些指标就成为根本不可能实现的目标，各地只好虚报高产，竞放卫星。“大跃进”期间农业生产浮夸风中最为典型的事例是1958年6月12日新华社播发了河南省遂平县卫星农业社首放小麦高产1765公斤的“卫星”；6月30日《人民日报》报道了河北省安国县南娄底乡卓头村社小麦亩产2551.5公斤的消息；7月23日又发表了河南省遂平县和平农业社发射小麦高产3660公斤的通讯；8月13日报道了湖北省麻城县麻溪河乡早稻亩产18450公斤和福建省南安县胜利乡花生高产5000公斤的消息；9月18日发布的消息中，广西壮族自治区环江县红旗人民公社中稻亩产最高已达到65000多公斤。在工业方面，提出了“以钢为纲”的口号，1958年8月，北戴河扩大会议正式决定1958年钢产量要达到1070万吨，即比1957年翻一番，为了实现这个目标，全国各行各业都支援“钢铁元帅升账”，掀起了一个空前规模的“全民大炼钢运动”，大搞“小高炉、土（土法炼铁炼钢）、群（群众运动）”，经过4个月的奋战炼出1100万吨钢，但其中有300万吨土钢基本上不能用或使用价值极小，而且大炼钢铁耗费了巨大的人力和物力资源，严重挤占了轻工业，砍伐树木造成森林资源的严重

① 刘少奇：《中国共产党中央委员会向第八次全国代表大会第二次会议的工作报告》，1958年5月5日。

破坏，特别是严重影响了秋收，导致当年丰产未能丰收，加剧了国民经济的波动幅度。“大跃进”对1958年经济的负面影响很快显现出来，当年国家财政出现赤字21.8亿元，货币流通量也增加了82%；大办工业、大炼钢铁使农村青壮年劳动力在1958年涌入城市达到1104万人，加剧了粮食供应紧张。

1959年“再跃进”和1960年“新跃进”经济波动情况。“大跃进”带来的严重后果在1958年显现出来后，1958年11月郑州会议和1959年庐山会议前期已决定对不切实际的空想予以纠正，明确了承认商品生产与交换存在的必要性，较好地解决了人民公社管理体制问题，多次调整了国民经济计划，压缩了工农业生产指标并调整了保障措施，对缓解国民经济困难起了重要作用。但在1959年7月23日庐山会议后期，会议转向为“反右倾”，初期纠左的很多努力被视为“右倾”，在政治压力下，左倾错误重新泛滥，全国掀起了“再跃进”高潮，在基本建设方面，追加投资使本已缩减的基本建设投资总额达到281亿元，1960年3月通过的《1960年国民经济计划》预算内安排基建投资325亿元，比上年增长22%，但到5月10日，基建投资增加到382亿元，限额以上建设项目总数达到980多个；在工业方面，号召在1959年第四季度“既要确保今年的继续跃进，又要为农业的机械化、水利化、化学化、电气化，积极生产各种技术装备，实现农业和工业共同跃进”，“在1958年到1960年三年大跃进的基础上，争取我国主要工业产品以比十年更短的时间赶上英国”，1960年最终安排国民经济工业指标铁路货运量为76000万吨公里，钢产量为2040万吨，生铁为3100万吨。在1960年苏联单方面撕毁合同，撤退在华专家后，国民经济进一步恶化，坚定了毛泽东完成钢产量的决心，毛泽东说：“手中没有一把米，叫鸡都不来，我们处在被轻视的地位，就是钢铁不够。要继续跃进，不仅资本主义国家看不起我们，社会主义国家也不给技术，憋一口气有好处。”① 这样进一步加剧了

① 薄一波：《若干重大决策与事件的回顾》下册，中共党史出版社2008年版，第612页。

国民经济的比例失调。在农业方面，决定1959的农副业总产值比1958的增加15%，使农业在特大旱涝虫害之下仍能实现大跃进；1960年确定的国民经济计划指标中，粮食总产量要增加到2970亿公斤，增长10%；棉花要增加到5300万担，增长10%；生猪增加到2.4亿头，增长13%。这些指标是根本不可能完成的。1960年“新跃进”的一个显著特点是大搞全民技术革命运动，中央要求不论哪一类企业都要进行技术革新和技术革命，积极地实现半机械化和机械化，“是我国工业和交通运输业连续大跃进的一项极重要的措施。希望中等以上的城市把这项工作摆在重要的地位，并且立即掀起一个以大搞半机械化和机械化为中心的技术革新和技术革命的群众运动。”①技术创新是企业和社会发展的动力，但通过群众运动搞创新则带来了任意破除合理且必要的规章制度的后果，阻碍了生产力的发展进步。

（2）1961—1965年国民经济调整时期经济波动。三年的“大跃进”使国民经济处于全面失衡状态，城乡大面积出现饥馑，到1960年6月时，国民经济已经难以为继，异常严峻的经济形势迫使国民经济作出调整。1960年9月30日，《1961年国民经济计划控制数字的报告》的批语中提出：1961年，我们要“使各项生产、建设事业在发展中得到调整、巩固、充实和提高”。这是第一次正式提出调整国民经济的“八字方针”。1961年1月，中共八届九中全会决定从1961年起，在两三年内实行“八字方针”。“调整、巩固、充实和提高”方针着眼于加强综合平衡，其基本内容是要调整国民经济各部门间失衡的比例关系，巩固生产建设取得的既有成果，充实新兴产业和短缺产品项目，切实提高产品质量和经济效益。此方针以调整为重点，具体内容是适当调减国民经济各部门的发展速度，尽可能提高农业发展速度和轻工业发展速度，适当控制重工业发展速度，特别是钢铁工业的发展速度，同时适当缩小基本建设规模，要求精减和下放国有企业、事业和行政机关的职工，加强农业生产第一线。鉴于三年“大跃进”造成了国民经济各部门之间的比例严重不平衡，农、轻、重

① 中共中央党史研究室：《中共党史大事年表》，人民出版社1987年版，第303页。

之间、生产资料和生活资料之间以及积累和消费之间的比例关系严重失衡，因此，在安排 1961 年国民经济计划时，提出了按照“农、轻、重”的原则安排国民经济发展次序，即先农后工、先轻后重，同时要求在安排重工业时，与农业生产直接有关的农具、化肥、农业机械和农药等行业给予优先考虑。鉴于农业减产严重已经导致了严重饥馑造成城乡大量人口非正常死亡，中央决定把农业放在首位，努力争取粮食丰收。在深刻总结经验教训的基础上，得出了加快农业发展是高速度、按比例发展我国国民经济的中心环节的论断，并为此提出全民大办粮食和大办农业的要求。各行各业都要支援农业，贯彻落实农村政策，保证劳动力得到合理安排。

1961 年拉开了国民经济调整的序幕，但由于认识上并没有完全统一，在 8 月前主要开展了恢复农业、调剂市场和精减职工三项工作，但工业方面的钢、铁、煤、电等主要工业生产指标仍然停留在过高的水平上，基建规模仍然过大，各部门和各地方对经济调整行动迟缓，经济调整呈现徘徊状态，其直接后果是 1961 年第一季度工业生产继续下降，国民吃穿用生活状况继续恶化，生产积极性下降，除食糖外的 24 种重要工业产品只完成年度计划的 10%—20%，降幅高达 30%—40%。[①] 从 1961 年 8 月前调整进展情况看，农业方面成效较大，这主要得益于提高了农副产品的收购价格，平均提高的幅度分别为：家禽和蛋 37%，生猪 26%，油料 13%，粮食为 20.5%；精减了城镇、机关和社队企业人员以充实农业第一线，到 1961 年底国有单位职工总数比上年净减少 873 万人；减少粮食征购从而减轻了农民负担，1961 年粮食征购量比 1960 年减少 106 亿公斤。在金融和流通领域，主要是大力压缩社会集团购买力，到 1961 年底，社会集团购买力比上年减少 26 亿元；通过对部分糖果、糕点和钟表、自行车实行高价政策，1961—1962 年增加财政收入 38.5 亿元，有效回笼了货币。但需要说明的是，工业方面年初确定的计划指标仍然很高，调整后也没有放下“跃进”的架子，结果调整方针没有在工业领域得以

① 薄一波：《若干重大决策与事件的回顾》下卷，第 893 页。

贯彻，工业方面调整工作的收效不够明显。

1961 年 9 月至 1962 年底开始了国民经济的后退阶段。1961 年 8 月的庐山工作会议决定工业调整实行后退政策以后，仍然有部分人思想上没有及时转变，为进一步统一思想认识，中央于 1962 年 1—5 月接连召开了“七千人大会”① 和“西楼会议”② 和北京会议，对 1962 年国民经济计划做了进一步调整，把原定的工农业总产值由 1400 亿元降低到 1300 亿元，其中，工业总产值由 950 亿元降低到 880 亿元，农业总产值由 450 亿元降低到 420 亿元，基本建设由 60.7 亿元降低到 46 亿元，钢、粮、煤分别由 750 万吨、1493 亿公斤和 2.51 亿吨降低到 600 万吨、1445 亿公斤和 2.39 亿吨。经过努力，1962 年工业总产值实现 850.2 亿元，钢产量实现 667 万吨，铁产量实现 805 万吨，原煤 2.20 亿吨，原油 575 万吨，布 25.3 亿米。③ 通过关、停、并、转、缩，国民经济骨干企业所需的原材料、燃料、动力供应基本得以保证，同时工业加强短线产品生产，满足了市场所需产品的生产，提高了工业生产的经济效益。

1963—1965 年属于调整深化时期。经过 1962 年的大幅度调整，国民经济逐渐摆脱了困境，但经济困难的局面并未根本转变，国民经济中各种比例关系远未理顺，经济调整和恢复的任务仍然很重。因此，1963 年 9 月的中央工作会议决定利用三年时间对继续国民经济实行“调整、巩固、充实、提高”。在这一阶段，工业部门在前一个时期已经加强的支农工业基础上，还加快了轻工业发展，加快了燃料和工业原材料基地建设，并通过技术引进实现了石油化工及其他化学工作的迅速发展，使冶金工业的某些关键生产技术有了明显提高，通过自主研发，半导体和原子能工业也有较快发展。1965 年全国工农

---

① “七千人大会”于 1962 年 1 月 11 日至 2 月 7 日在北京举行，正式名称是“中共中央扩大的中央工作会议”参加会议的代表有各中央局和中央各部门、省、地、县及重要厂矿的负责同志，还有解放军的一些负责同志，共七千人故又名“七千人大会”。

② “西楼会议”是指 1962 年 2 月 21—23 日在北京举行的政治局常委会扩大会议。会议专门讨论 1962 年国家预算和调整任务及措施，因会议地点在中南海西楼，故又称“西楼会议”。

③ 《中国统计年鉴》(1983)，第 242—246 页。

业总产值为1984亿元，比1957年增长59%，其中工业总产值1394亿元，比1957年增长98%；农业总产值590亿元，比1957年增长10%。经过调整，国民经济结构和比例实现了相互协调，财政收支基本实现平衡，1963—1965年三年间还清了全部外债还有10亿元的财政结余，商品供给比商品需求多约53亿元。[①] 1964年12月，周恩来在全国人大三届一次会议上《政府工作报告》中指出“现在，调整国民经济的任务已经基本完成，工农业生产已经全面高涨，整个国民经济已经全面好转，并且将要进入新发展阶段。”在这次的政府工作报告中，周恩来还明确提出了“四个现代化”的目标和任务。到1965年，“调整”已经达到了预期效果，并且为国民经济向前发展提供了必要的前提，但总体上国民经济仍然处于消费品不足、就业压力大、资金匮乏的工业化初期阶段。从世界范围看，1958—1965年世界经济在以电子、化工科技革命的带领下进入新一轮的快速发展，而同期中国经济发展经历20世纪50年代的高速增长，60年代初期严重下滑，经过国民经济的调整恢复，到1965年，国民收入总量缩小了与美国、苏联、英国和法国的距离，但却拉大了与日本、联邦德国的距离。由于经济发展势头减缓，同时也因为人口过快增长，这个时期的中国人均国民收入位次逐渐后移。

（3）1966—1978年“文革”及拨乱反正时期经济波动。这个时期国民经济总体上发展较为缓慢，在文革前期的1966—1971年，前三年国家经济建设受到严重冲击和干扰，国民经济出现了下降，经过1969年的高投入，经济出现回升；在文革后期的1972—1976年，国民经济呈现缓慢发展态势；在1976—1978年拨乱反正时期，国民经济发展呈现徘徊状态。

1966—1971文革前期国民经济下降与回升。1966年国家开始了搁置数年的国民经济第三个五年计划建设，当年工农业生产发展势头良好，虽然1966年中开始了“文化大革命”，但经济建设受到冲击

---

① 武力主编：《中华人民共和国经济史》（增订版·上卷），中国时代经济出版社2010年版，第500—503页。

却是从第四季度开始，因此1966年全年经济仍有较大幅度增长，工农业总产值实现2534亿元，比1965年增长13.4%，其中工业增长15.8%，农业增长9.2%。但在1967—1969年的三年里，国民经济受到严重冲击，全国大多数地区1967年的国民经济年度计划直到当年2月都没有安排进行，1968年度甚至没有制定国民经济计划，成为新中国成立以来唯一没有制定国民经济年度计划的一年。从经济指标完成情况看，1967年，全国工农业生产总值完成2306亿元，比上年下降9%，1968年又降为2213亿元，仅为1966年的87.3%。1967年钢产量比上年减少503万吨，原煤减少0.46亿吨，原油减少67万吨，发电量减少51亿度。以1953—1965年工农业总产值平均增长7.9%计算，1967年和1968年工农业总产值合计应达到5220亿元，但实际总产值只有4119.8亿元，损失1100亿元。① 1969年中共九大召开后，国家政治局势趋于稳定，经济开始缓慢复苏，到1970年底，国民经济开始回升，各项主要经济指标完成或超额完成了年度计划，工农业总产值实现3137亿元，比1969年增长25.7%，其中工业总产值2421亿元，农业总产值716亿元，国家财政收入662.9亿元，支出649.4亿元，结余13.5亿元。

1972—1976年国民经济缓慢增长。“九一三”事件后，周恩来主持中央工作，从1972年起，开始了对国民经济为期两年的调整。通过恢复制订经济管理制度加强国家宏观调控，压缩“四五”计划工业高指标，压缩基建规模以调整国民经济部门投资比例，到1973年，国民经济计划完成较好，工农业总产值达到3967亿元，其中工业总产值实现2789亿元，农业总产值实现1179亿元，经济资产有了明显提高，工业产品质量严重下降情况也有显著改善，国民经济各部门的有计划、按比例发展得以保证，由于农业丰收，1973年国家粮食库存比上年增加93.5亿斤，为以后经济发展奠定了基础。但文化大革命的干扰再一次使1974年的国民经济秩序出现混乱，经济运行出现困难，1974年底至1975年2月，铁路运输出现困难，工业生产受到

① 根据《中国统计年鉴整理》（1983）数据推算。

冲击，大庆、克拉玛依油田被迫关井限产，华东电网因缺煤减少发电量1/3，江苏、湖南等省有40%以上停产、减产。[①] 1975年开始，邓小平主持了国民经济整顿工作，取得明显成效，1975年工业总产值达到4467亿元，增长11.5%，其中工业总产值增长15.1%，农业增长4.6%，确保了“四五”计划的基本完成。1976年是中国的多事之秋，天灾人祸使工农业总产值下降9.12%，国家基本建设投资比上年减少32.3亿元，全国国有企业亏损额177亿元，财政赤字29.6亿元。

1977—1978年是“文革”结束后政治领域的拨乱反正时期，人们在否定“文革”的同时，也对计划经济建设模式提出了质疑，提出了恢复和发展经济的一系列措施。经过努力发展经济，1977年和1978年国民经济形势有了明显好转，1977年工业总产值达到3728.3亿元，增长14.3%；1978年工业总产值达到4230.8亿元，增长13.5%。80种主要产品产量有65种完成计划，1978年基本建设总投资达到500.99亿元，比1976年增长33%。1976年农业总产值达到1459亿元，比1976年增长10.8%。人民生活得到了改善，1978年全国居民平均消费水平由1976年的161元增加到175元。虽然文革结束后国民经济各个方面都有了恢复和发展，但由于计划经济时期经营粗放，经济效益较低，1978年人均粮食仍为637斤，略高于1957年的612斤；人均油料10.9斤，低于1957年的13.2斤；人均棉花4.5斤，低于1957年的5.2斤，国民经济发展仍然处于低水平发展阶段。在这两年中，经济发展仍然存在较大幅度波动，主要原因是在领导阶层和群众中普遍存在着要求加快建设的强烈愿望，在1977年重新提出了加快经济发展速度的建设目标，经济建设表现了一定程度的急于求成。

2.3.2　计划经济时期经济波动特征

计划经济时期经济波动的突出特点是大起大落，呈现“高台跳

① 《当代中国的铁道事业》，当代中国出版社1990年版，第74页。

水”特点，总体看古典型经济周期特征明显，即经济波动在谷位出现绝对量的降低，经济衰退是非常典型的经济负增长。从波动幅度看，计划经济时期经济波动幅度极大，特别是大跃进时期振幅达到48.6个百分点，其余各个经济周期振幅也均在10个百分点以上；从周期波动的高度看，波峰年度经济增长率高度平均达到16.7%，明显呈现出“大起”的态势；从周期波动的深度看，波谷年度经济增长率均低于6%，且有三轮周期波谷值为负数，明显呈现出“大落”的态势；从周期波动的平均位势看，计划经济时期周期平均波位为6.08%，经济发展处于中低水平；从周期波动的扩张年度看，计划经济时期平均扩张年度为2.6年，经济增长总体水平持续性不强。因此，计划经济时期经济周期波动的总体特征可以概括为波动幅度大、平均位势低、峰位高、谷位深、扩张时间短。1958—1978年中国GDP增长率波动情况见表2.7：

表2.7　　1958—1978年中国GDP增长率波动情况①

年份	GDP增长率（%）	年份	GDP增长率（%）	年份	GDP增长率（%）
1958年	21.3	1965年	17	1972年	3.8
1959年	8.8	1966年	10.7	1973年	7.9
1960年	-0.3	1967年	-5.7	1974年	2.3
1961年	-27.3	1968年	-4.1	1975年	8.7
1962年	-5.6	1969年	16.9	1976年	-1.6
1963年	10.2	1970年	19.4	1977年	7.6
1964年	18.3	1971年	7	1978年	11.7

根据上表数据，绘制了1958—1978年计划经济增长率周期波动情况图，见图2.2：

① 根据《中国统计年鉴整理》（1983）。

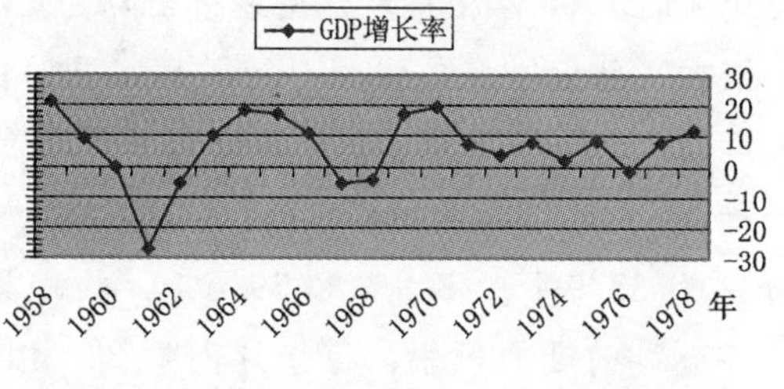

图 2.2　1958—1978 年计划经济周期波动情况

从上图中，可以观察到 1958—1978 年计划经济时期中国经济周期波动周期特征，见表 2.8：

表 2.8　　1958—1978 年中国经济周期性波动情况

年　份	波幅	峰值	谷值	平均位势	周期长度
1958—1963	48.6	21.3	-27.3	-0.62	6
1964—1968	24	18.3	-5.7	7.73	5
1969—1972	15.6	19.4	3.8	11.78	4
1972—1978	13.3	11.7	-1.6	5.7	7

（1）“大跃进”时期经济波动后果。1958—1960 年“大跃进”时期经济波动极为剧烈，导致随后的国民经济增长率出现了一个大“马鞍型”。同时企业经营极为粗放，比例极端失调，效益极其低下，把依靠高投入追求高速度的外延型增长推到了极端。但应当客观地说，持续三年的“大跃进”最大限度地动员了中国当时可以动用的经济资源和生产要素，建成了一批重要的工业项目，大大提高了生产能力。石油化工、精密仪器制造和有机合成等重要工业部门陆续建成投产，新工业品种类大量增加，工业品自给率有了很大提高，技术工程人员由 17.5 万人增至 40 多万人，工业地区布局进一步合理，黄河治理取得较大成效，工农业生产在一个较短时期内，有了迅速的发展和变化。但“大跃进”带来的灾难性后果也是无法否认的，一是工农业生产比例严重失调，由于片面发展重工业，轻工业生产明显下降，农业减产严重，1959 年粮食产量只有 1700 亿公斤，比 1958 年

下降 300 亿公斤，而 1960 年粮食产量更继续下降为 1435 亿公斤。由于严重缺粮，很大一部分城乡居民患有浮肿病，同时由于自然灾害，农村出现了大量的人口非正常死亡现象；二是积累过高，积累与消费的比例失调严重，“一五”时期积累率已占到 24.2%，而 1958—1960 年，积累率分别为 33.9%、43.9% 和 39.6%，共积累资金 1438 亿元，远高于“一五”时期的积累；三是片面强调“以钢为纲”致使工业交通内部比例严重失调，日用品供给严重不足，轻工业发展严重落后于重工业，人民日常生活受到较大影响；四是财政赤字十分严重，造成了通货膨胀；五是经济效益低下，“大跃进”时期每百元积累新增加国民收入仅为 1 元，同期投资系数为 74.1，远远低于“一五”时期的 35 元和 1.56。[①] 按此标准计算“大跃进”时期损失国民收入达到 1200 亿元。[②]

（2）1961—1965 年国民经济调整过程经历了三个阶段。从国民经济调整过程看，1961—1965 年的调整经历了 1961 年初至 1961 年 8 月的调整、徘徊阶段；1961 年 9 月至 1962 年底的后退阶段；1963 年至 1965 年的恢复发展阶段。在各个不同时期，国民经济波动呈现不同态势，这一点可以从 1958—1965 年集市贸易价格指数变化情况中清楚地看到。经过 1958—1960 年的大跃进，1961—1963 年成为三年国民经济困难时期，由于市场上供给短缺严重，国民经济运行偏紧，供求关系异常紧张，集市贸易价格指数上涨幅度很大，集市贸易价格指数远远高于计划价格。其中 1961 年价格指数尤其突出，以 1950 年为基期价格框算的价格指数为 545.9，以 1952 年为基期价格框算的价格指数为 491.8，以 1957 年为基期价格框算的价格指数为 451.6. 随着治理整顿效果的逐步显现，1962 年以后物价指数逐渐回落，反映出供给与需求的紧张关系正在得以逐步缓解。具体情况可见表 2.9：

① 张曙光：“经济结构和经济效果”，《中国社会科学》1981 年第 6 期。

② 宁学平、陈秉良：“关于国民收入和财政分配三项比例关系的探讨”，《社会科学战线》1981 年第 3 期。

表 2.9　　1958—1965 年集市贸易价格指数变化情况表①

年度	以 1950 年价格为 100	以 1952 年价格为 100	以 1957 年价格为 100
1958	130.4	117.5	107.9
1959	132.1	119	109.3
1960	151.6	136.6	125.4
1961	545.9	491.8	451.6
1962	354.8	319.6	293.5
1963	267.7	241.2	221.5
1964	186.3	167.8	154.1
1965	192.3	137.2	159

根据表 2.9 数据，绘制了 1958—1965 年集市贸易价格指数变化情况柱状图，见图 2.3，从柱状图的具体变化情况看，不难发现物价指数与产品供求情况具有极大相关性，国民经济紧运行期难以避免会出现物价指数上涨的情况。

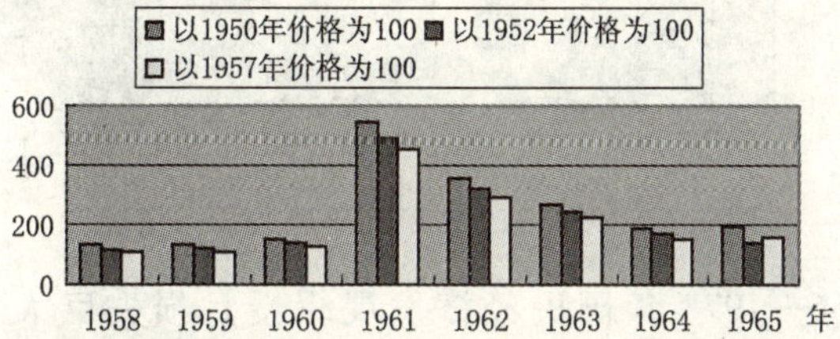

图 2.3　1958—1965 年集市贸易价格指数变化情况

随着治理整顿成果的不断显现，国民经济不断好转，一个明显标志是国家对科研方面的经费投入也越来越多，科研投入占社会总产值比重也持续稳定增长，具体情况见表 2.10：

① 国家统计局贸易物价统计司编：《中国物价统计资料（1952—1983）》，中国统计出版社 1984 年版，第 395 页。

表 2.10　1958—1965 年科研经费投入情况①

年度	社会总产值	财政支出	科研支出	科研支出占社会总产值比重	科研支出占财政支出比重
1958	2138	409.4	11.24	0.53%	2.75%
1959	2548	552.9	19.15	0.75%	3.46%
1960	2679	654.1	33.81	1.26%	5.17%
1961	1978	367	19.49	0.99%	5.31%
1962	1800	305.3	13.73	0.76%	4.50%
1963	1956	339.6	18.61	0.95%	5.48%
1964	2268	399	24.27	1.07%	6.08%
1965	2695	466.3	27.17	1.01%	5.83%

根据以上数据，可以看到科技支出占国民收入和财政支出的比重趋势，见图 2.4：

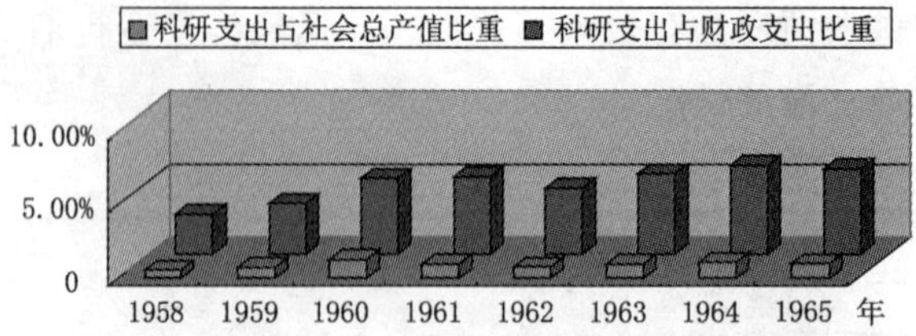

图 2.4　1958—1965 年科研经费投入情况

（3）1966—1978 年国民经济发展缓慢且损失巨大。由于“文革”时期失去了在正常情况下本来应当取得的成就，国民经济物质财富损失巨大，人力资本等各项生产要素都有巨大浪费。从宏观层面看，1967—1976 年，十年“文革”期间社会总产值平均增长 6.8%，其中，1967 年和 1968 年出现倒退，1974 年和 1976 年国民经济增长不到 2%。如果按“文革”前 14 年（1953—1966 年）国民收入增长速度 6.2% 计算，十年“文革”累计损失国民收入 2793 亿元。从微观层面看，1976 年全民所有制独立核算工业企业每百元固定资产净值

① 陈建新：《当代中国科学技术发展史》，武汉大学出版社 1994 年版，第 167 页。

实现利税由 46.6 元下降到 29 元；每百元资金实现的税金和利润由 1966 年的 34.5 元下降到 19.3 元；每百元工业总产值实现的利润由 21.9 元下降到 12.6 元。人民生活长期没有明显改善。虽然“文革”严重地干扰了国民经济的发展，并且给国民经济造成巨大损失，但是，在此期间，国民经济仍然有所发展，这当然不是文革的积极作用，而应当看到，如果没有“文革”，经济建设会取得更大的成就。对于统计数据的准确性，原国家统计局长李成瑞曾撰文指出：“现在公布的 10 年内乱期间数字，尽管有若干估算成分，但数字来之有据，又经过反复核对，可以说是基本可靠的”。纵观 1958—1978 年国民经济整体表现，可以看到国民经济周期性波动大起大落的特征异常明显。具体数据见表 2.11：

表 2.11　　1958—1978 年社会总产值变动情况①　　单位：亿元

年度	社会总产值	工业总产值	农业总产值	商业总产值
1958	2138	1083	566	197
1959	2548	1483	497	212
1960	2679	1637	457	206
1961	1978	1062	559	191
1962	1800	920	584	160
1963	1956	993	642	158
1964	2268	1164	720	161
1965	2695	1402	833	192
1966	3062	1624	910	229
1967	2774	1382	924	227
1968	2648	1285	928	220
1969	3184	1665	948	250
1970	3800	2117	1021	274
1971	4203	2414	1068	282

① 武力主编：《中华人民共和国经济史》（增订版·下卷），中国时代经济出版社 2010 年版，第 1396 页。

续表

年度	社会总产值	工业总产值	农业总产值	商业总产值
1972	4396	2565	1075	297
1973	4776	2794	1173	330
1974	4859	2792	1215	334
1975	5379	3207	1260	315
1976	5433	3278	1258	307
1977	6003	3725	1253	384
1978	6846	4237	1397	438

根据以上数据，可以得出以下较为直观的国民经济发展趋势图，从下图中，可以看到全部计划经济体制时期工业、农业、商业以及社会总产值的国民经经济各项宏观指标周期性波动趋势。从波动趋势中，可以清楚地看到十年“文革”期间各指标的缓慢增长。从历史事件的比较情况看，1958—1960年三年“大跃进”后的经济状况都没有用“经济崩溃”来加以评价，那么，用“整个国民经济濒临崩溃边缘”的判断来评价“文革”期间的经济运行也是不够准确，“文革”期间国民经济仍有缓慢发展则是比较符合事实的。

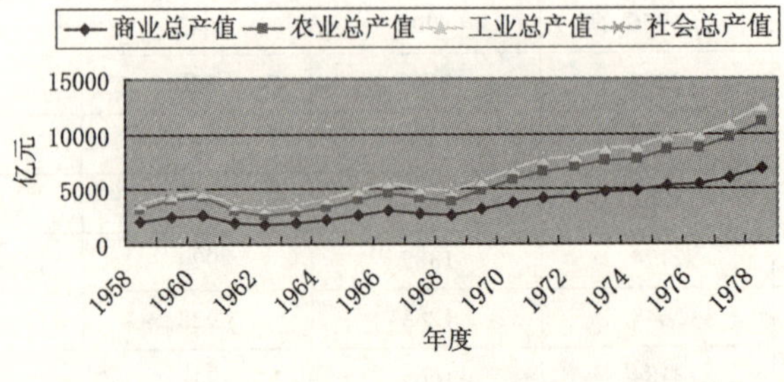

图2.5 1958—1978年国民经济主要指标变动趋势

2.3.3 计划经济时期经济波动原因

纵观计划经济时期经济波动情况，可以清楚地看到中国的发展道路经历了赶超战略、均衡发展战略及备战战略三次较大转折，贯穿这个时期始终的主线是侧重发展重工业，每次发展战略的转折都对经济发展带来了冲击。

（1）国民经济“大跃进”出现的原因。从“大跃进”出现的原因看，主要是 1957 年底至 1958 年初期间，毛泽东对 1956 年的“反冒进”进出了严厉批评，从而在国民经济发展过程中放弃了综合平衡、稳步前进的经济建设方针，转而把经济总量的“多”和发展速度的“快”作为经济建设的首要目标。正如毛泽东曾经说过：“我们实行洋土并举、大中小并举，不只是由于技术落后，人口众多，要求增加就业，主要是为了高速度。”[①] 而经济建设中大干快上又助长了宏观经济失控态势，导致了巨大浪费，造成国民经济陷入了“大跃进”的危机。而从作为“大跃进”纲领的“社会主义建设总路线”的内容看，虽然这条总路线反映了党和广大人民群众迫切要求改变中国经济文化落后状态的强烈愿望，但实际只是一个比较空泛的政治动员口号，其确立的建设目标“多、快、好、省”其实只是一个建设的原则，并无量化指标，而作为保障措施的“鼓足干劲、力争上游”更是一种主观愿望，既无法准确量化，又无法监督检查，所以很容易脱离客观实际。这样一个总路线的提出取代了“八大”前后提出的“既反保守又反冒进，在综合平衡中稳步前进”的科学的经济建设方针，为“大跃进”的出现提供了推动力。而同期国际上社会主义阵营提出的采用“和平竞赛”方式在经济上超过资本主义的乐观计划，同样对“大跃进”起到了重要的推动作用。正如匈牙利著名经济学家科尔奈所说：社会主义革命者都是在贫困、落后的国家里夺取政权的。在所有落后的国家里，不管有没有建立社会主义体制，都有一种所谓“后来者”的急迫和压抑心态，深切感到严重落后于那些更为发达和富裕的国家。[②] 因而 1949 年建国后，中国始终采取赶超战略，注重追求经济发展速度，1956 年末，尽管受国际压力和国内人民要

① “毛泽东读苏联〈政治经济学（教科书）〉谈话记录选载”，《党的文献》1993 年第 4 期。

② 科尔奈，张安译：《社会主义体制共产主义政治经济学》，中央编译出版社 2007 年版，第 153 页。

求的影响，仍然坚持了经济增长的高指标，但通过对1953年和1956年"冒进"教训的总结，提出了综合平衡、稳步前进的建设方针，强调坚持四大平衡理论，即制定经济计划时必须切实做好财政收支、银行信贷、物资供需、外汇收支的综合平衡，使经济增长保持了相对合理的速度，保证国民经济按比例健康发展。如果从政治和社会角度探寻大跃进的原因，则是人民群众急于摆脱落后面貌的急切心理和促成了领导人急于求成指导思想的形成，而领导人急于求成的政策又进一步激发了人民群众的"大跃进"热情。领导和民众同样具有急于求成的心理且相互影响，最终出现了大跃进。

（2）国民经济调整时期经济波动原因。国民经济调整时期的经济波动分为三个阶段，其中1961年初至1961年8月的调整、徘徊阶段主要原因是在三年"大跃进"经济过热背景下和1959年"反右倾"政治气氛紧张形势下，各部门和各地区对国民经济调整的重大意义的认识还不能一步到位。一部分人担心犯右倾错误招致批判而不敢后退，而另一部分人仍然还对经济形势没有清醒判断而不肯后退。经过"七千人大会"、"西楼会议"和北京会议，全国统一了思想认识。现在回顾这段历史，可以清楚地看到经济调整工作全面展开后，政府采取的措施包括通过降低工业生产计划指标大大缓解了经济紧张情况，给工业调整创造了一个宽松环境；压缩工业基本建设规模，缩短了工业基本战线；压缩城镇人口，有效减少了城市对粮食等农副产品的需求压力；同时进一步活跃市场，加强采掘和采伐业建设，进一步高速农村政策，调动了农民生产积极性。这些政策对迅速恢复发展农副业生产，尽快摆脱国民经济困境，实现国民经济健康发展都起到了重要作用。在1962—1965年国民经济调整和恢复发展阶段，工业部门停止从农村招收工人，并通过大力精减职工充实农业生产第一线，加强对农业的支援，促进了农业的发展。这对调整农业与工业比例关系起了积极作用，也促使工业内部的产品结构逐渐趋向合理，增强了国民经济的稳定性。1963—1965年期间，国民经济着重开展了"充实与提高"，加强了设备修理与生产能力相互配套，努力提高了产品质量和增加产品品种，保证重点企业生产，配合国内工业生产建设的巩固、充实和提高，积极引进新技术，强化了基础化学工业、合金钢冶炼、特种钢轧制等工业薄弱环节。需要说明的是在这个时期“三线”建设开始后，1965 年以后的国民经济由解决“吃、穿、用”向备战方向转变，国家投资的转向对国民经济建设产生了一定冲击。从政治方面看，“以阶级斗争为纲”的政治工作思路对经济工作造成了极大干扰。

（3）“文革”及拨乱反正时期经济波动原因。毫无疑问，“文革”对国民经济波动构成了巨大冲击，极“左”思潮对合理的经济管理制度造成了极大破坏，无政府主义也导致了生产秩序的混乱，一个典型的例子是“文革”期间，全国大多数地区 1967 年的国民经济年度计划直到当年 2 月都没有安排进行，1968 年度甚至没有制定国民经济计划，成为新中国成立以来唯一没有制定国民经济年度计划的一年。但除政治方面的影响外，计划经济体制过于集中的制度安排极大限制了地方发展经济的积极性，轻视物质利益原则，主要依靠人们思想觉悟进行生产建设，这在一定程度上造成了“大锅饭”的出现。劳动力作为生产要素中最活跃因素的主观能动性受到极大限制，社会主义“按劳分配”的原则没有得到真正的贯彻和执行，同时产权界定不清晰，生产资料的全民所有制经济基础在具体的经济生活中无法具体归属于具体的责任人，这都造成了经济发展过程中日益明显的矛盾，对经济运行造成了制约。在经济建设过程中，由于对经济建设经验的不足，在国民经济整体布局上，特别是在工业布局方面，通过“三五”和“四五”经济建设，中部地区和西部地区的经济布局已经得到很大改善，沿海地区与内地经济分布畸轻畸重的格局彻底改变。但是在此期间，由于“三线”建设等工程项目立足于备战，因此对于经济效益的考虑并不充分，项目建设后经济效益不够理想，很多项目建设过程中存在“边勘察、边设计、边施工”的“三边”现象，前期论证不够充分，项目建设的科学性有待提高。“文革”期间基本建设项目存在战线过长、上马过急等问题，造成了损失浪费，而且在经济建设过程中不注重提高管理水平，仍然采取依靠群众运动的方式搞生产建设，这都违背了经济建设的客观规律，影响了经济建设的成效。计划经济时期的经济建设经验也充分证明，在一个日益开放的世界中，任何一个国家，特别是一个大国，不参加世界经济体系的循环，不充分利用外部资源发展自己，想取得现代化建设的成功是极为艰难的。唯有充分利用一切人类社会的建设成果，让能够创造财富的各类生产要素充分发挥作用，才能实现国民经济的现代化。

2.4 对改革开放前经济建设的总体评价

经过改革开放前30年的建设，中国建立了一个独立完整的工业体系。截至1978年，工业占国民经济的比重已从1949年的19.5%增加到46.7%，农业比重由从57.7%降为35.6%，为中国改革开放后的经济发展奠定了物质和制度基础。对于对改革开放前建设成果的认识社会各界众说纷纭，但是分析历史问题的正确方法论和科学态度是要把问题放在当时特定的历史条件下。看待和研究新中国前30年的经济建设成就和存在的问题，也只有在当时的历史条件下设身处地分析判断，才能分清哪些做法是绝对的失误，哪些做法是当时必须采取的而今天却不再适宜；哪些失误可以避免而哪些失误是当时无法避免的。改革开放前，为了建立现代化工业体系和完善国民经济部门，中国经济发展采取了重工业优先的发展战略，致使前30年人民生活水平虽然比旧中国有明显提高，但与后30年相比提高得不快。与工业发展相比，农村发展变化也不够大。这固然与当时经济建设中急于求成的主观指导思想有关，但也与政府在经济建设中积累与消费的比例安排上缺少经验有关。更为主要的原因在于，在新中国成立初期，面对帝国主义的军事威胁、经济封堵，中国要想在一穷二白的经济基础上较快建立现代化的工业、农业、科学技术和国防，就必须选择优先发展重工业的战略，所以必须发挥社会主义集中力量办大事的优势，实行集中统一的计划经济体制和农产品统购统销政策，把极为有限的人力、物力和财力最大限度地集中用于支持工业化建设。这样的发展战略必然后果就是不得不暂时抑制人民的消费和限制农民自由进城，不得不通过工农业产品剪刀差的方式为工业提供积累，进而影响到消费品的生产供应和城乡人民生活水平的提高。但也正是由于这种重工业优先的发展战略使中国用较短时间在一个人口众多的落后农业国里，初步建成了独立完整的工业体系和国民经济体系，拥有了以“两弹一星”为主要代表的现代科技力量和现代国防力量，为后来 30 年的国民经济发展奠定坚实物质基础。从这个角度看，当时人民生活中的一些困难，从根本上说是为实现工业化而必须付出的代价，同时也是前人节衣缩食为国家长远发展作出的牺牲，而“大跃进”和“文化大革命”的错误只是使成本和代价的支付得更大、支付的时间更长。面对改革开放前 30 年的经济建设，一方面应当客观地总结前 30 年的教训，但另一方面，确实应当对前人为后人节衣缩食、艰苦奋斗而积累的建设成果深怀感激之情、感谢之意和感恩之心，绝不应当横加指责、轻薄为文甚至讽刺挖苦。美国耶鲁大学教授莫里斯·迈斯纳指出：“如果不去正确地评价毛泽东时代把中国从世界上最落后的农业国家之一变成到 20 世纪 70 年代中期为止世界第六大工业国的过程中取得的惊人成就，就不可能理解毛泽东时代留给邓小平时代的经济问题。实际上，毛泽东发展策略的主要问题和不足部分都是高速工业化的副产品。如果不正确评价这个基本的事实，就无法理解在毛泽东之后时期占支配地位的改革。”①

① 莫里斯·迈斯纳：“为了建设新中国——外国人眼中‘毛泽东时代’的真实面目”，《英才》1998 年第 12 期。

第3章 中国改革开放后经济周期波动特征及原因分析

20世纪七八十年代，世界上以新材料和生物工程引领的技术革命蓬勃兴起，以电子计算机为主要标志的信息技术发展日益呈现出加速状态，驱动着全球化浪潮迅速地从崭露头角演变为风起云涌。各国经济联系的日益紧密使和平与发展、开放与合作成为世界政治经济发展变化的历史潮流。在现代化建设征程中艰苦求索的中国没有再错失这个时期宝贵的历史机遇。1978年12月18日，中国召开了具有里程碑意义的党的十一届三中全会，实现了中国当代经济史上具有深远意义的伟大转折，拉开了波澜壮阔的改革开放序幕。中国一方面深入开展了经济体制改革，另一方面开始了与外部世界全面的交流与合作，改革与开放成为推动中国现代化建设的强劲动力，引领中国进入经济发展的快车道并从此实现了连续30年的快速增长，创造了世界经济发展史上的奇迹。目前中国经济发展仍然处于高速运行状态之中。按照既有的发展速度测算，预计中国经济总量将在2020年超过美国，届时，中国将真正实现几代建设者“赶英超美”的宿愿。在中国改革开放后30年的发展历程中，中国经济体制经历了1979—1991年有计划商品经济时期、1992—2002年社会主义市场经济体制初步建立时期和2003年以来社会主义市场经济体制完善时期。在各个不同的历史阶段，中国经济发展呈现不同特点，不同的经济发展原因也驱使经济周期呈现出不同的波动特征。相对于改革开放前30年的经济发展历程而言，后 30 年的发展历程和建设经验毫无疑问地对于中国经济今后的发展具有更为重大的借鉴意义，因为中国已经走出了一条举世公认的“中国模式”发展道路。21 世纪的头 20 年是中国经济发展面临的重要战略机遇期，在中国这样一个政府主导型的经济体制之中，认真剖析发展经济的动力原因对于今后中国经济的长期稳定发展必然具有重要的历史价值。

3.1 有计划商品经济时期（1979—1991 年）经济周期波动事实、特征及原因

20 世纪 70 年代末和 80 年代初，世界经济在快速发展，科技也日新月异。经过十年“文革”的中国社会也迎来了思想的解放、经济的发展、政治的昌明、教育的勃兴、文艺的繁荣、科学的春天。经过对计划经济管理体制 30 年发展的实践反思，人们已经清楚地看到计划经济体制下管理权力过分集中、分配平均主义和经济发展效率不足等问题，因此，经济体制改革成为经济理论界最关注的问题。对于价值规律在中国经济建设中的作用和特点、如何贯彻按劳分配原则、所有制结构如何调整以及计划与市场关系等问题一度成为热点理论问题。在通过思想解放讨论确立中国经济社会发展改革方向的研讨过程中，陈云经济思想中关于社会主义经济必须分为计划部分和市场部分的观点和邓小平经济思想中关于社会主义可以搞市场经济和要在经济政策上允许一部分地区先富起来的观点为当时经济改革的方向确定了基调。1981 年 6 月的《关于建国以来党的若干历史问题的决议》指出：“社会主义生产关系的变革和完善必须适应于生产力的状况，有利于生产的发展。国营经济和集体经济是我国基本的经济形式，一定范围的劳动者个体经济是公有制经济的必要补充。必须实行适合于各种经济成分的具体管理制度和分配制度。必须在公有制基础上实行计

划经济，同时发挥市场调节的辅助作用。要大力发展社会主义的商品生产和商品交换。社会主义生产关系的发展并不存在一套固定的模式，我们的任务是要根据我国生产力发展的要求，在每一个阶段上创造出与之相适应和便于继续前进的生产关系的具体形式。”① 根据决议确定的发展方向，在经济建设过程中，对于关系国计民生的重要产品由国家统一计划、统一规定价格和进行分配，而其他非关国计民生的产品则由企业根据市场供求状况自行组织生产；为了调动企业积极性，就要把企业经营效益与职工物质利益挂起钩来，同时适当扩大地方权力，允许一部分地区、一部分企业、一部分工人农民通过勤劳致富，生活先好起来；改变统购统销、统购包销的方式促进商品生产和流通。通过采取“摸着石头过河”方式进行探索努力，1984 年 10 月《中共中央关于经济体制改革的决定》正式作出了“必须按照把马克思主义基本原理同中国实际结合起来，建设有中国特色的社会主义的总要求，进一步贯彻执行对内搞活经济、对外实行开放的方针”② 同时，《决定》深刻指出，“改革计划体制，首先要突破把计划经济同商品经济对立起来的传统观念，明确认识社会主义计划经济必须自觉依据和运用价值规律，是在公有制基础上的有计划的商品经济。商品经济的充分发展，是社会经济发展的不可逾越的阶段，是实现我国经济现代化的必要条件。”③ 改革开放以来，中国的政治家们没有在重大发展战略问题上犯系统性错误，而总是选择了正确的战略方向，逐步建立起有计划商品经济体制，为向社会主义市场经济体制过渡奠定了坚实基础。

3.1.1 有计划商品经济时期经济周期波动事实

1979—1991 年是中国经济从传统、封闭、高度集中的计划经济向现代开放的市场经济体制转型的时期。在这个阶段中，中国启动了

① 《十一届三中全会以来党和国家重要文献选编》，中共中央党校出版社 2008 年版，第 111 页。

② 同上，第 166 页。

③ 同上，第 173 页。

经济体制改革和市场化进程，经济体制最鲜明的特点是“转型”。在“以经济建设为中心”和“有计划的商品经济”政策和相关理论研究指引下，中国选择了渐进式的改革方式，先后在财税、金融、投资和价格体制等方面进行了改革，并越来越多地运用经济杠杆调节经济运行。在经济转型过程中，计划经济体制逐步瓦解，但计划经济体制因素仍然在资源配置中发挥作用，而市场因素逐渐成长壮大，并在资源配置过程中发挥着越来越大的作用。在计划经济体制和市场经济体制磨合过程中，经济体制改革与治理整顿相伴而行，国民经济增长是在波动中实现的。按照赵凌云在《中国经济通史》第10卷（下册）中的观点，这个时期的经济体制转型可以分为三个阶段，即1979—1984年的经济转型准备阶段；1985—1988年的经济转型起步阶段；1989—1991年经济转型遭遇挫折和局部逆转阶段。

（1）1979—1984年经济转型准备阶段经济波动情况。1979—1984年既是国民经济恢复、整顿和发展的转折阶段，也是经济体制改革的初步探索阶段。在这个阶段提出了经济增长方式和经济体制转型的任务，改革的重心是农村改革。以联产承包责任制为核心的农村改革取得了成功，并促动了城市改革的发展，中国国民经济体制改革也走了一条“农村包围城市”的道路。从1979年开始，国民经济经历了1979—1981年的调整时期和1982—1984年再调整时期，经济增长在调整过程中实现了加速增长，截止到1984年，“六五”计划提前一年超额完成，国民经济增长率达到15.2%，经济发展呈现出过热势头。

1979—1981年的经济调整时期经济波动情况。中国经济经过拨乱反正重回正轨后，重新迎来了振兴和发展的机遇，同时中国经济长期以来形成的国民经济结构比例失调问题也集中显现。1979年国民经济中农轻重比例严重不合理，粮食人均占有量只略高于1957年，需要进口大量粮食解决吃饭问题；轻工业品紧缺，重工业内部结构也不合理，能源电力紧张使大批企业经常停工，铁路运输和港口装卸能力严重不足，机械加工能力远超原材料供应能力，积累和消费比例严重失衡，生活、建设、流通和分配领域混乱远未消除，全国有三分之一的企业管理和生产秩序不正常。1979 年 3 月中央开会讨论国民经济计划和调整问题，陈云在会议上就经济建设指导方针发言指出："按比例发展是最快的速度"。"要有两三年调整时间，最好三年"。[①] 1979 年 4 月中央工作会议上李先念作了《关于国民经济调整问题》的报告，明确指出"这次调整的方针是：调整、改革、整顿、提高。边调整边前进，在调整中改革，在调整中整顿，在调整中提高。""使整个国民经济真正纳入有计划、按比例健康发展的轨道。"[②] 在具体的措施选择上，国务院将 1979 年国民经济计划中农业生产增速由 5%—6% 调整为 4% 以上，工业增速由 10%—12% 调整为 8%，并且将粮、棉、煤、钢等主要工农业产品产量予以下调；在农业方面，出台了发展农业生产力的 25 项政策措施，推广各种形式的生产责任制，将农村经济体制改革与农村经济的调整同时铺开，力求加快农业发展，解决农业与工业比例失调问题；在工业方面，通过调减工业总产值增长速度及工业品产量指标以降低工业生产发展速度，通过加快轻纺工业发展以协调重工业比例，通过对企业的整顿和调整以协调重工业内部结构，通过压缩基建规模调整国民经济各部门投资比例以解决建设规模与资金、原料、设备供给失调等问题；在积累与消费的关系摆布上，积极提高国民收入中消费基金比重，通过提高农副产品收购价格、减免农业税提高农民收入，通过提高职工工资级别安排就业等措施提高城市居民收入。经过两年的治理整顿，国民经济比例失调问题得到明显改善，人民生活水平得到明显提高，安置了大量城镇人口特别是知识青年返城就业：1979 年城镇新就业人口为 902.6 万人，1980 年又安排 900 万人就业。国民收入实现了持续增长，收入总额从 1978 年的 3010 亿元上升到 1988 年的 3688 亿元，国民收入从 1978 年人均 315 元达到 1980 年的人均 376 元。国民经济比例失调问题也得到初步控制，农业在工农业总产值中比重从 1978 年的 27.8% 增长到 1980 年的 30.8%，轻工业在工业总产值中的比重由 1978 年的

① 《陈云文选》第 3 卷，人民出版社 1995 年版，第 250—253 页。

② 《李先念文选》（1935—1988），人民出版社 1989 年版，第 343—378 页。

43.1%上升到1980年的47.2%，国民收入积累率从1978年的36.5%下降到1979年的34.6%和1980年的31.6%。需要说明的是，基建规模仍然没有得到很好控制，投资规模从1978年的500.9亿元增加到1980年的558.9亿元，而且财政在1979年和1980年连续出现赤字总计298.1亿元，① 政府在弥补赤字过程中采取了增发货币等手段导致市场物价上涨，通货膨胀出现。1980年12月中央工作会议提出了1981年经济调整工作总要求，即要基本做到财政收支平衡、基本实现信贷收支平衡和把物价基本稳定下来。邓小平要求，在经济调整过程中，基建等方面要坚决退够，以便农业、轻工业能够尽可能地继续发展。为此，1981年根据“两平一稳”的总要求和坚决退够、坚决前进的方针，在基建方面继续压缩投资规模，在农业方面进一步加快发展改善工农比例失调问题，在工业方面着重解决轻重工业比例失调问题，控制消耗能源高且效益差的项目，加快轻工业发展。经过努力，到1981年年底，“两平一稳”调整目标基本得以实现，农轻重比例改善明显，农业和轻工业增长较快而重工业发展速度减缓。在工农业总产值中，农业产值所占比重由1980年的27.2%上升到28.8%，轻工业产值比重由1980年的34.3%上升为36.7%，重工业产值比重则由1980年的38.5%降为34.5%。基本建设投资结构和效果都有所改善，1981年实现基建投资额442.91亿元，比1980年减少115.98亿元，是1976年以来首次停止增长，大中型项目建成投产率达到10.6%，比1980年高2.3个百分点。国民收入中积累和消费比例失调情况也有很大改善。总体而言，1979—1981年经济调整是卓有成效的，这次调整既为以后的经济体制改革奠定了基础，又实现了调整时期的经济发展。

1982—1984年经济再调整时期波动情况。1982年12月，五届全国人大五次会议批准了“六五”计划。根据“六五”计划安排，经济工作主要内容是继续贯彻“调整、改革、整顿、提高”的八字方

① 《中国统计年鉴——1983》，中国统计出版社1983年版，第20、22、25、146、323、445页。

针，解决过去遗留下来的阻碍经济发展的各种问题，确保财政经济状况根本好转，并且为“七五”期间的发展奠定更好的基础。从1983年开始，国民经济进入深入调整和积极改革阶段，充分发挥科技教育在国民经济中的促进作用，努力争取实现财政经济状况的根本好转。这个时期的调整整顿侧重于调整投资结构、企业组织结构、产品结构和技术结构，并通过转变工业地区结构提高国民经济整体效益。在调整和改革政策推动下，国民经济发展呈现加速状态，1983年中国社会总产值突破1万亿元，达到11131亿元，1984年社会总产值进一步实现18.3%的高增长率，达到13171亿元。财政状况进一步好转，到1984年底，原定的“六五”计划主要指标已经提前完成。工业方面，1984年列入“六五”计划的65种工业生产主要指标已提前完成43种，其中，能源指标全部提前超额完成，全国煤炭产量超过计划指标10%，有力缓解了一次能源不足；轻纺工业品有一半以上达到1985年计划指标；原材料和机电产品产量也大部分提前完成，发电机组、汽车、机床等都提前完成生产任务。农业方面，到1984年，粮食种植面积比1978年减少1.18亿亩，但单产增长40%，粮食总产量继续扩大。1984年经济作物播种面积比1978年增长6500万亩，成为取得连年丰收的重要因素。一向薄弱的畜牧业、渔业、林业等副业生产也取得历史性突破，在农业中的比重也由1978年的32%上升到40.7%，农产品商品率达到53.3%。随着经济作物、林果业、畜牧业、水产业及其他农副业的逐步发展，农副产品销售、运输和加工等问题逐一显现，发展农村多种经营开始成为农村经济新的增长点。基建方面，基建投资不论总量还是分年投资量都已提前达到“六五”计划目标，而且结构明显改善，用于技改的投资比重由1980年的25%上升到37.1%，这些投资与技术引进相结合，有力地加快了轻纺工业发展，而且基本建设中用于能源交通等重点建设的投资比重由1980年的31.7%上升到36%，新增电力1385万千瓦；外贸在对外开放的推动下更加繁荣，1984年进出口总额达到1201亿元，是1985年计划指标的1.4倍，外汇收支平衡还略有节余，1984年结存外汇80亿元；财政收支增幅也很快，财政收入自1982年连续大幅度增长，支出也保持同步增长，财政赤字基本控制在计划范围附近；信贷收支由于居民收入增长和企业效益提升也增长较快，零售物价指数连续4年都在3%以下，国民经济总供给与总需求之间保持了基本平衡。

（2）1985—1988年的经济转型起步阶段经济波动情况。经过5年的经济转型准备阶段，经济调整达到了预期目的，为进一步扩大改革开放、实现经济转型提供了物质基础。同时世界范围内的新技术革命也使中国经济发展面临更大压力，增加了通过改革开放加速经济发展的迫切性。因此，以1984年10月党的十二届三中全会通过的《中共中央关于经济体制改革的决定》为标志，改革步伐得以加快，改革的范围继续扩大，改革重心从农村转入城市并在一定时期内成为首要任务。1986年3月六届全国人大正式通过了国民经济和社会发展第七个五年计划，明确提出经济发展战略和经济体制要进一步由旧模式向新模式转变，为对外开放进一步向纵深发展和为90年代即将到来的经济振兴做好准备。"七五"计划是对经济体制改革的具体部署，而且在内容上对《决定》的措施有所补充和发展，第一次提出了建设包括各类生产要素市场在内的市场体系和把政府对经济的管理逐步从直接控制转到运用经济政策或经济手段进行间接控制为主的更为全面的宏观管理轨道上来。因此，"七五"计划的任务目标是继续为经济体制改革创造良好的经济环境和社会环境，努力保持社会总供给和总需求的平衡，使经济改革更加顺利地展开，同时着眼于培养90年代经济社会快速发展的后续能力，在控制好固定资产规模的前提下，大力加强技术改造和智力开发，加快生产力发展并提高经济资产，继续提高城乡人民生活水平。实践证明，经济体制改革的全面推进有力促进了经济繁荣，但同时也带来了经济过热，不得不在进行稳定经济秩序的工作后才能继续推进改革。

1985年经济高速增长以至出现经济过热。在全面改革的动力作用下，农村家庭承包责任制继续巩固和完善，农村多种经营迅速发展，农村经济进一步活跃起来。1985年农林牧副渔业总产值在上年增长14.7%的基础上继续增长5.2%；城市经济也蓬勃发展，能源工业增长速度很快，1985年能源生产总量达到85546万吨标准煤，增长9%；轻纺工业通过技术改造合理调整了产品结构，耐用消费品成倍增加，人均工业总产值达到925元，增长26.2%；社会商品零售额达到4305亿元，增长27.5%；货物进出口总额达到696亿元，增长30%；1985年财政结束了自1980年以来的财政赤字，实现财政收入2004.82亿元，增收362亿元，增长22%，实现了收支平衡。但国民经济在实现快速增长之后也出现了过热趋势，1985年固定资产投资达到2543亿元，比上年增长38.8%；信贷资金投放量达到6198.4亿元，增长30.6%；同时物价大幅上涨，从上两年连续2%以下到1985年上涨超过8%；外汇结存也由1984年8月的124亿美元降至26.4亿美元。[①] 粮食棉花产量滑坡也影响了国民经济的正常运转，由于相关改革措施不配套，一些单位和个人利用价格双轨制炒买炒卖，加剧了经济过热的程度。

1986—1987年国民经济进行了适度调整。根据1985年经济发展过热的实际情况，"七五"计划决定把发展过程分为两个阶段，即前两年着重控制社会总需求，以解决经济增长过快，基建投资规模过大和消费基金增长过多的问题，保证社会总需求和总供给的平衡，同时实现财政、信贷、物资和外汇各自平衡基础上的综合平衡。1986—1987年调整时采取了"软着陆"的方式，努力运用行政和经济手段，同时从控制过度需求和增加有效供给两方面达到调控目的。在1986年，侧重调控社会总需求，在上半年实行财政和信贷双紧缩，下半年适度放宽了信贷政策；在1987年，侧重调控社会总供给，努力使国民经济保持适当增长速度，增加了社会的有效供给。1987年10月十三大报告中再次申明："必须以公有制为主体，大力发展有计划的商品经济。商品经济的充分发展，是社会经济发展不可逾越的阶段，是实现生产社会化、现代化的必不可少的基本条件。"[②] "我国经济建设

① 数据来源于武力主编：《中华人民共和国经济史》（增订版·下卷），中国时代经济出版社2010年版，第1411、1420、1432页。

② 《十一届三中全会以来党和国家重要文献选编》，中共中央党校出版社2008年版，第194页。

的战略部署大体分三步走。第一步，实现国民生产总值比一九八零年翻一番，解决人民的温饱问题。这个任务已经基本实现。第二步，到本世纪末，使国民生产总值再增长一倍，人民生活达到小康水平。第三步，到下个世纪中叶，人均国民生产总值达到中等发达国家水平，人民生活比较富裕，基本实现现代化。然后，在这个基础上继续前进。”①

1988 年国民经济出现严重的通货膨胀，给高速增长的国民经济带来不良影响。1987 年十三大召开以前，国民经济不稳定和混乱现象较为严重，虽经调整，但社会总需求仍然超过社会总供给，国民经济农轻重比例结构性失调的问题又在凸显，基础设施和基础工业的瓶颈制约作用加剧，市场秩序在流通中更趋紊乱，收入分配领域中出现了贫富悬殊现象。经过有效调控，到 1988 年初，农业中粮食产量逐步回升，工业生产也转为正常发展速度，固定资产投资过快势头得到控制，市场继续供销两旺，国际收支状况得到改善。但由于对当时经济形势的误判，价格改革“闯关”受挫，1988 年 2—5 月，物价指数分别达到 11.2%、11.6%、12.6% 和 14.7%，而且在物价持续高位运行情况下，原来的双轨制价格体制使生产资料成为非法牟利的工具，致使第三季度经济形势非常严峻。因此在 1988 年 9 月，十三届三中全会决定对国民经济进行治理整顿。

（3）1989—1991 年经济转型遭遇挫折和局部逆转阶段经济波动情况。1988 年开始的治理整顿在 1989 年经历了政治风波的影响，到 1989 年的第三季度，国民经济运行有所好转，但总体看，总量紧缩的态势没有根本改变，供需差仍然达到 8% 左右，流通中货币量仍然过多，市场销售疲软，工业主要产品产量下降，同时北京发生的政治风波也给经济发展带来消极影响，旅游外汇减少。经过认真研究，中央政府决定延长治理整顿期限，充实和调整治理整顿的任务和目标，把经济结构调整的任务放在首位，同时继续清理党政机关办公司，规

① 《十一届三中全会以来党和国家重要文献选编》，中共中央党校出版社 2008 年版，第 196 页。

范市场秩序，力求逐步解决生产资料价格“双轨制”问题，继续控制总量，并适当放松需求，努力实现财政和信贷计划的平衡，稳定国内市场。经过三年艰苦努力，我国在内有困难外有制裁的不利条件下，终于制止了通货膨胀，促进了经济发展，推动了改革开放的发展，到1991年9月，治理整顿任务基本完成，但经济发展的总体速度不高，经济转型遭遇到挫折和局部逆转。

3.1.2 有计划商品经济时期经济周期波动特征

在1978年改革开放以后，中国经济进入了快速发展时期，中国经济周期形态特征已经从计划经济时期绝对量下降的古典型大起大落变化为绝对量增长而相对量波动的增长型经济周期。在有计划商品经济时期，经济周期最低点为1990年，增长率仍为3.8%。在1979—1991年的13年间，中国经济平均增长率达到9.1%，比计划经济时期周期平均波位6.08%，上升了3.02个百分点，经济基本处于高位运行态势，总体增长水平有了显著提高。有计划商品经济时期经济周期波动的总体特征可以概括为：经济周期波动进入现代增长型阶段，峰位下降、谷位上升，平均位势有较大幅度提高，经济高速发展且振幅减小，周期扩张持续的时间延长，经济增长的稳定性增长，抗冲击能力增强，这些特征都充分说明中国经济周期波动在改革开放以后进入了一个新阶段。1979—1991年中国GDP增长率波动情况见表3.1：

表3.1　　1979—1991年中国GDP增长率波动情况

年份	GDP增长率（%）	年份	GDP增长率（%）	年份	GDP增长率（%）	年份	GDP增长率（%）
1979	7.6	1982	9.1	1985	13.5	1988	11.3
1980	7.8	1983	10.9	1986	8.8	1989	4.1
1981	5.2	1984	15.2	1987	11.6	1990	3.8

根据上表数据，绘制了1979—1991年经济增长率周期波动情况图，见图3.1：

从图3.1中，可以观察到1979—1991年有计划商品经济时期中

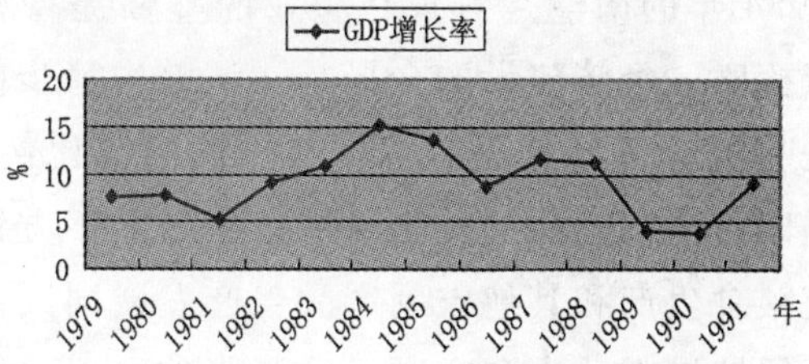

图 3.1 1979—1991 年 GDP 波动趋势

国经济周期波动情况，见表 3.2：

表 3.2　　1979—1991 年中国经济周期性波动情况

年份	波幅	峰值	谷值	平均位势
1979—1981	2.4	7.8	5.2	6.7
1982—1991	11.4	15.2	3.8	10.8

（1）1979—1984 年国民经济通过调整实现了波动中的增长。从 1979—1984 年间，国民经济增长过程中发生了一些波动，但总体上实现了“边调整边前进，在调整中改革，在调整中整顿，在调整中提高。”“使整个国民经济真正纳入有计划、按比例健康发展的轨道。”这次调整完全不同于上次 60 年代的调整，60 年代的调整主要是由于“大跃进”造成国民经济发展比例严重失衡，各种因素交织造成了极为严重的困难局面，如果不调整就无法渡过难关，因此在调整过程中经济增长率呈现“高台跳水”大起大落的古典型经济周期形态，调整时期的工业生产和基建规模都大幅度缩减。但这次调整主要针对国民经济发展不均衡的问题，是要利用这三年左右的时间把国民经济已经失调的比例关系基本上调整过来，使整个国民进入有计划、按比例、高速度健康发展的轨道，充分动员和发挥中央与地方、职工与企业的积极性，积极稳妥地改革工业管理和经济管理体制，通过调整、改革和整顿，明显提高科技和管理水平，更好地运用商品经济规律办事。由于当时的农业情况与工业情况经过十多年的积累都远比 60 年代好，总体经济形势是向前发展的，

因此1979—1984年的调整是对现在企业的整顿提高和对现行经济体制改革进行探索，经济建设的全局是在调整中稳步前进的，只是对局部而言是有上有下、有进有退。在国民经济比例失调情况下，调整是关系到国民经济全局的关键环节，也是八字方针的中心。调整目标在于使粮食生产和其他农副产品生产发展同人口增长及工业发展相适应，缓解燃料动力和交通运输紧张的局面，使轻工业发展速度与重工业增长速度相适应并在国民收入分配中提高居民收入水平，不断提高企业的经济效益。在调整过程中，要对管理体制中不适应经济发展的地方进行有计划有步骤地改革，不断搞好企业整顿以增加工业品产量，只有做大经济总量，各种失衡的比例关系才能有更宽广的调整余地。这次调整是在吸取以往经济建设经验教训基础上进行的。通过这次整顿，经济工作摆脱了以往长期存在的"左"的思想束缚，经济建设开始从国情实际出发，把现代化建设的目的与人民生活逐步改善密切结合起来，循序渐进地推进各项建设事业。这次调整不仅理顺了国民经济比例关系，而且使中国经济工作的发展战略实现了根本转折，经济周期进入增长型的发展时期。1979—1984年国内生产总值增长情况见表3.3：

表3.3　1979—1984年中国社会总产值变化及构成情况①　单位：亿元

年份	社会总产值	第一产业	第二产业	第三产业
1979	7642	1698	4681	1263
1980	8534	1923	5154	1457
1981	9075	2181	5400	1494
1982	9966	2483	5811	1672
1983	11131	2750	6461	1920
1984	13171	3214	7617	2340

根据上表数据，绘制了1979—1984年社会总产值波动及构成情

① 武力主编：《中华人民共和国经济史》（增订版·下卷），中国时代经济出版社2010年版，第1397页。

况图，见图3.2：

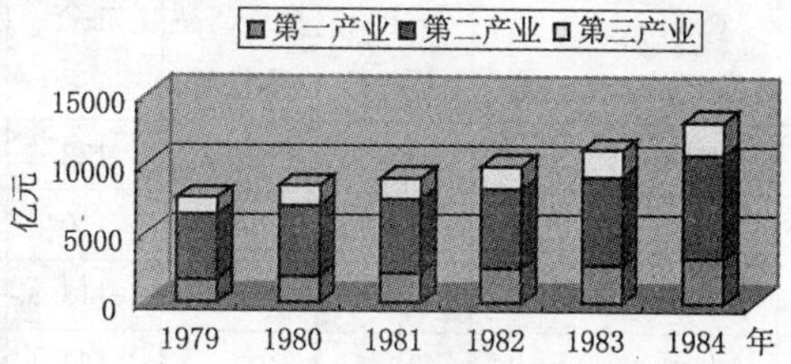

图3.2　1979—1984年中国社会总产值变化及构成情况图

（2）1985—1988年经济运行格局向市场化不断迈进，经济始终处于过热状态。从这四年来国民经济增长率情况看，国民经济始终在高位运行。由于农业生产在总体改革布局中已经不再处于中心位置，因而农产品产量下降，同时工业发展速度较快，财政和外汇储备供应都很紧张，经济存在过热的倾向。这个时期经济周期波动幅度小，国民经济运行格局向市场化不断迈进，这得益于政府通过行政措施调控需求，同时又通过改革措施促进供给。1986年根据国民经济运行的实际情况，确定了"巩固、消化、补充、完善"的改革方针；1987年考虑到国家的实际承受能力，把改革重点从理顺生产资料价格体系，启动物价和财税配套改革转变为推行所有权和经营权分离的企业经营方式改革，继续扩大了企业经营权，加强了企业自身的约束力。在对外汇管理方面，中央政府也充分吸取了前几年的经验教训，加强了对外贸、外资和外债管理。这些措施搭配得当，符合这四年的实际情况，供求关系比较平衡，前三年没有出现严重的通货膨胀。但1988年出现巨大的消费和投资需求引致物价全面大幅度上涨，导致了随后几年经济发展进入了低谷。从1985—1988年国民经济增长各项指数情况中也不难发现这个时期经济波动的上述特点，见表3.4：

表 3.4　　**1985—1988 年国民经济增长指数情况表①**　（以上年为 100）

年度	社会总产值	农业总产值	工业总产值	固定资产投资	社会商品零售额	工资总额	银行贷款总额	物价指数
1985	117.1	103.4	121.4	138.8	127.5	122	123.9	108.8
1986	110.3	103.4	111.7	118.7	115.7	120	128.5	106
1987	114.1	105.8	117.1	120.6	117.6	113.3	119	107.3
1988	115.3	103.2	120.7	118.5	127.8	123.1	116.8	118.5

根据上表数据编制 1985—1988 年国民经济增长指数柱状图，见图 3.3：

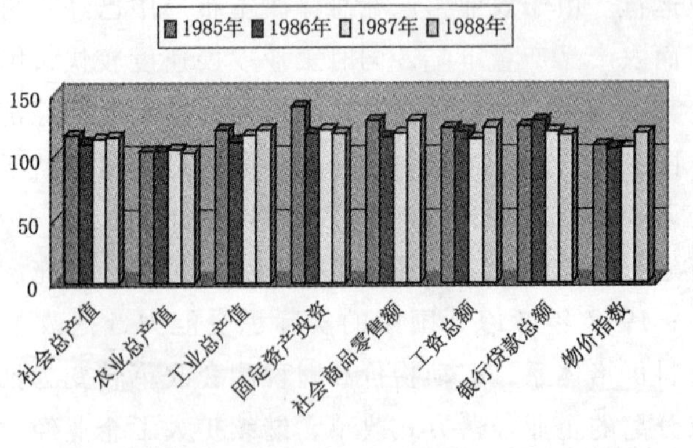

图 3.3　1985—1988 年国民经济增长指数柱状图

3.1.3　有计划商品经济时期经济周期波动原因

1979—1991 年期间是改革起步阶段，在这个阶段，经济转型方向是“有计划商品经济”，改革方式是“摸着石头过河”。在这个发展时期，宏观经济突出矛盾是产品供不应求，社会总需求扩张速度远快于社会总供给的增长能力，经常出现投资和消费的双缺口，容易引起物价水平的较快上升。特别是 1988 年和 1989 年物价指数上涨幅度较大，使控制通胀日益成为宏观调控的重中之重。由于处于改革开放

① 数据来源于《中国金融年鉴（1989）》1989 年版，第 63 页。

初期，经济体制和经济发展模式转换比较剧烈，经济发展协调难度加大，适应市场经济的宏观调控体系也在逐步建立过程中，因此这个阶段的宏观调控仍然采用规模控制和指标控制等具有一定计划色彩的方法。而且中央政府在协调改革、发展和稳定三者关系方面，由于经验不足，宏观调控的预见性不高，调控时机掌握尚欠火候，调控招法不多，仍然以行政手段为主，往往在调控过程中引起经济较大幅度的波动。但应当承认，中国的政治家们以无与伦比的改革勇气和正确的发展战略，建立了独具特色的宏观调控基本思路和中国模式，较好地认识和把握了改革、发展和稳定的关系。虽然这个时期与以后的两个时期相比，经济波动幅度仍然较大，但与改革开放前计划经济时期相比，波动幅度还是明显减弱。特别是面对投资和消费的迅速增长，中央政府的应对措施是十分有效的，这为以后17年的经济发展宏观调控积累了宝贵经验。

（1）1979—1984年经济调整时期国民经济增长原因。这个时期是改革开放的起始阶段和经济转型的准备阶段，与1960年国民经济调整完全不同的情况是这次国民经济调整的同时实现了经济的高速增长，其首要的原因在于宏观经济建设指导思想的转变。1978年12月召开的十一届三中全会决定停止使用“以阶级斗争为纲”的思想路线，提出了“以经济建设为中心”的指导思想，决定从1979年起把工作重心转移到社会主义现代化建设上来。这就从根本上为中国改革开放以来的经济建设在国家全部活动中奠定首要的地位，将中国经济发展纳入到世界和历史潮流中。而1982年中国共产党第十二次全国代表大会的召开对经济发展产生了深远影响。其标志着中国改革开始由过去以调整为主的自发改革转为以创新为主的自觉改革，更加强调中国特色社会主义的特殊性及合理性。同时这次会议确定了今后全国经济建设的战略目标、战略重点、战略步骤和方针政策。在战略目标上，经对经济发展水平和发展可能正确评估，把奋斗目标从“到本世纪末实现四个现代化”改为实现城乡人民物质文化生活达到小康水平，并给予具体数化，规定从1981年到2000年，工农业总产值实现翻两番由1980年的7100亿元增加到2000年的28000亿元左右，人均国民收入达到800美元左右。在战略重点选择上，确定这个时期发展战略重点是农业、能源和交通、教育和科学，因为从历史经验看，只有农业稳产增产、能源交通运输提供有力保障，国民经济才能实现协调发展，只有把国民经济建立在先进科技基础上，国民经济才能持续健康发展。而且20世纪80年代正值中国人口生育高峰，这次会议强调计划生育政策是基本国策对抑制人口膨胀有着深远影响。在战略步骤上，确定了两步走的发展战略，即前十年主要是打好基础、积蓄力量、创造条件，后十年则要进入一个新的经济振兴时期。在方针政策的内容上，针对当时国民经济存在的问题，确定了“一要吃饭、二要建设”的基本原则，要求树立“全国一盘棋”思想，适当调整分配关系，把资金用在国家急需的建设项目上；同时会议决定在坚持国有经济主导地位的基础上，积极发展多种经济形式，鼓励劳动者个体经济在国家规定的范围内适当发展作为公有制经济必要的有益补充；会议还确定了通过经济计划的综合平衡和市场调节的辅助作用保证国民经济按比例协调发展，同时在自力更生、不损害民族利益基础上扩大对外经济技术交流，引入外资、技术和扩大外贸。上述准确的政策应对使中国找到了正确的发展方向。其次这个时期也制定并执行了正确的经济政策，充分发挥科技教育的作用，推动国民经济走外延型扩大再生产与内涵型扩大再生产相结合的道路，有重点有步骤地推进现有企业的技术改造，加速企业的技术进步。十一届三中全会后，领导层清楚地看到一方面大量投资上新项目，另一方面又对现有企业管理粗放是造成国民经济效益低下的主要原因，因此在经济发展过程中，决定把整个国民经济逐步转移到采用新技术的基础上实现国民经济的健康稳定发展。1982年1月国务院颁布了《关于对现有企业有重点、有步骤地进行技术改造的决定》，强调要把技术改造作为再生产的主要实现手段，要求根据中国具体情况和发展目标，制定符合资源比较优势、科技发展现状和管理水平的技术装备政策。《决定》把降低原材料消耗、改革产品结构，促进升级换代作为当前改造的主要任务，把提高社会经济效益作为技术改造的目标。在具体工作措施上，强调要开发与引进并重，把经济调整、工业改造和企业整改结合起来，优先对那些关系国计民生、投入少、见效快的项目作为重点给予考虑。这项决定把技术改造推上了以新技术改造落后技术进而推进技术进步的新阶段。在具体行业选择上，国家把机械电子行业作为优先考虑的对象，共确定了 30 大类产品共 550 个项目作为首批技术改造重点，带动了全行业的系统改造。在抓好大项目改造升级的同时，国务院又决定在“六五”后三年里引进国外 3000 项新技术以改造现有中小企业。这些项目有力地改善了生产加工工艺，提高了产品质量和生产能力，引导国民经济逐步走向以技术改造为主的发展模式。

（2）1985—1988 年经济波动原因。从政策方面看，1984 年 10 月《中共中央关于经济体制改革的决定》推进了城市化改革进程，加速了以缩小指令性计划和价格、工资改革为中心的各项改革措施的出台，迅速推进了经济的繁荣，也导致 1985 年经济发展出现过热。过热的主要原因是 1984 年经济体制改革重心转向城市后，对农业、农村和农民的投入增加不足，同时农村储蓄等各项资源也向工业倾斜，在工农业产品剪刀差的作用下，“三农”在国民收分配中处于不利地位，因而直接导致了 1985 年粮棉等主要农产品产量的急剧下降。而且在这个时期经济进入两种体制并行阶段，旧体制弊端仍有影响，新体制的优势还未充分发挥，两者之间的矛盾给社会经济生活带来了新问题，宏观管理和市场调节均不到位，企业经营负盈不负亏，双轨制导致价差过大，加剧了市场秩序的混乱，加之国家宏观调控政策在财政、税收、金融及支农工作等方面都出现了一些失误，这导致了 1985 年的经济过热。针对 1985 年经济发展出现的实际情况，在接下来的三年中宏观调控执行了“巩固、消化、补充、完善”的方针，同时政府着眼于搞活企业，积极推行经营承包责任制，进一步搞活了国有大中型企业，充分发挥间接调控经济的政策工具作用，推动各类生产要素市场逐步地发育，使市场的调节作用不断地加强，增加了经济发展的活力。这个时期政府还注重改善外商投资环境，有效地引进先进生产技术，使先进技术型企业和出口型企业也有了较大增长。虽然宏观政策在供给和需求方面都作了有力的调控，但这个时期经济过热始终不退，其主要原因在于农业生产投入不足。这个时期的经济发展深刻地验证了“无农不稳”的论断，也充分说明了农业是国民经济基础的基础。乡镇企业在这个时期异军突起，成为新的经济增长点，增强了经济发展的活力。

（3）1989—1991年经济波动原因。20世纪90年代初国内经济形势发展还是面临十分有利的条件，因为通过治理整顿已经基本解决通胀问题，城市及沿海发达地区的农村已经初步实现小康。在大量金融存款的驱动下，居民消费倾向明显提高，投资具有充足来源，中国进入了积累型、重化工型的快速增长时期。但应当看到，90年代初期的国际形势对中国经济发展具有十分不利的影响。西方国家以1989年政治风波为借口，对中国实行经济制裁，严重影响了中国借用外国优惠贷款和技术设备引进，中断了恢复中国关贸总协定成员国的谈判，外商投资也因对中国发展趋势的犹疑而裹足不前。从经济总体表现看，1989年经济增长率为4.1%，1990年经济增长率为3.8%，1991年经济增长率为9.2%，是经济增长较为缓慢的时期。除西方世界对中国的经济封锁外，影响经济发展的更主要原因是中国国内在90年代初对姓社姓资的争论。由于1989年政治风波，经济理论界、社会舆论界陷入了一场反对资产阶级自由化的争论。受当时国际国内政治经济环境的影响，“左”的思潮不仅对改革目标的市场取向采取了根本否定的立场，而且对改革开放也产生了疑问，认为改革开放会导致经济领域存在和平演变的危险，“三资”企业会成为和平演变的根源。在决策层，由于国际国内政治经济局势的错综复杂，经济工作的指导思想存在对经济发展格局求稳怕乱和对改革开放市场取向的重重顾虑，以致安排1991年经济计划时国民生产总值只计划增长4.5%，虽然坚持了改革开放，但没有在客观条件允许的情况下争取到最好的建设成果。

3.2 社会主义市场经济体制初步建立时期（1992—2002年）经济周期波动事实、特征及原因

在改革开放以来的发展历程中，邓小平南方谈话和中共十四大召开是一个重要的里程碑。在此之前，中国的改革开放“摸着石头过河”，经历了发动与起步再到全面展开的过程。从1992年开始，中国明确了市场经济体制的改革方向。1992—2002年是社会主义市场经济体制初步建立时期，在这十年中国经受了各种困难和风险的考验，国民经济实现了持续快速健康发展，初步建立了社会主义市场经济体制，因此这是很不寻常与极不平凡的十年。社会主义市场经济体制初步建立时期在理论上的创新与突破开始转向如何建立社会主义市场经济体制，其中处于核心位置的两大问题是社会主义市场经济条件下所有制和分配制度改革。所有制理论方面，主要是1997年十五大突破了社会主义单一公有制的传统观念，提出了以公有制为主体、多种所有制共同发展是社会主义初级阶段的基本经济制度，同时提出非公有制经济也是社会主义市场经济体制的重要组成部分，在公有制经济实现过程中，具体形式可以而且应当多样化；分配理论方面，在对中国社会和国情深入研究的基础上提出了“以按劳分配为主体、多种分配方式并存”的分配制度，同时提出了“劳动、资本、技术和管理等生产要素按贡献参与分配”的原则。为了打破平均主义“大锅饭”，充分调动各地区发展经济的积极性，处理好效率与公平的关系，在这个时期继续鼓励一部分地区和一部分人通过勤劳致富先富起来，因此，十四大提出发展国民经济要“兼顾效率与公平”，十四届三中全会进一步提出了“效率优先、兼顾公平 ”，十六大报告提出，“初次分程中对效率和公平认识了沿革，都坚持了效率优先、兼顾公平的原则，同时增强了解决收入分配领域矛盾和问题的针对性，是从

中国实际出发对效率和公平关系认识的不断深化和完善。”

3.2.1 社会主义市场经济体制初步建立时期经济周期波动事实

从1992年开始确立社会主义市场经济体制改革方向后，中国经济发展呈现快速扩张态势。国内生产总值经过8年时间从1978年的3645.2亿元上升到1986年的10275.2亿元，又经过5年时间上升到1991年的21781.5亿元。从1992年开始，连续10年中国国内生产总值每年均上升近1万亿元，到2001年达到109655.2亿元，超过了10万亿元。在这10年中，市场经济体制改革成功推进，中国经济向市场经济转型基本完成。这个时期经济发展主要动因在于市场经济释放了经济发展要素的增长活力。中国市场经济体制改革方向经历了一个实践检验的认识过程。在中国改革开放前和改革开放初期，人们把计划经济和市场经济归属于社会基本制度范畴，普遍认为市场经济是资本主义特有的东西，而计划经济是社会主义的基本特征。随着十一届三中全会以后改革的不断深入和思想的不断解放，人们对于计划与市场关系问题有了新的认识，这对推动改革和促进经济发展起了重要作用。从认识过程看，十二大提出了以计划经济为主，以市场调节为辅；十二届三中全会指出了商品经济是社会经济发展不可逾越的历史阶段，中国社会主义经济是建立在公有制基础上的有计划商品经济；十三大提出了社会主义有计划商品经济的体制是计划与市场内在统一的体制；十三届四中全会提出了建立适应有计划商品经济发展的计划经济与市场调节相结合的经济体制和运行机制；邓小平同志1992年南方谈话进一步指出：“计划多一点还是市场多一点，不是社会主义与资本主义的本质区别。计划经济不等于社会主义，资本主义也有计划；市场经济不等于资本主义，社会主义也有市场。计划和市场都是经济手段。”① 十四大明确了把社会主义市场经济体制确立为中国经济体制改革的目标。十四大报告明确指出：“我们要建立的社会主义市场经济体制，就是要使市场在社会主义国家宏观调控下对资源配置

---

① 《邓小平文选》第3卷，人民出版社1993年版，第373页。

起基础性作用，使经济活动遵循价值规律的要求，适应供求关系的变化；通过价格杠杆和竞争机制的功能，把资源配置到效益较好的环节中去，并给企业以压力和动力，实现优胜劣汰；运用市场对各种经济信号反应比较灵敏的优点，促进生产和需求的及时协调。同时也要看到市场有其自身的弱点和消极方面，必须加强和改善国家对经济的宏观调控。我们要大力发展全国的统一市场，进一步扩大市场的作用，并依据客观规律的要求，运用好经济政策、经济法规、计划指导和必要的行政管理，引导市场健康发展。”① 1993 年 11 月，中共十四届三中全会通过了《关于建立社会主义市场经济体制若干问题的决定》，把十四大提出的市场经济体制改革目标和基本原则给予具体化，指出社会主义市场经济是同社会主义基本制度结合在一起的，建立社会主义市场经济体制就要使市场在国家宏观调控下对资源配置发挥基础性作用。为了实现这个目标，必须坚持以公有制为主体、多种经济成分共同发展的方针，转换国有企业经营机制，建立适应市场经济要求的现代企业制度，以构建适应市场经济需要的现代企业制度基础。

1992—1996 年经济快速发展及波动情况。1992 年邓小平南方谈话和十四大确立了社会主义市场经济体制改革方向后，中国经济发展进入了快车道，经济建设出现了快速发展的态势，当年 GDP 实现 26923.5 亿元，比 1991 年增长 14.2%，到 1993 年，GDP 达到 35333.9 万亿元，增量就达到 8410 亿元。从 1992 年当年经济情况看，经济发展已经出现过热趋势，到 1993 年上半年，宏观经济运行已经偏紧，许多矛盾明显突出。从货币投放量看，1991 年为 550 亿元，1992 年增长至 1158.2 亿元，1993 年发放量增长至 1528.7 亿元，同时居民储蓄快速下降，1993 年 3 月比上年同期存款减少 44 亿元，银行贷款无法得到保证，有的基层银行出现了支付困难，大量的资金体外循环，金融秩序混乱。从财政收支情况看，1992 年财政赤字 258 亿元，1993 年财政赤字达到 293 亿元，此后连续 13 年财政出现赤

---

① 《十一届三中全会以来党和国家重要文献选编》，中共中央党校出版社 2008 年版，第 255 页。

字。从物价指数情况看，自1992年10月，物价涨幅逐月加快，截止到1993年6月，生产资料价格上涨幅度达到52.9%，1—6月累计达到44.7%，1992年居民消费价格指数为106.4，1993年居民消费价格指数达到114.7。从基建投资情况看，1991年固定资产投资额为5594.5亿元，而1992年固定资产投资规模达到了8080.1亿元，1993年固定资产投资规模更是达到了13072.3亿元，基础设施和原材料供应的“瓶颈”制约明显，交通运输紧张，电力、原油和钢材价格普遍攀升。1993年的经济过热主要表现为“四热、四高、三乱”。其中“四热”是开发区热、房地产热、股票热和集资热；“四高”是固定资产投资高、信贷投入高、货币发行量高和物价指数高；“三乱”是乱集资、乱拆借和乱设金融机构，导致大量资金用于开发区的盲目建设，造成房地产过热。为此，中央政府采取了一系列防通胀、抑制经济过热的宏观经济政策，实现了国民经济的“软着陆”。90年代初期宏观调控的经验说明，在中国进入全面建设社会主义市场经济新体制的发展阶段，改革也必须从过去重视物质利益的放权让利调动各种生产要素积极性转为全面建设适应社会主义市场经济发展要求的各项制度和机制上来，并逐步实现法制化和规范化。这是因为放权让利虽然强化了利益激励机制，但却弱化了利益约束机制，使各方面的利益格局和分配关系越来越不规范，其直接后果是在微观层面上经济放开搞活了，但在宏观层面上的宏观调控体系却不健全。特别是中央宏观调控能力弱化以后，国民经济的稳定增长受到了较大影响。而且随着改革开放的日益深入，许多深层次的矛盾和问题也日益显露，改革的难度越来越大，无法像以前那样通过单项突破实现全局的变化，而必须在改革推进前由政府作出全面规划，然后自上而下总体推进改革进程，完善各方面管理体制的配套改革，在继续坚持循序渐进推进改革的同时，抓住时机实现重点突破。因此，中央政府在治理经济过热的同时，从1994年初开始也注重进行财税、金融、外汇、外贸、计划和投资的配套体制改革，改善宏观调控，努力建立社会主义市场经济宏观调控的新体制，为有效抑制通货膨胀、促进国民经济良好运行建立了合理机制，从而使国民经济平稳运行，有效地降低了过热的经济发展速度。1995年又把改革的重点转向国有企业，积极建立“产权明晰、权责明确、政企分开、管理科学”的现代企业制度，有效探索了国有企业改革的方向、思路、方针、改革的着眼点和工作的着力点，确定和培训了机械、电子、石化、汽车和建筑业等支柱产业，调整改造原有的轻纺等支柱产业，积极引导需求并优化产品供给，提高了国民经济素质。截止到1997年十五大召开，改革已经向建立社会主义市场经济体制目标迈进了很大一步。在1992—1996年间，经过坚持不懈努力，宏观调控取得明显的成效。过度的投资得到有效控制，金融秩序明显好转，物价指数明显回落，通货膨胀得到了有效的遏制。在合理控制物价水平的同时，经济发展依然保持了较高的发展速度，实现了从经济过热到“高增长、低通胀”的“软着陆”，避免了经济发展的大起大落，经济增长的稳定性明显提高。

1997—2002年经济稳定发展及波动情况。1993年采取的宏观经济紧缩政策一直持续到1996年，因为此次宏观调控成功实现“软着陆”，所以经济增长速度在这个时期内仍然保持了较高的水平。但进入1997年以后，伴随着短缺经济的结束，供给和需求形势发生的与以往截然不同的变化对宏观经济运行的直接影响使国民经济中投资和消费需求增长乏力，1997年当年的GDP增长率为9.3%，到1998年GDP增长率降为7.8%，到1999年更进一步降低为7.6%，直到2000年才回升到8.4%。伴随着经济增长率的不断走低，商品零售价格指数也相应下行，1996年商品零售价格指数为106.1，1997年商品零售价格指数降为100.8，1998年再降为97.4，而1999年进一步降97，直到2000年才出现回升势头，达到99.9。[①] 从商品零售价格指数情况看，改革开放以来通货紧缩的情况已经出现。为了保持经济持续稳定健康发展，防止国民经济增长速度出现大的起落，避免国民经济过热后又陷入过冷的不利境地，从1998年开始，中央开始增加基础设施建设投资，加大对高新技术产业和企业技术更新改造的投入

① 武力主编：《中华人民共和国经济史》（增订版·下卷），中国时代经济出版社2010年版，第1441页。

力度，扩大投资需求，解决国民经济发展过程中有效需求不足的问题。经过增加基建投资，1998 年全社会的固定资产投资额达到 28457.5 亿元，比上年增加 3516.4 亿元，增长 14.1%。[①] 我国在努力扩大投资需求的同时，还积极开拓国内消费市场，促进消费品销售量适度增长，扩大工业品的市场空间。由于这个时期国际市场上原油价格较低，两油（成品油和食用油）、两车（汽车和摩托车）、两料（化工原料和纺织原料）走私猖獗，国家采取了严厉打击走私的整治行动，保持了合理的进口额，保护了国内消费市场。在供给方面，加快了产业结构调整与传统支柱产业的升级改造，增强企业产品竞争力，淘汰落后产能，促进乡镇企业和中小企业的发展，有效地改变了宏观经济运行状况。由于 1997 年亚洲金融危机的影响在 1998 年充分展现，并对此后几年的经济发展带来了不利影响，同时 1998 年中国发生的特大洪涝灾害对农业基础和工业经济均有较大影响，在 1999 年，通货紧缩的经济格局仍然在国民经济运行中占据主导地位。为缓解通货紧缩局面，提高经济发展速度，在财力允许的情况下，2000—2002 年，固定资产投资额均有较大幅度投入。其中，2000 年固定资产投资额达到 32917.73 亿元，增长 10.2%；2001 年固定资产投资额达到 37213.49 亿元，增长 13.1%；2002 年固定资产投资额达到 43499.91 亿元，增长 16.9%。[②]1997—2002 年固定资产投资增长趋势见图 3.4。

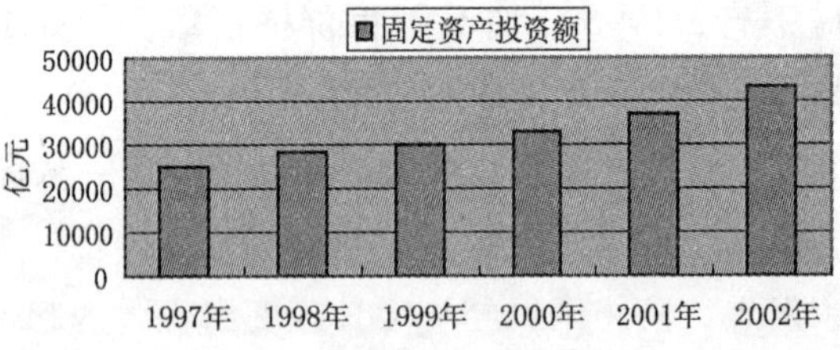

图 3.4　1997—2002 年固定资产投资额增长趋势

①② 武力主编：《中华人民共和国经济史》（增订版·下卷），中国时代经济出版社 2010 年版，第 1411 页。

1998—2002年，由于中国采取了积极的财政政策和稳健的货币政策，有效地防止了通货紧缩，遏制了经济下滑，成功抵御了1997年的亚洲金融危机，实现了经济体制转轨和经济结构转换，实现了经济平稳快速发展，使国民经济总体走势在2000年以后一路走高。2000年GDP增长实现8.4%，2001年GDP增长实现8.3%，2002年GDP增长率达到了9.1%，国民经济发展逐步走出了通货紧缩的阴影，同时，通过对国有企业的改革、改组、改制和加强管理，积极构建现代企业制度，真正实现政企分开，完善金融管理体制改革，推进国家创新体系，增强国民经济素质，为启动下一轮经济周期奠定了良好的基础。

3.2.2　社会主义市场经济体制初步建立时期经济周期波动特征

在社会主义市场经济体制初步建立时期，国民经济发展经历了经济过热和经济过冷两个过程，周期性波动的变化比有计划商品时期幅度更小，经济的显著特征是稳定性进一步增强。买方市场出现后，在90年代后期，国民经济运行出现了通货紧缩的局面，经济发展始终伴随着经济体制转型和增长方式转变。从1992年开始，邓小平南方谈话和十四大确立市场经济体制改革目标后，当年经济发展很快达到这一轮周期的顶峰。在加快发展的同时，也不可避免地出现了开发区热、房地产热、金融秩序混乱等问题。为治理这个时期的经济过热，中央政府1993年采取了紧缩银根等宏观调控政策并在1996年实现了经济“软着陆”。1997年亚洲金融危机冲击和1998年特大洪涝灾害等因素的滞后影响使1999年的经济增长率降到最低点。为了治理通货紧缩，避免经济过冷，2000年开始国家加大了实施积极财政政策的力度，国民经济增长率在投资增长率的带动下得以回升，从2002年起，国民经济进入了新一轮的增长周期。纵观这个时期国民经济波动情况，可以看到，经济体制转轨时期快速发展过程中很多经济问题成为改革的深水区，在改革和调整各方经济利益关系过程中，需要增强改革措施的系统性和整体性，同时也需要增强宏观调控政策的预见性。经济规模的发展壮大要求中央政府对宏观调控政策的力度、时机、节奏有更为精准的把握，同时地方各级政府对改革、发展和稳定的关系也要有准确的理解和结合本地实际的清晰判断。唯有如此，才能始终保证国民经济运行的健康有序。总体而言，国民经济发展不断走向社会主义市场经济的高级形式，在市场机制“无形之手”越来越有力量的同时，也要求政府“有形之手”配合的技巧越来越高。

（1）1992—1996 年经济处于高位运行，是改革开放以来发展最快的时期。1992—1996 年，国民经济虽然经历了治理整顿经济过热，但 GDP 增长率均达到或超过了 10%，见图 3.5。增长率虽然呈现逐步下降趋势，但总体发展水平仍然很高，这个时期是改革开放以来经济发展最快的时期。治理整顿经济过热使经济发展实现了“软着陆”，经济发展没有出现大的落差，经济增长的稳定性有较为明显的改善。

	1992年	1993年	1994年	1995年	1996年
GDP增长率	14.2	14	13.1	10.9	10

图 3.5 1992—1996 年 GDP 变化趋势

经济增长稳定性增强主要得益于社会主义市场经济逐步确立和国家采取了正确的宏观调控政策。从宏观调控政策层面看，中央政府深刻地认识到经济过热表面原因是总供求之间出现矛盾，但深层次原因是社会主义市场经济体制尚未真正建立起来，原有体制下盲目扩张投资、竞相攀比发展速度的粗放式发展方式没有得到根本解决。要解决经济发展过热问题，就需要从加快经济体制转换中寻求出路，把通过加强和改进宏观调控来解决经济运行中突出问题作为发展新时期的一条重要途径。朱镕基在 1993 年召开的金融工作会议上强调，前进过程中发生的困难完全可以通过加快和深化改革就可以解决，没有必要实行全面的紧张。这标志着中央政府宏观调控思路发生了较大转变。从此以后，中国经济发展的市场化、社会化程度明显提高，经济体制改革取得了突破性进展，对外贸易增长迅速，利用外资的额度也大幅增加，对外开放的总体经济格局也基本形成。从经济基础层面看，各项基础产业的投入较多、发展较快。在农业方面，主要是农业基础得以加强，稳定了家庭联产承包责任制，土地承包期延长30年不变，建立基本农田保护制度以确保耕地面积，财政信贷资金重点支持农业发展的紧迫需要，积极开展农田水利重点农业基础设施，加大农业综合开发的力度，扩大了商品粮基地建设，支持粮棉主产区加快经济发展，建立粮食专项储备制度和粮食风险基金，初步具备了平抑粮食价格波动的能力，对农民实行粮食保护价制度；在抓好粮食生产的同时，还加快农业结构调整，大力发展优质、高产和高效的农业，在保证粮棉油主要农产品增产的基础上，将原来的粮经作物二元结构调整为粮经饲三元结构，不断提高农作物的综合经济效益。为了农业的稳定发展，国家还积极推进社会化服务和农业产业化。在支柱产业建设方面，1992年十四大正式提出“振兴机械电子、石油化工、汽车制造和建筑业，使它们成为国民经济的支柱产业。”为了支持支柱产业发展，国家制定了行业发展规划，明确发展目标和产品发展重点，同时强调要集中各方面力量在支柱产业的中构造出局部优势，加快经济发展。在基础设施建设方面，基础设施和基础工业的投资规模有较大增长，原材料供应较为充足，在这个发展时期，长期困扰国民经济发展的重要生产资料全面短缺现象基本消除，长期以来制约国民经济发展的基础设施和基础工业构成的“瓶颈”约束明显得到缓解，经济发展后劲大大增强，有力保证了国民经济持续快速健康发展。据统计资料显示，1992—1996年国有单位用于能源交通基础部门投资比“七五”时期增长两倍多，铁路、高速公路、机场、码头、水利枢纽和电力建设都取得了很大进展，能源生产能力大幅度提高。

（2）1997—2002年进入经济周期下行阶段，但与以往不同，经济周期在“大起”后没有“大落”，波动幅度减少。1997—2002年是国民经济治理整顿后的通货紧缩阶段，而且经济发展受到1997年亚洲金融危机和1998年特大洪涝灾害影响，经济发展趋冷。而且按照1953年以来各经济阶段经济周期的波动经验看，各经济周期的峰值超过13%的大起后，经济周期的谷值都会跌落到5%以下，经济周期呈现“马鞍型”。但本轮经济周期的谷值仍然处于7%—8%的水平，经济发展没有出现以往出现过的“马鞍型”，而且与以往经济周期的急起陡落相比，这个阶段经济运行显示出典型的“软着陆”特征，下行态势较较为平缓，这标志着经济增长的稳定性有显著增强。具体数据见表3.5：

表3.5　　1953—2002年经济周期峰值与谷值对比情况

周期序号	峰值年度	GDP增长率	谷值年度	GDP增长率
1	1953年	15.60%	1954年	4.20%
2	1958年	21.30%	1961年	-27.30%
3	1964年	18.30%	1968年	-4.10%
4	1970年	19.40%	1972年	3.80%
5	1975年	8.70%	1976年	-1.60%
6	1978年	11.70%	1981年	5.20%
7	1984年	15.20%	1990年	3.80%
8	1992年	14.20%	1999年	7.60%

以上情况说明，经过改革开放17年的经济高速发展，经济体制成功转型，中国基本结束了长期存在的短缺型经济，不仅各种消费品由卖方市场转变为买方市场，长期制约国民经济发展的农产品、能源、工业原料、交通及通信等基础产业对经济的约束作用也大为缓解，部分领域产品还出现了供过于求的现象。短缺经济结束是生产力发展的结果，主要原因是社会总供给增长，有效地满足了社会总需求。这主要是因为改革开放以来经济的持续多年高速发展为经济建设积累了大量资金，增强了发展后劲。同时中国通过对外开放大量引入外资，通过后发优势引入西方发达国家的生产技术，这也大大增加了生产建设资金和技术的供给，特别是在国际经济分工中充分发挥了劳动力充足的比较优势，农村大量富余劳动力以农民工的身份参加工业

化进程和城市建设，极大地降低了工业生产建设的经济成本，因而加快了工业化的发展速度。统计数据显示，1997年城镇化率由1990年的26.4%提高到31.9%，城镇人口达到3.94亿人，比1990年增加9300万人。① 此外，以积极的财政政策和稳健的货币政策为特征的宏观调控政策使用得当，金融系统通过改革剥离坏账，加强监管提高经济水平，以及国有企业改革取得了市场经济主体的独立法人地位，实现了真正意义上的自负盈亏，这些因素都对经济发展的稳定性构成了支撑，保证这一轮经济周期在1992—1996年经济过热导致增长率超过去13%的“大起”后，只是进入了7%—8%的低位区间运行，而没有出现GDP增长率低于5%的“大落”。

3.2.3　社会主义市场经济体制初步建立时期经济周期波动原因

1992—2002年社会主义市场经济体制初步建立时期国民经济在市场化改革、对外开放等方面均有很大进展，中央政府在宏观调控方面也积累了很多经验，成功地解决了1992—1996年经济过热的问题，较好地实现了经济发展速度“软着陆”，避免了以往出现的国民经济大起大落，经济波动的幅度进一步收窄，国民经济稳定性进一步增强。由于国民经济运行中首次遇到了通货紧缩，中央政府采取了扩大内需的各项方针政策，启动了积极的财政政策和稳健的货币政策，克服了亚洲金融危机和世界经济波动对中国的不利影响，保持了经济发展的较快速度。而且这个时期的经济结构战略性调整也取得了明显成效，农业在国民经济中的基础地位继续加强，传统支柱产业得到改造和提升，新兴技术产业和现代服务业加快发展，启动了西部大开发战略，建设了一大批水利、交通、通讯、能源等基础设施工程，中国经济发展进入了一个稳定发展的阶段。改革开放也继续深化，社会主义市场经济体制已经初步建立起来，公有制经济在国民经济中的控制力进一步增强，经济效益继续提高，财政收入也快速增长，各类市场体

---

① 数据来源于武力主编：《中华人民共和国经济史》（增订版·下卷），中国时代经济出版社2010年版，第951页。

系的建设进入了全面发展阶段，国有企业改革继续深入推进，个体和私营经济得到较快的发展。为了适应经济发展的需要，政府也加快转变了管理职能，财税、金融、流通、住房和政府机构的改革也普遍深入推进，商品和服务贸易及资本流动规模显著扩大。中国加入世界贸易组织，对外开放和吸引外资都进入了新的发展阶段，这些因素对经济发展的稳定性都提供了有力支撑。在1992—2002年期间，国民经济继续持续稳定快速增长，经济周期性波动幅度继续减少，中央政府运用市场、法律和行政手段调控经济的水平也有了较大的提升，这些有利因素有力地对冲了外部世界的不利影响，保证了国民经济的稳定运行。

（1）1992—1996年经济稳定性增强主要原因是市场经济体制初步建立，宏观调控政策应对得当。1993年经济过热主要原因是社会总需求增长远远超过社会总供给增长，而且随着经济改革力度的不断加大，国家对长期偏低的煤炭、石油、粮棉等基础产品的价格进行了调整，同时还放开了一大批产品的价格，这固然对于理顺价格体制、减轻财政负担、调整经济结构起了积极的作用，可是价格调整也直接推动了物价上涨。同时由于国民经济整体效益较低，消化基础产业价格提升影响的能力较弱，并且市场全面放开后，相应规范市场价格行为的法律法规和管理措施相对滞后，在经济趋于过热，需求远远大于供给的情况下，乱涨价和乱收费进一步推高了价格总水平。由于原有体制中固有的盲目扩张投资、竞相攀比发展速度的问题仍然存在，经济行为缺乏约束和风险责任，财政金融体制改革滞后，宏观调控体系非常不健全，混乱的金融秩序和宽松的货币政策加剧了社会总需求过度的膨胀，投资结构不合理且不讲经济效益，这些因素都拉动着物价的剧烈变化。从1993年开始，国家宏观调控开始转向，由指令性为主变为指导性为主，调控政策也由重点依靠行政的直接手段转变为重点依靠市场的间接手段，调控的对象也由重点调控作为微观经济主体的国有企业转变为引导和调控全社会经济活动，开始面向市场，重点研究生产、分配、流通和消费全过程，面向市场经济调节社会总供给和总需求；在制订年度经济计划时，着重考虑社会总供求的平衡，全社会资金总量及重大结构平衡，居民可支配货币收入及使用的平衡，固定资产投资资金来源及使用的平衡，重要农产品、能源、基本原材料及主要农业生产资料的供需平衡，社会劳动力市场平衡，物价总水平及重大价格结构的平衡；针对经济运行中影响全局的问题，把财政政策、货币政策、汇率政策有机结合，运用经济手段、政策法规及必要的行政手段，改善和加强了宏观调控措施，建立并逐步完善了宏观调控制度，如1993年的国家订货制度、1995年的粮食、棉花等重要商品中央与地方两级储备制度及风险调节基金、价格调节基金制度等。1993年由国家计委直接管理的农业、工业、物资、商业、外贸出口产品计划指标减少1/3以上，由221个减少到139个，其中指令性计划指标减少了近一半，由143个减少为73个，到1993年底，指令性计划工业产值占全部工业产值的比重已经不足7%。中央政策宏观调控政策水平和调控能力的不断提高以及宏观调控制度的建立有效增强了经济发展的稳定性，有效解决通货膨胀给国民经济带来的不良影响，既顺利实现了国民经济的“软着陆”，又继续保持了经济增长的高速度。对1993年以来的宏观经济调控效果，朱镕基曾给予高度评价：“1993年下半年开始采取加强宏观调控的措施，当时正是中国加大改革开放力度，取得巨大成就的时候。与此同时也出现了某种程度的过热，就是在房地产、开发区、股票市场方面出现了过热现象。这种过热导致1994年通货膨胀达到21.7%。当时邓小平同志还在世，在他的支持下，以江泽民同志为核心的党中央决定加强宏观调控，采取了16条措施，其中13条是经济措施，11条是金融方面的措施。由于加强了宏观调控，使中国在两年多一点的时间解决了经济过热问题，改革开放和社会主义建设取得了很大成绩。1998年中国之所以能够抵御亚洲金融危机的冲击，就是因为我们在1993年已经发生了这种金融问题，幸好我们在它还未扩大的时候就把它制止住了。我们有了宏观调控的经验，才使我们在去年的亚洲金融危机中站得笔直。”①

① 朱镕基在九届全国人大二次会议记者招待会上答记者问，新华网，2001年3月15日。

(2) 1997—2002年外部影响因素对经济发展构成较大冲击。1997—2002年经济发展受到有利因素和不利因素两方面的影响，但国民经济在1992—1996年经济过热后进入下行区间，除经济发展自身规律使然，外部不利因素所造成的影响也具有不可忽视的作用。有利的影响因素已经在上文作了较为充分的论述，而不利的影响因素主要是1997年亚洲金融危机和1998年特大洪涝灾害。1997年亚洲金融危机源自泰国，由于经济存在泡沫和金融监管体系不健全，在国际炒家的狙击下，泰国7月放弃了固定汇率制，改为实行浮动汇率制，引发了东南亚各国相继陷入了金融危机，经济剧烈波动。此后，我国台湾、香港和韩国、印度尼西亚相继被卷入危机中，当危机经由俄罗斯传递到巴西时，拉美金融市场受到波及，世界经济增长明显萎缩。由于中国此前已经治理了经济过热，挤出了经济中的泡沫成分，使国民经济素质得以强化，具备了抗击金融危机的基础条件。而且中国尚未允许外汇资本项目实现自由兑换，流入中国境内的外资基本都从事实体经济，因而没有受到经济危机的直接波及。但在东亚和东南亚货币普遍贬值的情况下，人民币面临升值压力，对外贸出口产生了不利影响。由于东亚和东南亚属于中国传统出口市场，亚洲金融危机使其国内资产缩水，必然影响对中国产品的购买力，同时中国出口产品结构中约有12%—15%的产品与东南亚国家相同，这些国家货币贬值后，其出口产品在国际市场上就具有很大的价格优势，这同样影响中国的外贸出口，因此1997年底外贸出口增速大幅回落，利用外资数量也迅速减少。在1998年抵御亚洲金融危机时，中国又遇到了特大洪涝灾害，洪水持续两个多月，珠江、长江、黄河、辽河、松花江及嫩江等各大水系普遍出现特大洪水，受灾人口2.23亿人，直接经济损失约为1700亿元。此外，1998年出现的特大洪涝灾害导致夏粮减产11%，影响了国民经济长期稳定发展的农业基础，在一定程度上影响了GDP的增长，同时也给工业生产和交通运输带来不利影响，这都给经济运行带来困难。要客观全面地评价外部影响因素，除上述不利影响，还应认识到加入世界贸易组织是有利于改善外贸环境进而促进出口并拉动经济增长的有利因素。2001 年 12 月 11 日，中国正式加入世界贸易组织（WTO），成为第 143 个成员国。入世改善了中国的国际贸易条件和投资环境，进一步促进了中国改革开放和经济发展，同时也给世界经济发展增加了强劲动力。中国政府在入世后也郑重履行入世承诺，把关税总水平由 15.3% 降低到 12%，进一步取消了非关税措施，加大了市场开放程度和对外商投资的开放程度，积极推动中国—东盟及上海合作组织等区域经济合作发展，加强了法制建设，清理与 WTO 相抵触的法律法规，逐渐完善法律体系和司法体系建设，逐步放开服务贸易，加快了垄断行业改革，对盗版行为加大打击处罚力度，加强了对知识产权的保护。入世以后，中国经济持续快速健康发展，在对外开放过程中，国内产业也在参与世界经济一体化过程中不断得以升级改造，中国的综合国力进一步增强，在国际社会的影响力和地位大大提高。

3.3 社会主义市场经济体制逐步完善时期（2003 年以来）经济周期波动事实、特征及原因

完善社会主义市场经济体制，推动经济结构的战略性调整，基本实现工业化，大力推进信息化，加快建设现代化，保持国民经济持续快速健康发展，不断提高入世生活水平，这是 21 世纪前 20 年经济建设和改革的主要任务。[①] 根据世界上经济科技发展新趋势和中国经济发展新阶段的要求，2003 年中共中央作出了《关于完善社会主义市场经济体制若干问题的决定》，《决定》围绕消除经济体制完善的各种体制障碍，出台了诸多针对重点领域和关键环节的改革措施，促使

① 十六大报告：《十一届三中全会以来党和国家重要文献选编》，中共中央党校出版社 2008 年版，第 453 页。

经济体制改革向纵深突破，社会主义市场经济制度得以不断完善，中国的财税体制改革继续深化，金融改革也不断地深入，国有资产管理体制不断得到创新，社会保障的覆盖面也不断地扩大。2007 年的十七大报告再次强调要完善社会主义市场经济体制，十七大认为，“实现未来经济发展目标，关键要在加快转变经济发展方式、完善社会主义市场经济体制方面取得重大进展。要大力推进经济结构战略性调整，更加注重提高自主创新能力、提高节能环保水平、提高经济整体素质和国际竞争力。要深化对社会主义市场经济规律的认识，从制度上更好发挥市场在资源配置中的基础性作用，形成有利于科学发展的宏观调控体系。”① 在这个时期社会主义市场经济体制逐步完善过程中，中国经济开始全面融入经济全球化的浪潮中，中国经济周期与世界经济周期的协动性也日益增强，世界经济对中国经济的影响日益深化，同时由于中国经济在世界上所占比重不断加大，中国对世界经济的影响和促进作用出日益明显。截止到 2010 年 5 月份，全球已经有近 150 个国家承认并给予中国市场经济地位。② 同时由于宏观调控政策的日益成熟，中国经济有效应对了肇始于美国并席卷全球的金融海啸，在世界各大经济体中率先实现复苏，经济发展的稳定性和抗冲击和干扰能力也迈上了一个新台阶。

3.3.1 社会主义市场经济体制逐步完善时期经济周期波动事实

2003 年以前，经过对 1993 年经济过热进行调控，中国 GDP 增长率始终徘徊在 8% 左右。从 2003 年开始国民经济增长开始呈现加速状态。2003 年 GDP 增长率达到 10%，2004 年保持了加速增长态势，GDP 增长率达到 10.1%，经济总体走势良好，但是随着改革的不断深入，经济运行中的深层次矛盾也在这个时期开始显现。针对经济发展过热的势头，2003—2004 年的宏观调控政策主要是通过行政手段

① 十七大报告：《十一届三中全会以来党和国家重要文献选编》，中共中央党校出版社 2008 年版，第 738 页。

② 巩胜利：“中国‘市场经济地位’能迅速得到吗？”，中华工商时报 2010 年 6 月 2 日。

约束和规范经济主体的行为，通过积极的财政政策引导经济结构调整优化，关紧了土地和信贷两个闸门，加大对违规投资的查处力度，通过稳健的货币政策调整优化信贷结构，通过过加强金融监管确保信贷资金的安全。这个时期较为典型的事件是设计生产能力840万吨、概算总投资105.9亿元人民币的大型钢铁联合项目江苏“铁本”违规建设受到处罚。经过调整，2005年GDP增长率达到10.4%，同时农业生产资料价格指数回落到108.3，工业品出厂价格指数回落到104.9，燃料、原料及动力购进价格指数回落到108.3，比2004年普遍回落2—3个百分点。为了巩固农业在国民经济中的基础地位，减轻农民负担，促进农民增收，2005年还免征了农业税，继续执行对农民的直接补贴、良种补贴和农机具购置补贴。2006年和2007年GDP增长率分别达到11.6%和13%，经济又出现过热趋向，宏观调控开始采用各种政策组合，调节国民经济运行中出现的外贸顺差过大和经济结构不合理，提高市场配置资源的基础作用，保证了国民经济的稳定增长。2008年是中国经济发展极不平凡的一年，在这一年里国际大宗商品价格剧烈变化，全球金融危机深不见底，与世界经济联系日益紧密的中国经济遭遇了外部发展环境“过山车”般的巨大波动，宏观调控政策也经历了“双防”到“一保一控”再到“保增长、扩内需、调结构”的转变历程。在2008年初，经济过热的发展趋势进一步明显，通货膨胀压力进一步加大，2月份CPI涨幅达到8.7%，规模以上工业企业附加值增幅达到15.4%。为此，中央政府根据经济发展的实际情况在宏观调控政策的选择上分别采取了“双防”政策，即一方面要防止经济增长由偏快转变为过热，另一方面要防止价格由结构性上涨演化为通货膨胀。随着各项调控措施陆续出台和稳步实施，上半年国民经济增长开始放缓，“防过热”政策措施已初见成效；但由于次贷危机不断深化，截止到2008年上半年，中国出口增速比去年同期放缓5.7个百分点，固定资产也降低到近8年的历史最低水平，因此，中央政府在7月把“一保一控”作为宏观调控政策内容，即把保持经济平稳较快发展、控制物价过快上涨作为宏观调控的首要任务。由于金融危机使经济环境在9月中旬全面恶化，并迅速波及全球的实体经济，给生产者和消费者信心预期造成重创，西方主要经济体陆续陷入衰退风险，其影响使得中国经济的实际投资增长跌落到10年平均增速水平之下。从微观层面看，罕见的农民工返乡潮和沿海企业大量关停标志着经济出现了快速下滑。截止到11月，中国进出口额出现了负增长。迫于严峻的经济形势，中央政府11月再次对宏观经济政策进行重大调整，货币政策从原来的“从紧”转为“适度宽松”，财政政策从原来的“稳健”转为“积极”，同时公布了总额达4万亿元的庞大投资计划，明确要求“出手要快、出拳要重、措施要准、工作要实”。到12月中央经济工作会议时，宏观调控政策的基调被确定为“保增长、扩内需、调结构”。2009年是新世纪以来中国经济发展最为困难的一年。由于国际金融危机扩散蔓延，全球经济深度衰退，我国经济受到了严重冲击，出口大幅度下降，很多企业特别是沿海外向型企业经营困难甚至停产倒闭，失业大量增加，农民工大批提早返乡，国民经济增速陡然下滑。由于中央政府加强和改善了宏观调控，促进了经济平稳较快发展。2009年国内生产总值达到33.5万亿元，比上年增长8.7%；财政收入6.85万亿元，增长11.7%；粮食产量5.31亿吨，再创历史新高，实现连续6年增产；城镇新增就业1102万人；城镇居民人均可支配收入17175元，农村居民人均纯收入5153元，实际增长9.8%和8.5%。① 在世界范围内率先实现了经济复苏。

3.3.2 社会主义市场经济体制逐步完善时期经济周期波动特征

2003年以来，中国克服了经济社会发展中的各种困难，战胜了严重的“非典”疫情、历史罕见的南方低温雨雪冰冻、汶川大地震等特大自然灾害，有效应对了国际金融危机，中国的经济实力有了大幅提升。国内生产总值增长率始终在百分之八以上，经济效益有了明显提高，财政收入显著增加，物价指数基本稳定，农业基础地位得到强化，区域经济发展的协调性有明显增强，创新型国家的建设进展良

① 引自温家宝总理《2010年政府工作报告》。

好，自主创新的能力有了很大提高。能源、交通、通信等基础设施和重点工程建设的成效显著，能源资源节约型和生态环境保护友好型社会的建设也取得新进展，国民经济实现了持续稳定快速发展。这个时期经济发展和经济波动主要有以下特点：

（1）国民经济波动幅度较小，实现了持续平稳快速增长。2003年以来，中国的国民经济不仅增速快，而且在经济周期的上行阶段持续时间长，从2003—2007年GDP增长率均在10%以上，经济发展的稳定性好，经济规模总量和人均水平都有了很大的提高，为实现国民经济社会发展第三步战略目标奠定了良好的基础。随着国民经济总规模的增加，中国的人均国民总收入也进入了中等收入国家行列。从国际经验来看，人均GDP从1000美元发展到2000美元，再从2000美元发展到3000美元，一般需要10—15年时间，德国在实现前一个阶段时用了9年，而在后一个阶段则用了6年，日本分别用了7年和4年。但中国的人均GDP在2003年超过1000美元，到2006年升至2000美元，在2008年又达到3266美元，从1000美元跨越到3000美元仅仅用了5年的时间。

（2）农业基础地位得到加强，工业生产迅速发展。在农业方面，经过连续出台1号文件扶持农业发展，2009年粮食产量达到53082万吨，实现2004—2009年连续6年增产。中央财政大幅度提高了粮食最低收购价，启动了实施全国新增千亿斤粮食的生产能力建设规划，通过推进社会主义新农村建设改善了农村生产生活条件，通过加大扶贫工作力度使“老、少、边、穷”贫困地区的生产生活条件得到明显改善。在工业方面，制定并实施了十项重点产业调整振兴规划，加大了产业结构调整的力度，投入技改专项资金用于支持鼓励企业加快技术改造，使重点行业的兼并重组取得了新进展，加快实施国家科技专项规划，中央财政设立专项资金积极支持自主创新产品推广应用，清洁能源和第三代移动通信等新兴产业快速发展。西气东输西段工程实现了供气，南水北调工程建设也取得阶段性成果，在信息、生物、环保等领域新建的一批国家工程中心、重点实验室和企业技术中心经过重点攻关成功研发了支线飞机、新能源汽车、高速铁路等一大批关键技术和重大装备，使工业发展的自主创新和经济结构调整取得了阶段性成果。

(3) 节能减排取得了初步成效，经济运行质量得到进一步的提高。中国在2003年以来坚持不懈地推动节能减排和生态环境保护。中央财政安排专项资金支持了十大重点节能工程和环保设施等项目建设。2009年，全国新增的城市污水日处理能力达到了1149万吨，新增的燃煤脱硫机组容量达到9712万千瓦。单位国内生产总值能耗比上年下降了4.59%，化学需氧量和二氧化硫的排放量分别减少4.42%、5.95%。2007—2009年三年累计，单位GDP能耗下降了10.08%，化学需氧量和二氧化硫排放量分别减少6.61%、8.95%。中国区域协调发展水平也进入新阶段。我国通过制定区域发展重大规划和政策推进中西部和东北老工业基地加快开放开发，同时积极承接东部地区的产业转移，不断夯实发展基础；适时出台改革发展规划纲要，使东部地区加快了结构调整和自主创新步伐，进一步增强了经济发展的活力。

3.3.3 社会主义市场经济体制逐步完善时期经济周期波动原因

2003—2004年国民经济出现过热趋向的主要是原因是行业固定资产投资规模较大，投资盲目扩张的冲动仍然较强，在建的项目和新开工建设项目都有所增加，导致煤电油运基础设施和基础材料及物资供应紧张。同时农业基础地位相对落后，粮食减产，第一产业在国民经济中的地位亟待加强。而且由于投资需求旺盛，生产资料价格一路走高，物价指数涨幅较大，2004年农业生产资料价格指数达到110.6，工业品出厂价格指数达到106.1，燃料、原料及动力购进价格指数达到111.4。①

2005年经济平稳发展的主要原因是中央政府着力解决了经济运行中的突出问题，按照区别对待、有保有压的工作原则，统筹协

① 武力主编：《中华人民共和国经济史》（增订版·下卷），中国时代经济出版社2010年版，第1441页。

调运用财税、货币、土地等政策手段有效地控制了固定资产投资过快的增长，遏制了房地产投资增长过快和房价上涨过快的势头；进一步增加了对农业、能源、交通、社会事业等薄弱环节的资金投入，促进了协调发展，增强了发展后劲。而且中央政府注意加强经济运行调节，有效地缓解了煤电油运紧张状况，为经济平稳较快增长提供了保障。

2006—2007 年国民经济总体情况良好，经济波动的主要原因是固定资产投资规模过大，固定资产投资增长过快；货币投放量过多，信贷规模过大，而且由于外贸顺差过大，引致人民币升值压力过大，同时价格出现了结构性上涨，加大了通货膨胀的压力。为了解决这些问题，中央政府对产能过剩的行业进行了结构性调整，防止产能过剩行业盲目投资和低水平重复建设，守住土地供应的闸门，加强土地供应和管理以抑制房价过快上涨，同时着眼于解决流动性过剩、外贸顺差过大和物价上涨问题，两年内 13 次提高了金融机构存款准备金率，8 次提高存贷款基准利率，收紧货币政策回笼货币、抑制投资、消除通胀，同时对积极扩大进口，降低了“高耗能、高污染和资源性”产品的出口退税率，完善人民币汇率改革机制，实现人民币有步骤的升值。

2008—2009 年国民经济运行的困难主要是由于国际金融危机造成外需严重不足，内外需紧缩双碰头造成了生产过剩，失业人员大量增加。在这两年里，中央政府很好地把握了宏观调控政策的方向、重点、力度和节奏，在复杂多变的国际经济形势下有效应对国际金融危机的冲击，采取了一系列促进国民经济持续平稳较快发展的政策措施，努力增强了宏观调控的预见性、针对性和有效性。在这两年中，中央政府实行适度宽松的货币政策和积极的财政政策，全面实施并且不断完善应对国际金融危机的政策措施，较大规模地增加了财政支出和实行结构性减税，保持了货币信贷规模的快速增长，提高了货币政策的可持续性，满足了经济社会发展对资金的需求；同时着眼于有效扩大内需，接连出台了金融支持经济发展、促进轻纺工业健康有序发展、促进房地产市场健康规范发展、搞活流通领域以扩大消费和保持对外贸易稳定增长、稳定职工就业等政策措施，加快制定了重点产业调整振兴规划纲要。这些措施对有效缓解国民经济运行中的突出矛盾、增强消费者信心、稳定消费者预期、保持国民经济平稳较快发展发挥了至关重要的作用。

第4章 改革开放后经济周期波动影响因素的理论分析

在前两章历史经验分析的基础上，比较改革开放前后计划经济体制和市场经济体制两个不同阶段、对改革开放以后市场经济体制下经济周期波动影响因素进行分析更有助于揭示现阶段和未来一段时期中国经济周期波动的深层次原因和传导机制。为此，本章引入计量经济学分析方法对改革开放后经济周期波动的影响因素进行理论量化分析，以便从理论层面更深入地分析引发经济周期波动的主要因素以及这些因素影响经济周期的传导机制，准确判断政府“有形之手”对经济发展的影响作用，从而对今后一段时期中国经济持续稳定发展的可能性作出理论判断，增强研究结论的科学性。

经过对经济周期不同阶段大量典型化事实的检验，经济周期的两个基本特征表现得较为明显①（Zarnowitz，2000）：一是经济周期中宏观经济变量与长期趋势的偏离；二是经济周期中诸多宏观经济变量之间的协同变化和非线性关联。在前两章对中国改革开放前后经济周期波动事实、波动特征和波动原因进行描述后，本章引入计量经济学的分析方法，侧重对改革开放以后的经济周期波动形态及投资、消费、出口等因素的影响作用及其传导机制和作用展开定量分析，力求

① Zarnowitz，V.，2000，The Old and the New in U.S. Economic Expansion of the 1990s，NBER Working Paper 7721.

在前两章经济分析的基础上揭示中国经济周期波动原因，对未来中国经济增长可持续性作出分析判断。

历史经验分析对于开展理论研究具有特别重要的意义，因为经验分析是进行理论研究的基础，特别是中国经济周期性波动历史经验对于更深入地研究中国经济周期性波动根源，探查经济周期性波动的传播放大机制，建立、检验理论模型提供实际参照系数等方面也都具有重大意义。纵观新中国成立以来改革开放前后两段经济建设的成败得失，始终可以看到政府“有形之手”干预经济生活的巨大影响和作用。历史经验表明，在中国特殊国情下，政府的宏观调控对集中经济资源突破发展瓶颈、解决国民经济重要产业部门实现经济赶超、保持国民经济实现超常规发展方面发挥着重要的推动作用，切实保证了经济持续稳定健康发展。当然，在政府宏观调控过程中，调控政策的失误也会加剧经济周期波动程度，影响国民经济的健康发展。

4.1 改革开放以来中国经济周期波动的趋势分解

由于经济活动受到多种因素影响，且影响的大小与方向各不相同，与这些影响相对应的经济波动信号的强弱和长短也就各不相同。为了准确研究经济周期波动问题，就有必要在包含所有频段的经济波动中过滤掉并不代表实际经济波动规律的随机扰动部分，分离出人口、技术等长期趋势增长部分，保留实际周期波动部分后进行具有针对性的研究。为更准确地研究分析改革开放以来经济周期波动中的周期成分，可以利用 HP 滤波法分离经济周期的趋势成分和周期成分。在现代西方经济学的数学分析工具中，HP 滤波是用来分离时间序列长期趋势而广泛使用的一种方法。其作用在于将序列中的趋势成分剔除后，剩余部分可以作为周期成分，然后在此基础上对经济周期的性质以及相关经济政策的作用进行分析。

4.1.1　对1978年以来GDP增长率时间序列的HP滤波分析

从技术层面看，HP滤波是一种在状态空间中分解时间序列的方法（Hodrick and Prescott，1980），相当于波动方差极小化后的线性滤波。设时间序列为 $Y = (y_1, y_2, \cdots, y_n)$，趋势要素为 $T = (t_1, t_2, \cdots, t_n)$，$n$ 为样本长度，那么时间序列 Y 中的可观测部分趋势 T 常被定义为下面最小化问题的解：

$$\min \sum_{i=1}^{n} \{(y_i - t_i)^2 + \lambda [c(L) t_i]^2\} \tag{4.1.1}$$

在（4.1.1）中，λ 是长期趋势中各变化影响程度的权重，即：

$$\lambda = \sigma_1^2 / \sigma_2^2 \tag{4.1.2}$$

σ_1 和 σ_2 分别代表时间序列中趋势成分和周期成分的标准差，根据数理统计经验，当时间序列选取年度数据时，λ 取值为100；当时间序列选取季度数据时，λ 取值为1600；当时间序列选取月度数据时，λ 取值为14400。

在（4.1.1）式中，$c(L)$ 是滞后算子多项式：

$$c(L) = (L^{-1} - 1) - (1 - L) \tag{4.1.3}$$

将 $c(L)$ 滞后算子多项式代入上式，则HP滤波的问题就是最小化下述的损失函数，即

$$\min\{\sum_{i=1}^{n} (y_i - t_i)^2 + \lambda \sum_{i=1}^{n} [(t_{i+1} - t_i) - (t_i - t_{i-1})]^2\} \tag{4.1.4}$$

最小化问题用 $[c(L)t_i]$ 来调整趋势的变化，并随着 λ 的增大而增大。当 $\lambda = 0$ 时，满足最小化问题的趋势等于序列 Y；随着 λ 增加，所估计趋势中的变化总数相对于序列中的变化减少，即 λ 越大，估计趋势越光滑；λ 趋于无穷大时，估计趋势将接近线性函数。

HP滤波的运用比较灵活，将经济周期看成宏观经济波动对某些缓慢变动路径的偏离，这种路径在期间内单调地增长，所以称之为趋势。HP滤波增大了经济周期的频率，使周期波动减弱。

GDP增长率序列是进行趋势分解的主要时间序列，选取统计年

鉴中 1978—2009 年历年的 GDP 增长率进行 HP 滤波分解，将从时间序列中获得的 HP 趋势成分分别表示为 $HP(GDP\ rate)_t$，将水平值与趋势水平的偏离作为周期成分，采用原来变量前面加上符号 D 来表示，则周期成分表示为：

$$D(GDP\ rate)_t = (GDP\ rate)_t - HP(GDP\ rate)_t \quad (4.1.5)$$

对 1978 年以来 GDP 增长率的时间序列进行 HP 滤波分解，则有图 4.1：

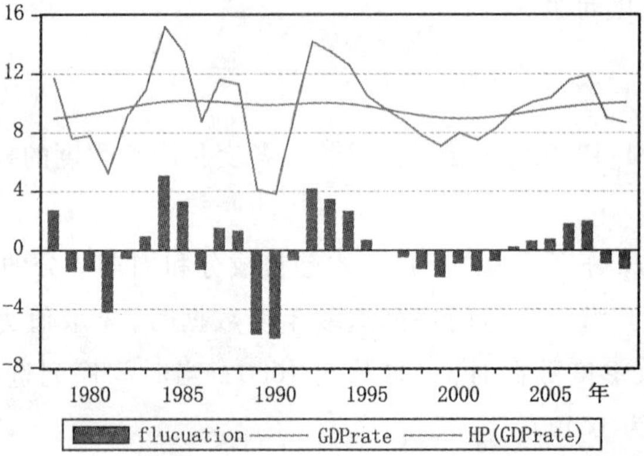

图 4.1　GDP 增长率及分解后周期成分波动情况

从图 4.1 中可以看出，国内生产总值增长率体现出了一定程度的波动性和周期性，并且波动性表现出局部聚类的周期模式。图中的柱状部分代表周期成分，即出现在国内生产总值中的经济偏离长期趋势的波动成分；较平滑的曲线为 HP 滤波线，代表经济增长过程当中的趋势水平；波动幅度较大的曲线为实际 GDP 增长率曲线。设当 $D(GDP\ rate)>0$ 时，国内生产总值处于扩张状态；当 $D(GDP\ rate)<0$ 时，国内生产总值处于紧缩状态。由于国家统计部门从未公布权威的经济周期状态度量指标，没有对经济周期转变点的数据确定明确的界定标准，而中国经济学界对经济周期究竟是采用“峰—峰”法，还是采用“谷—谷”法也没有取得完全一致的意见，况且同样是采用“谷—谷”法，刘树成就在《中国经济改革与发展 30 年》中就把

1953年以来的中国经济波动划分为10轮周期，[①] 而林兆木在呈递国务院的《关于经济周期的几个问题》中却把1953年以来的中国经济波动划分为9轮周期。[②] 鉴于本节重点分析1978年改革开放以来的经济周期波动，加之改革开放起始之年的1978年经济增长处于峰值，笔者在对消除长期趋势后的经济周期波动形态进行界定的过程中，经过比较研究，决定采用“峰—峰”法。经对滤波后的经济周期波动形态进行分析，可以看到以1992年为分界，经济周期波动呈现出截然不同的两种形态，总的波动特征情况是1992年以前，经济波动较为剧烈，经济周期发生频次多，波动幅度大，每个独立的周期均呈现陡升陡降和非对称性；1992年以后，经济波动较为平缓，经济周期发生的频次减少，波动幅度小，经济周期开始呈现出缓降缓升的特点，经济周期扩张期和衰退期均有较长的过渡时期，经济周期的对称性有所增强。

从周期发生的频次看，改革开放前经济周期波动剧烈，而改革开放后经济发展的稳定性大为增强。改革开放起始的1978年至1992年的14年里，国民经济波动经历了3个完整的周期，即1978—1984年的周期波动，1985—1988年的周期波动，1989—1991年的周期波动，平均每个周期持续时间为4.7年；而1992年以来18年，国民经济波动只经历了1个半周期，而且从具体时间情况看，1992—2007年的经济周期持续时间长达16年，2008年，受到全球金融危机的冲击，这一轮经济周期中断，从2008年起，国民经济进入了新一轮的经济周期。经济周期次数的减少代表国民经济发展稳定性增强。

从周期扩张及收缩情况看，1992年以前，每个经济周期扩张期平均约为2年，收缩期约为3年，经济周期呈现急起急落的特点；1992年以后，经济周期扩张期达到了9年，经济收缩期达到了7年，经济周期呈现缓降缓升的特点。对于1992年以后的经济周期，按照

① 刘树成：《中国经济改革与发展30年》，http：//blog.gmw.cn/u/43465/archives/2009/55666.html。

② 林兆木：《经济周期与宏观调控》，中国计划出版社2008年版，第355页。

经济增长速度相对于增长趋势线的相对位置，刘金全（2008）将之划分为三个阶段，[①] 即1992—1996年经济增长速度高于增长趋势线的经济“软着陆”时期，1997年至2002年经济增长速度低于增长趋势线的经济“蛰伏”时期和2003年至2007年经济增长速度再次高于增长趋势线的“软扩张”时期。对于这个阶段经济周期的表现，汪同三（2006）认为，经济“软着陆”是国民经济增长过程中“旧经济干预”（卖方市场条件和供给管理政策）时期的结束，同时也是“新经济干预”（买方市场条件和需求管理政策）时期的开始，因而经济增长“软着陆”实质是利用紧缩性宏观经济调控政策，着眼于“高增长、低通胀”的宏观调控目标，在保持国民经济快速适度增长的前提下，通过政府宏观调控使较高的通货膨胀率回落在合理的范围内。[②] 而刘金全对经济增长的“软扩张”的解释是利用积极宏观经济调控政策干预国民经济，在控制通货膨胀率适度上升的前提下，提高经济增长率并使之保持在合理的范围内。对于出现软扩张的原因，主要是由于买方市场的出现后，国民经济运行中的资源和经济成本约束条件由“软约束”变为“硬约束”，限制了产能的急剧扩张，同时财政和货币政策等宏观调控政策带来的总需求管理效应具有一定的滞后性，加入WTO后国外需求的增加也具有“软扩张”特点。对于经济周期波动性的根本原因，张守一（1995）认为是长期战略与短期因素的矛盾，其中长期战略是指一个时期内GNP（或GDP）的年均增长速度，而短期因素是指除此以外的其他因素。据此判断，长期战略会造成投资与工业生产迅速扩张，而短期因素则使它们的增长率很快回落；长期战略是造成经济过热的原因，而短期因素是治理整顿的原因；而宏观调控引发的机制变换是实现长期战略与影响短期因素的手段。[③]

---

① 刘金全、孙瑜、刘汉：“从经济周期波动‘软扩张’到宏观经济双重稳定性增长”，《经济学研究》2008年第6期。

② 汪同三：“坚持加强和改善宏观调控”，《人民日报》2006年12月22日。

③ 张守一：“我国经济周期的特殊原因与波动格局分析”，《经济研究》1995年第4期。

设当 $D(GDP\ \text{rate}) > 0$ 时，国内生产总值处于扩张状态；当 $D(GDP\ \text{rate}) < 0$ 时，国内生产总值处于紧缩状态。设当 $D(GDP\ \text{rate}) > 0$ 时，国内生产总值处于扩张状态；当 $D(GDPrate) < 0$ 时，国内生产总值处于紧缩状态，则有下面的图4.2：

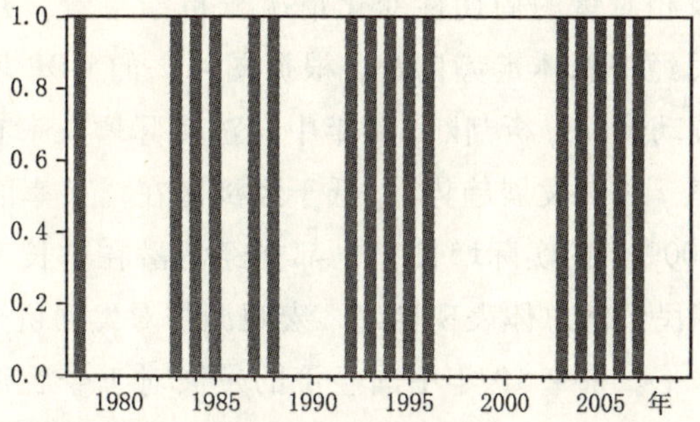

图4.2 1978—2009年GDP扩张及收缩年度分布图

从图4.2中可以清楚地看到以1992年为界限，前后两阶段经济增长年份与收缩年份的不同。1992年以后经济周期波动频次明显减少，但扩张期明显延长，分别在1992—1996年和2003—2007年有长达5个年度的经济增长超出平均趋势的时期，“软着陆”和“软扩张”的特征较为明显。而在此前，1978—1992年期间，最长的经济扩张期也只有1983—1985年3个年度，在1988—1991年的经济周期中，经济增长超出平均趋势的经济扩张期只有2个年度。1992年以后经济周期中扩张阶段的延长是经济经济周期频次减少的主要原因，经济稳定性也因而有显著提高。对于中国经济周期波动出现“微波化”趋势有多种解释，刘金全（2009）在《我国经济周期波动率的成分分解及稳定性研究》中将其原因归结为这个时期的国民经济运行没有出现显著的、剧烈的经济冲击，同时金融市场发展和资产风险管理水平随着市场经济体制的不断完善而有明显提高，伴随着经济发展的不断深入，宏观经济调控和经济政策操作也更为科学合理。而张立群（2006）在《中国经济周期微波化趋势探讨》中将之归因于经济短缺现象消失、市场机制完善和宏观调控水平提高等三大因素。

4.1.2 对未来10年中国GDP增长的分析判断

面向未来解决现实问题是理论分析和科学研究是出发点和落脚点。21世纪前20年是中国经济发展的战略机遇期，从前两部分对GDP绝对量及相对量的周期性变化情况分析结果看，在2001—2009年期间，国民经济总体走势良好。根据图4.2的GDP增长率及分解后周期成分波动情况分析判断，9年中经济实际增长率有5年高于经济潜在增长率（长期发展趋势），低于经济潜在增长率的2001—2002年与2008—2009年的实际增长率也都在经济潜在增长率附近，可以说前9年对国民经济总体表现良好，宏观调控对发展机遇期的把握表现了较高的水平。未来10年中国经济的发展对于今后很长一段历史时期具有战略性的意义，研判和预测这个区间的经济增长情况也因而成为研究未来经济周期波动的一个重要课题。

（1）对未来10年中国GDP增长的趋势预期

在计量经济学中，若GDP增长率成分当中包含线性趋势，则可以利用时间序列的回归模型获得趋势成分。

$$GDP\ \mathrm{rate}_t = c_0 + c_1 t + c_2 t^2 + \varepsilon_t \qquad t = 1,2,\cdots,T \tag{4.1.6}$$

其中，

$$T_t = c_0 + c_1 t + c_2 t^2 \tag{4.1.7}$$

当获得趋势成分之后，就可以得出序列中的周期成分

$$C(GDP\ \mathrm{rate}_t) = GDP\ \mathrm{rate}_t - T_t \tag{4.1.8}$$

代入数据后，根据上述模型可以得出以下发展趋势，见图4.3。

图4.3中弧线代表改革开放以来中国经济增长的长期趋势，柱状图代表历年周期波动程度和水平。从图4.3的波相看，1978年以来中国经济周期长期增长趋势中心时间点约在1998年，中国经济增长在越过1998年以后，长期趋势曲线开始呈现下降趋势，根据长期增长趋势的对称性，以及峰值时点左侧经济高速增长时间为20年的历史经验判断，峰值时点右侧经济高速增长的时间还应当有20年左右，也即从1998年起到2018年期间，中国经济仍然处于高速增长时期，如果考虑目前信息化、新能源、全球化等新科技革命带来的技术进

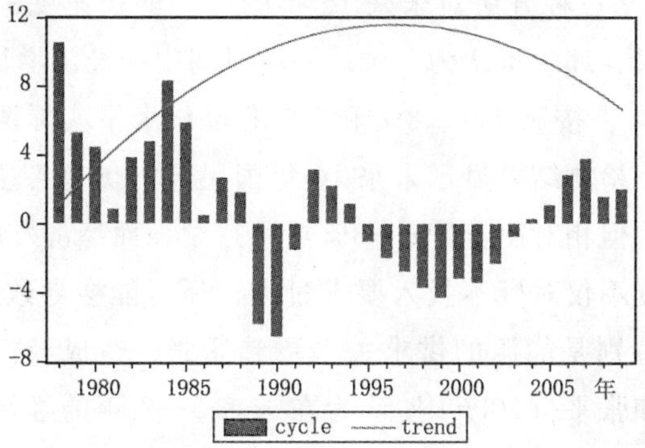

图 4.3　1978—2009 年 GDP 发展趋势情况

步，中国社会政治稳定、宏观调控政策科学性和宏观调控手段与技巧日趋成熟以及中国人口继续增长带来的规模经济等驱动因素，从 2010 年算起，未来中国经济增长应当至少还可以保持 10 年左右的高速增长。因而，从统计结果分析判断，中国经济发展的可持续性具备较为坚实的统计学基础。

不仅从统计技术层面看能够得出中国经济未来 10 年具有长期稳定发展的结论，从供给方面看，市场经济建立及不断的完善使市场机制在资源配置中发挥了重要的基础性作用，极大地释放了财富和价值创造的源泉，使土地、资本、劳力、技术、管理等诸生产要素充分发挥作用，国民经济发展的生机和活力不断增强，这十分有利于延长经济周期的扩张阶段，减少经济波动，支撑国民经济在适度高位持续稳定运行；从需求方面看，目前中国经济发展正处于工业化、城市化不断加速的阶段，消费结构和产业结构在相互促进过程中实现不断的升级，消费需求和投资需求都很旺盛，构成了经济周期的重要推动力；从政策层面看，中央政府的宏观调控改变了以往经济全面过热之后再进行调控的方式，而是立足于事前调控，见事早、动手快，这就既防止经济出现“马鞍型”经济周期形态，也有利于拉长经济周期的上升阶段。

(2) 对未来 10 年中国 GDP 增长的速度预期

在对未来 10 年中国 GDP 增长速度的预期方面，邱晓华等

(2006)采用了三种方法对未来16年的经济增长速度进行了预测。[①]根据测算结果，邱晓华认为，今后一段时间中国经济增长的适度区间将是7%—9%，按照7%、8%和9%的增长水平实际测算了各要素保障程度后，检测结果显示未来16年国民经济仍有希望继续保持适度较快增长，但相对而言7%—8%更可持续，而经济发展达到9%以上的增长速度不仅对资本投入要求过大，还可能会导致投资率偏高，从而使资源特别是能源的供求关系更趋紧张，造成经济过热。刘树成、张晓晶和张平（2006）[②] 认为在未来5—8年的经济周期内，中国经济周期波动可能呈现两个特点：一是有可能实现持续多年的适度高位运行，国民经济潜在的经济增长率将达到9%左右；二是有可能实现波动的幅度进一步的平滑化，预计经济波动会保持在8%—10%的适度增长区间。刘金全、郑挺国（2008）[③]采用门限自回归模型方法对我国1990年第1季度至2007年第3季度的经济增长率进行了研究，识别和检验出这个期间中国经济周期呈现的基本特征，并对未来的经济增长走势进行了分析判断。刘金全的研究发现，三区制门限自回归模型适合用于描述中国经济周期波动，经济周期可通过拐点8.2和9.71进行区隔，通过采用非线性的预测方法，点预测的结果表明未来两年内经济增长率可能出现下降，但仍将在高于10%的区位上运行，区间预测结果也显示在未来12个季度内国民经济增长率将主要在7%—13%的区间运行。

经对1978—2009年GDP增长率时间序列进行统计处理，1978年至2009年国内生产总值增长率的分布图如图4.4所示：

其中均值即序列的平均数，标准差衡量的是序列的离散程度，公式为：

---

① 邱晓华、郑京平、万东华、冯春平、巴威、严于龙："中国经济增长动力及前景分析"，《经济研究》2006年第5期。

② 刘树成、张晓晶、张平："实现经济周期波动在适度高位的平滑化"，《经济研究》2005年第11期。

③ 刘金全、郑挺国："我国经济周期阶段性划分与经济增长走势分析"，《中国工业经济》2008年第1期。

$$\hat{S} = \sqrt{\frac{1}{N-1}\sum_{i=1}^{N}(Y_i - \bar{Y})^2} \tag{4.1.9}$$

其中，N 是样本中观察值的个数，$\bar{Y}$ 是样本均值。

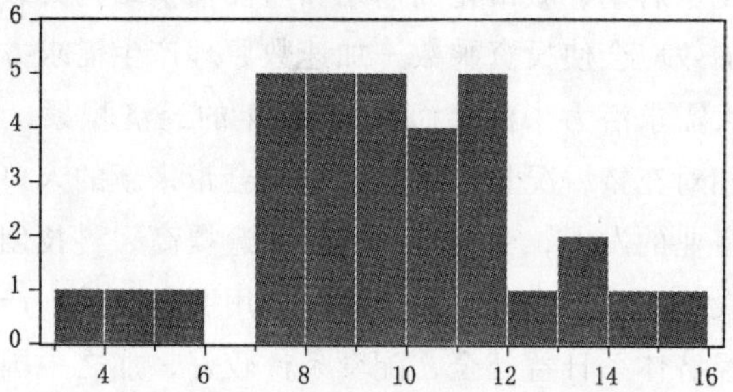

图 4.4 GDP 增长率分布图

GDP 增长率在这一区间的均值为 9.65，标准差是 2.71. 在 1978 年至 1992 年，GDP 增长率在这一区间的均值为 9.6，标准差是 3.5；在 1993 年至 2002 年，GDP 增长率在这一区间的均值为 9.37，标准差是 2.19；在 2003 年至 2009 年，GDP 增长率在这一区间的均值为 10.17，标准差是 1.23，见表 4.1。

表 4.1　　1978 年以来各个阶段经济波动情况

时间	均值	标准差	最小值	最大值	备注
1978—2009	9.65	2.71	3.8	15.2	改革开放时期
1978—1992	9.6	3.5	3.8	15.2	有计划商品经济时期
1993—2002	9.37	2.19	7.1	13.5	市场经济体制初步建立时期
2003—2009	10.17	1.23	8.7	11.9	市场经济体制完善时期

数据来源：基于《中国统计年鉴—2009》及《2010 年政府工作报告》计算得出。

根据以上图表，可以判断今后周期波动幅度会继续呈现“微波化”特征，考虑到目前和今后一段时期处于调整优化产业结构和转变经济发展方式的关键阶段，调整阶段的经济发展的速度可能会有所回落，预计今后 10 年中国经济潜在增长率应当确定在 9%，采用 2003—2009 年期间的标准差计算，适度增长区间可能处于

[7.8%，10.2%]。

经对目前国民经济发展所处阶段和今后十年的各生产要素供求情况分析，笔者认为保持9%的发展速度是具备条件的。这是因为，目前中国工业化中后期、城市化加速期和居民消费结构升级活跃期，这三个时期叠加效应会使投资乘数—加速数原理产生需求方面的放大作用，构成巨大需求潜力来源，而且60多年的经济积累，资本供给已由短缺变为相对充裕，况且人口继续增长会带来新的人口红利，随着教育和科技事业的发展，劳动者素质有普遍提高，科技创新能力明显增强，基础设施和基础工程的瓶颈制约作用明显改善，产业部类日趋完善，国民经济体系日益健全，配套条件较好，加之中国具有大国优势，中西部辽阔的腹地会为经济发展提供广阔市场，经济发展不平衡也意味着各个区域的经济增长点会继续增加，后金融危机时期中国的经济活力、效率和国际竞争力都有优良表现，因而经济发展的稳定性显著提高。因而，未来10年保持国民经济的高速发展不仅具备理论上的可能性，同时也具备现实中的可行性。

4.2 改革开放以来及今后十年中国经济周期波动的影响因素分析

对改革开放以来中国经济周期波动的影响因素进行分析是剖析市场经济条件下中国经济增长路径和波动原因的重要途径。改革开放以来，市场经济体制已经逐步建立并不断完善，在今后一段时期内，市场经济体制将会继续得以完善。可以想见，今后中国的经济模式仍将是在市场经济条件下不断发展创新的模式，今后中国的经济增长方式仍将是在市场与政府共同作用下的混合经济增长模式。因此，在市场经济体制下，对经济增长和经济波动的影响因素可以从供给和需求两方面进行分析，在中国经济发展的大国优势中，众多人口构成的巨大的国内需求是构成优势的重要因素。因而，笔者在本章侧重考察了投资、消费和出口对改革开放以来和今后十年的经济发展拉动作用和经济波动的影响程度。

4.2.1　改革开放以来中国经济周期波动的影响因素分析

改革开放以来，投资、消费和出口始终是中国经济发展的“三驾马车”，都对中国经济增长构成了巨大的拉动作用。在中国经济模式下，政府掌握着大量的资金，同时掌握着土地等生产要素，因而在推动国民经济增长和对经济周期进行宏观调控过程中，投资对国民经济的拉动作用是比较大的。消费和出口同样对经济波动产生重要影响，为了准确判断影响程度，下面运用 Granger 因果关系检验和离散模型等工具对投资、消费和出口的影响程度进行了分析。

（1）市场经济体制下投资对 GDP 波动影响分析

对于我国固定资产投资（FI）水平值同样进行 HP 滤波分解，样本区间为 1978 年至 2009 年，将从时间序列中获得的 HP 滤波成分分别表示为 $\text{HP}(FI)_t$，将水平值与趋势水平的偏离作为波动成分，采用原来变量前面加上符号 D 来表示，则波动成分表示为：

$$D(FI)_t = (FI)_t - \text{HP}(FI)_t \tag{4.2.1}$$

见图 4.5：

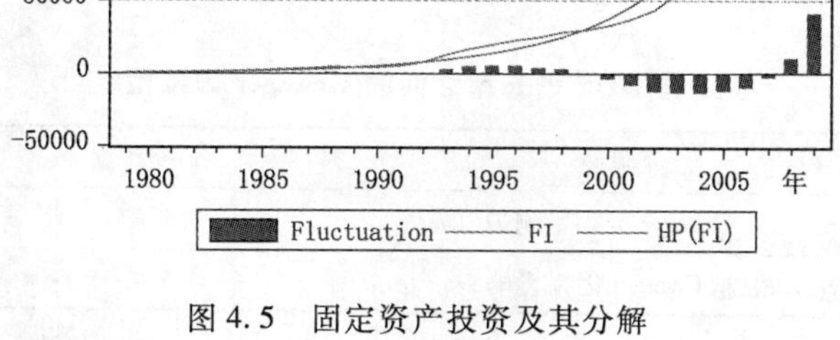

图 4.5　固定资产投资及其分解

对固定资产投资增长率进行 HP 滤波分解，将从时间序列中获得的 HP 滤波成分分别表示为 $HP(FIrate)_t$，将水平值与趋势水平的偏离作为波动成分，采用原来变量前面加上符号 D 来表示，则波动成分表示为：

$$D(FIrate)_t = (FIrate)_t - HP(FIrate)_t$$

见图 4.6：

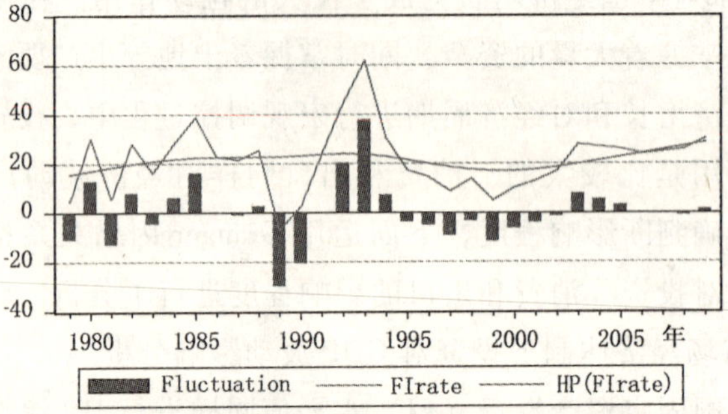

图 4.6　固定资产投资增长率及其分解

从图 4.6 中可以看出，固定资产投资增长率体现出了一定程度的波动性和周期性，并且波动程度比 GDP 增长率要大，图中的柱状部分代表波动成分。

在经济学研究中，判断一个变量是否是另一个变量变化的原因是经常要探究的问题，当变量 x 的滞后值在变量 y 的预测方程中具有边际预测容度时，就称变量 y 是由变量 xGranger 影响的。如果变量 $D(FIrate)$ 对 $D(GDPrate)$ 具有显著的 Granger 因果关系，则说明前期固定资产投资冲击具有解释后期宏观经济冲击的能力，对其具有预测容度。具体内容见表 4.2：

表 4.2　　投资与 GDP 增长率之间的 Granger 因果检验

原假设	F 统计量	概 率
$D(FIrate)$ 非 Granger 因果影响 $D(GDPrate)$	4.47	0.02
$D(GDPrate)$ 非 Granger 因果影响 $D(FIrate)$	5.4	0.01

Granger 检验结果如上表。检验结果表明，固定资产投资冲击对于宏观经济冲击具有显著 Granger 影响，说明固定资产投资波动具有解释宏观经济波动的能力，固定资产投资变化是宏观经济变化的解释原因。同样，宏观经济冲击对固定资产投资冲击也具有显著 Granger 影响，同样是其未来变动的解释原因，具有预测容度。

上面已经分离出来了国内生产总值增长率状态或扩张或紧缩的二元状态，并用变量对其进行了度量，因此考量宏观经济状态对于固定资产投资变动的反应就可以使用离散选择模型。在离散选择模型中，因变量是只能取多个离散的值，这刻画了解释变量对于状态转移概率的影响。解释变量只有两个数值可以选择的是二元选择模型，其线性概率模型的回归形式为：

$$y_t = \beta_1 x_{1i} + \beta_2 x_{2i} + \cdots + \beta_k x_{ki} + u_i \qquad i = 1,2,\cdots,n \qquad (4.2.2)$$

其中，y_i 表示取值为 0 和 1 的离散随机变量，u_i 是独立且均值为零的随机扰动项。

因此，上述变量的二项选择模型可以表示为：

$$P(CGDPrate = 1) = F[\beta_0 + \sum_{i=1}^{p} \beta_{1i} DFIrate_{t-i}] \qquad (4.2.3)$$

$$P(CGDPrate = 0) = 1 - F[\beta_0 + \sum_{i=1}^{p} \beta_{1i} DFIrate_{t-1}] \qquad t = 1,2,\cdots,T \qquad (4.2.4)$$

在模型中，$P(CGDPrate = 1)$ 和 $P(CGDPrate = 0)$ 分别表示 t 时宏观经济出现扩张状态或者收缩状态的概率，$F(x)$ 是某种概率分布函数。当分布为正态分布函数时，模型被称为 Probit 模型；当分布为 Logit 分布时，模型则被称为 Logit 模型。此处采用了 Logit 模型，利用极大似然估计可以获得模型参数估计并计算检验统计量。

$$P[(CGDPrate)_t = 1] = F[0.05 + 0.12 DFIrate_{t-1}] \qquad (4.2.5)$$

$$(0.12) \qquad (2.16)^{*}$$

固定资产投资的参数估计是显著的。从具有显著性参数估计的符号上看，可以判断宏观经济对固定资产投资增长率的波动是同周期的，体现了固定资产投资对我国宏观经济发展的重要作用。

(2) 市场经济体制下消费和出口对GDP波动影响分析

仍然采用Granger和离散模型对GDP增长率波动、消费水平增长率波动和出口增长率波动之间的影响关系进行检验，计算结果如下：

表4.3　消费、出口与GDP增长率之间Granger因果检验

原假设	F统计量	概率
D(*EXPrate*) 非 Granger 因果影响 *D*(*GDPrate*)	0.44	0.77
D(*GDPrate*) 非 Granger 因果影响 *D*(*EXPrate*)	3.82	0.02*
D(*CONrate*) 非 Granger 因果影响 *D*(*GDPrate*)	9.74	0.004*
D(*GDPrate*) 非 Granger 因果影响 *D*(*CONrate*)	14.41	0.001*

Granger检验结果如表4.3（＊号表示在5%的显著性水平下存在Granger因果关系）。检验结果表明，消费水平冲击对于宏观经济冲击具有显著Granger影响，说明消费水平波动具有解释宏观经济波动的能力，消费水平变化是宏观经济变化的解释原因。同样，宏观经济冲击对消费水平冲击也具有显著Granger影响，同样是其未来变动的解释原因，具有预测容度。但是，出口水平冲击对于宏观经济冲击不具有显著Granger影响，不具备解释其发生变化波动的影响力。

采用了Logit模型利用极大似然估计可以获得模型参数估计并计算检验统计量。

$$P[(CGD\text{Prate}) = 1] = F[0.25 + 0.42DCONrate_{t-1}] \qquad (4.2.6)$$

$$(0.5) \qquad (2.65)^{*}$$

$$P[(CGD\text{Prate}) = 1] = F[0.008 + 0.02DEX\text{Prate}_{t-1}] \qquad (4.2.7)$$

$$(0.02) \qquad (0.92)$$

从以上模型的分析结果看，消费水平的参数估计是显著的。从具有显著性参数估计的符号上看，可以判断宏观经济对消费水平增长率波动是同周期的，体现了消费水平对我国宏观经济发展的重要作用；出口水平的参数估计是显著的。从具有显著性参数估计的符号上看，出口水平波动对我国宏观经济发展变化影响力有限。

4.2.2　今后十年中国经济周期波动的影响因素分析

在本章第一节中，笔者论证了中国经济未来十年的增长区间，但对于实现路径和影响因素并没有予以明确剖析。本节拟采用向量自回归模型检验未来十年投资、消费和出口三项影响因素对经济增长和经济发展的影响程度。

传统联立方程的建立主要基于经济理论的阐述，但是，在一定范畴内经济理论无法清晰的甄别经济变量的动态关联。因此，为了更好地认知经济变量关系，产生了向量自回归模型（vector autoregression，简称 VAR），模型视每个变量均为内生变量，避开了事前的约定。VAR 模型是分析政策效果的一种有效方法。西姆斯（Sims,① 1980）使用模型中的所有因变量对其自身滞后值以及其他自变量的滞后值进行回归，用于相关时间序列的回归分析和预测，并能体现随机扰动对变量系统的动态影响。

含有双变量的 VAR 模型的一般形式是：

$$\begin{pmatrix} 1 & -b_{12} \\ -b_{21} & 1 \end{pmatrix}\begin{pmatrix} y_t \\ z_t \end{pmatrix} = \begin{pmatrix} b_{10} \\ b_{20} \end{pmatrix} + \begin{pmatrix} \gamma_{11} & \gamma_{12} \\ \gamma_{21} & \gamma_{22} \end{pmatrix}\begin{pmatrix} y_{t-1} \\ z_{t-1} \end{pmatrix} + \begin{pmatrix} \varepsilon_{yt} \\ \varepsilon_{zt} \end{pmatrix} \qquad (4.2.8)$$

其中 ε_{yt} 、ε_{zt} 是标准差分别为 σ_y 、σ_z 的互不相关的随机扰动。

设 $A_0 = \begin{pmatrix} 1 & -b_{12} \\ -b_{21} & 1 \end{pmatrix}^{-1}\begin{pmatrix} b_{10} \\ b_{20} \end{pmatrix}, A_1 = \begin{pmatrix} 1 & -b_{12} \\ -b_{21} & 1 \end{pmatrix}^{-1}\begin{pmatrix} \gamma_{11} & \gamma_{12} \\ \gamma_{21} & \gamma_{22} \end{pmatrix}$，

其移动平均形式可以由冲击 ε_{yt} 、ε_{zt} 表示：

$$\begin{pmatrix} y_t \\ z_t \end{pmatrix} = \begin{pmatrix} \bar{y} \\ \bar{z} \end{pmatrix} + \sum_{i=0}^{\infty}\begin{pmatrix} \phi_{11}(i) & \phi_{12}(i) \\ \phi_{21}(i) & \phi_{22}(i) \end{pmatrix}\begin{pmatrix} \varepsilon_{yt-i} \\ \varepsilon_{zt-i} \end{pmatrix} \qquad (4.2.9)$$

其中 $\bar{y} = [a_{10}(1-a_{22}) + a_{12}a_{20}]/\Delta$ ，$\bar{z} = [a_{20}(1-a_{11}) + a_{21}a_{10}]/\Delta$

$$\Delta = (1-a_{11})(1-a_{22}) - a_{12}a_{21},\ \phi_i = [A_1^i/(1-b_{12}b_{21})]\begin{pmatrix} 1 & -b_{12} \\ -b_{21} & 1 \end{pmatrix}$$

---

① Sims, Christopher A, 1980. Comparison of Interwar and Postwar Business Cycles: Monetarism Reconsidered, American Economic Review, American Economic Association, vol. 70 (2), pages 250 - 57, May.

将 VAR 模型表示成移动平均形式可以有效的检验序列 $\{y_t\}$ 和 $\{z_t\}$ 之间的影响关系。通过对冲击反应函数系数的相加，可以度量单位冲击 ε_{yt}、ε_{zt} 的累积影响。

假设在上述 VAR 模型中已知 A_0 和 A_1 系数，在观测值 x_t 的条件基础上预测 x_{t+i} 的值。预测误差为 $e_{t+1} = x_{t-1} - E_t x_{t+1}$，$n$ 期预测误差为：

$$x_{t+n} - E_t x_{t+n} = \sum_{i=0}^{n-1} \phi_i \varepsilon_{t+n-i} \tag{4.2.10}$$

则预测误差方差随着 n 的增加而上涨，并且可以依据不同的冲击对未来 n 期的预测误差方差进行分解。预测误差方差分解描述了序列冲击在序列运动过程中所占的比重以及所作出的贡献。

对固定资产投资增长率进行 HP 滤波分解，将从时间序列中获得的 HP 滤波成分分别表示为 $\mathrm{HP}(FI\mathrm{rate})_t$，将水平值与趋势水平的偏离作为波动成分，采用原来变量前面加上符号 D 来表示，则波动成分表示为：

$$\mathrm{D}(FI\mathrm{rare})_t = (FI\mathrm{rate})_t - \mathrm{HP}(FI\mathrm{rate})_t \tag{4.2.11}$$

对于居民消费增长率进行 HP 滤波分解，样本区间为 1979 年至 2008 年，将从时间序列中获得的 HP 滤波成分表示为 $HP(CONrate)_t$，将增长率与趋势水平的偏离作为波动成分，采用原来变量前面加上符号 D 来表示，则波动成分表示为，

$$D(CONrate)_t = (CON)_t - HP(CONrate)_t \tag{4.2.12}$$

对于出口增长率进行 HP 滤波分解，将从时间序列中获得的 HP 滤波成分表示为 $HP(EX\mathrm{Prate})_t$，将增长率与趋势水平的偏离作为波动成分，采用原来变量前面加上符号 D 来表示，则波动成分表示为，

$$D(EX\mathrm{Prate})_t = (EXP)_t - HP(EX\mathrm{Prate})_t \tag{4.2.13}$$

在 VAR 模型中，采用 GDP 增长率波动、居民消费增长率波动、居民消费增长率波动和出口增长率波动作为要解释的经济变量，样本区间是 1979 年至 2008 年。冲击反应模型反映各经济变量受自身滞后值和其他经济变量滞后值的影响，并衡量随机扰动对变量当前值和未来取值的影响关系。在冲击反应模型中，冲击反应图是描述影响轨迹

的重要工具。图 4.7—图 4.9 是这三个经济变量间的冲击反应图（图中的虚线表示 1 倍标准差范围内的置信区间）。

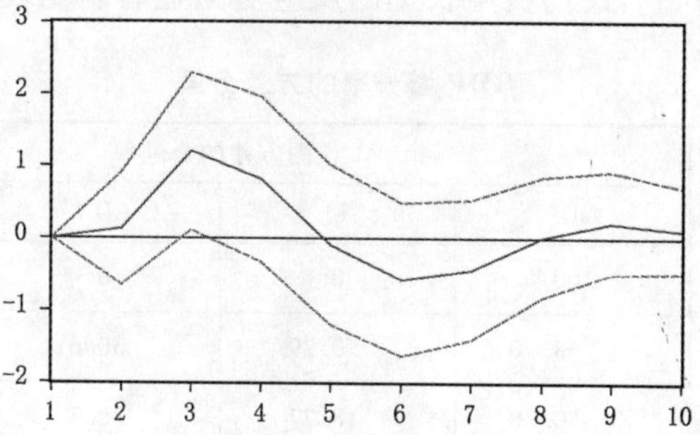

图 4.7　GDP 增长率对固定资产投资增长率的冲击反应

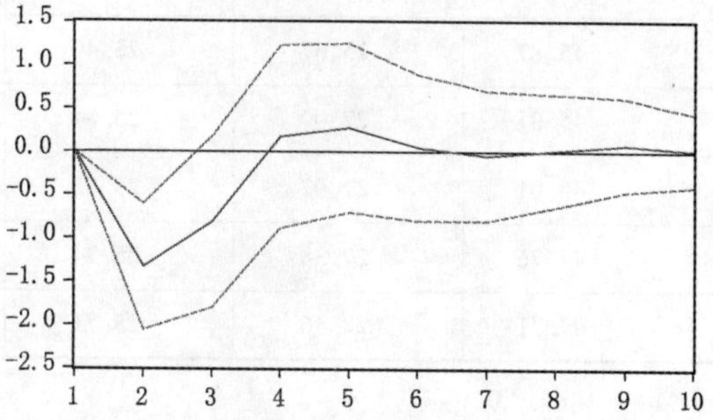

图 4.8　GDP 增长率对居民消费增长率的冲击反应

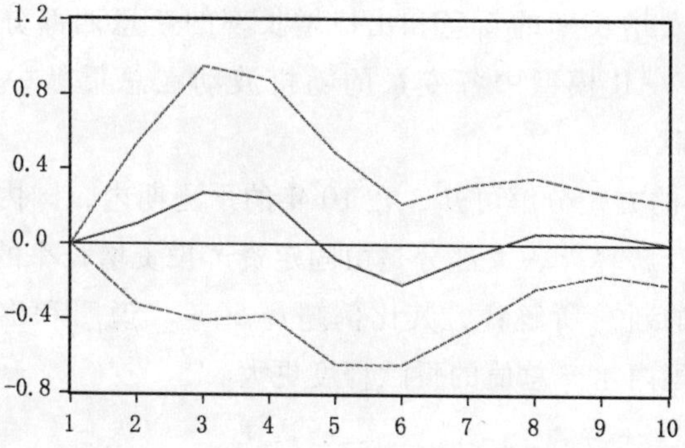

图 4.9　GDP 增长率对出口增长率的冲击反应

在冲击反应图中，GDP 增长率对固定资产投资增长率、居民消费增长率和出口增长率的冲击都产生了较明显的反应，其中对固定资产投资增长率和居民消费增长率的反应更为显著。见表 4.4。

表 4.4　　GDP 增长率的方差分解

预测期	预测方差的贡献率			
	GDP	FI	CON	EXP
1	100	0	0	0
2	68.90	0.29	30.61	0.19
3	50.30	18.27	30.37	1.06
4	47.14	23.76	27.48	1.62
5	47.72	23.16	27.48	1.64
6	45.87	25.67	26.40	2.06
7	45.01	27.09	25.84	2.06
8	45.01	27.07	25.82	2.09
9	44.76	27.38	25.74	2.12
10	44.71	27.46	25.71	2.11

根据上述模型，将 GDP 增长率的方差利用乔利斯基（Cholesky）分解，分解为由其自身的新息、固定资产投资增长率的新息、居民消费增长率的新息和出口增长率的新息四部分所构成的贡献率，估计 VAR 模型中各变量的随机波动在总贡献中随时间变化而作出的贡献。

由 GDP 的方差分解可知，在 10 年的预测期内，国内生产总值预测方差除自身解释外，大部分是由固定资产投资增长率的新息和居民消费增长率的新息所解释，其比例超过 50%。说明和出口相比，投资和消费对国内生产总值的贡献程度更大。

4.3 调控管理中国经济周期的理论分析

经济思想史研究的重要目的是从过去获得建设新思想和新理论的材料。经过对中国当代经济建设过程中历史事实的深入分析和历史经验的抽象概括，特别是对改革开放以来中国经济周期影响因素的计量分析，可以很清楚地看到，无论是计划经济体制还是市场经济体制，只要处在现代化工业化进程中，国民经济运行都是有周期的，而且波浪式前进、螺旋式上升作为事物运动和发展的一般规律，同时也是经济发展的一般规律，这符合辩证法关于世界物质运动发展规律的论断。经过前几章的分析论证，笔者认为，经济周期是进入现代工业社会后经济运行的普遍现象，源自国民经济各部类各自生产要素投入波动及汇总后的相关性。中国迈向现代化的过程同时也是实现工业化的过程，因此，对经济周期实施有效地调控管理就是中国经济发展和建设过程中必然要解决好的一个重大问题。中国经济周期具有社会主义市场经济体制下的独特规律。这是因为中国的经济周期受到投资因素的影响很大，在改革开放以后发生的历次经济周期基本都属于供给驱动型，因而，中国经济周期的一个显著特征是受到政府的影响很大。在很大程度上，中央政府可以对国民经济的周期性波动实施调控管理，而且，只要采取正确的宏观调控政策，在中国模式下，政府可以达到掌控经济周期的程度。这个观点已经被经济实践所证明，在本节的内容中，笔者将重点对政府掌控经济周期调控管理的理论可能性、现实可行性及调控管理政策的可操作性进行论述。

4.3.1 调控管理中国经济周期的理论可行性

经过改革开放 30 多年的努力建设，中国特色社会主义市场经济体制已经初步建立，并处于不断完善过程中，市场机制在资源配置过程中已经发挥着基础性作用，因而，价值规律、供求规律和竞争规律等在市场经济体制中发挥作用的基本规律同样在中国的经济生活中发挥着重要作用。经济周期作为现代工业经济中的基本现象，在1952年中国开始大规模的经济建设以后，已经伴生于中国经济建设的全过程。而在改革开放以后，中国经济市场化过程中，经济周期从“古典型”向“增长型”的转变同样表现出与中国经济发展阶段相适应的特征。由于对市场经济体制的认识不断深入，特别是在我国的国情下，在市场实现平衡的宏观调控过程中，我们对市场与政府之间调控范围的认识也在不断深入。但在世界范围内市场经济的实践看，市场经济体制都无法通过自身的调节机制在宏观层面上实现自动的均衡。因而，市场是需要政府来加以规制的。随着人类经济活动日趋复杂，市场机制日益走下神坛，而且面对经济生活中的重大问题越发表现得力不从心，而政府这只“看得见的手”却日益活跃。从世界历史范围看，如果没有“看得见的手”对经济生活给予积极干预，英国之后的美国、日本、德国就不能成为工业强国，第二次世界大战后资本主义国家就不会进入经济发展的黄金时期。

（1）对市场经济自我调节属性的理论分析

长期以来，人们对市场经济存在误读，认为市场机制尽善尽美，“看不见的手”可以自动配置资源达到最优状态，最大限度地实现社会财富最大化，进而达到经济发展过程中的均衡状态。但很遗憾的是，市场的这种理论状态都只存在于教科书中，加尔布雷斯曾说：除了《圣经》和《资本论》,《国富论》是第三本人们常常引用其中的话，但却没有几个人真正读过的书。书中包含的内容是如此丰富，因此人们随意取用，并可以有很大的选择余地和理解空间。即便是对于“看不见的手”本身，人们的误读也达到了相当严重的程度。亚当·斯密说：由于每个人都努力把他的资本尽可能用于支持国内产业都努力管理国内产业，使其生产物的价值能达到最高程度，他就必然竭力使社会的年收入尽量增大起来。确实，他通常既不打算促进公共的利益，也不知道他自己是在什么程度上促进那种利益。由于宁愿投资支持国内产业而不支持国外产业，他只是盘算他自己的安全；由于他管理产业的方式目的在于使其生产物的价值能达到最大程度，他所盘算的也只是他自己的利益。在这场合，像在其他许多场合一样，他受着一只看不见的手的指导，去尽力达到一个并非他本意想要达到的目的。也并不因为事非出于本意，就对社会有害。他追求自己的利益，往往使他能比在真正出于本意的情况下更有效地促进社会的利益。我从来没有听说过，那些假装为公众幸福而经营贸易的人做了多少好事。这段完整的引述涵盖了亚当·斯密对“看不见的手”所做的详细论述。从这段论述中，我们可以看到斯密对“看不见的手”的论述侧重点是对参与市场活动的个体，只是说“看不见的手”能够最大限度地激发市场个体的生产积极性，并能够提高生产效率，但斯密并没有明确论断“看不见的手”可以自发地调节经济运行，从而确保整个国民经济会始终运行在均衡和效率的轨道上。而且从历史唯物主义的角度分析，可以看到“大市场、小政府”的论断很大程度上是新兴资产阶级在与封建地主阶级争夺经济社会主导权时所提出的口号，从德国、日本崛起的历史史实中，可以清晰地看到政府在促进资本聚集、推动技术进步、夺取海外市场时的巨大效率和无可替代的作用。

纵观资产阶级工业革命和资本主义发展历程，正如共产党宣言所讲，如同用魔法从地下呼唤出大量人口，创造了比以往还要多、还要大的产品价值。作为超越了手工分散生产的机器大工业，组织形式的优化都标志着生产力的高度解放和一定程度的发达，这是市场机制安身立命并能够有效运作的基础。从世界不发达国家经济发展实践看，当供给不足以承担粮食等生活资料基本需求时，市场经济发展都是畸形的乃至失败的，但从市场经济在世界范围内的发展实践看，市场机制又是脆弱的、容量失衡的，经常处于不均衡状态的。所以，对于一个供给短缺的国民经济而言，市场经济和机制基本上是失灵的，也是不应当被选取的。在这种情况下选择市场调节会引发灾难性后果，世界范围内很多国家的实践已充分证明了这一点。市场机制同时影响上层建筑和经济基础，但同时受经济基础的制约。其有效性绝不是放之四海而皆准的真理。

胡代光引用国外经济学者的话说："市场制度不管多么具有创造力，却不能自我调节""市场常常惩罚无辜的局外人，但却奖赏不从事生产的投机者。市场往往排斥社会价值。"① 对于市场经济的缺陷的评价，所持观点更为极端的是匈牙利历史学家波兰尼。波兰尼以19世纪到20世纪40年代的西方经济史为研究基础，提出了市场经济需要社会保护的研究结论。他认为，市场经济是一种乌托邦，其自身具有一种毁灭人类并把自然环境变为荒野的倾向。因此，社会必然采取措施保护自己，从市场体系诞生时起，社会保护就成为其伴随物。近年西方政界和经济学界对于市场的缺陷都有很多反思，特别是2007年以来的肇始于美国的金融海啸暴发后，各国对于政府干预经济的积极作用又有了一层新的认识。加拿大财政部长吉姆·弗莱赫蒂就曾经在《金融时报》上撰文："的确，自由市场体系不会在这场危机中崩溃。但是我们必须注意一点，那就是亚当·斯密也认为市场这只'看不见的手'需要得到法律手段和规章制度的一些适当的支持。"

从宏观层面看，在经济全球化的情况下，在世界市场中，由于既有国际经济旧秩序的存在，各个经济体已被纳入世界市场分工中，并按照被赋予的角色定位参与世界市场经济的运转和循环。从静态看，发展中国家处于世界市场利润分配的不利地位，从动态情况看，发展中国家受到发达国家技术垄断和封锁，在发展过程中会始终处于落后地位，有被锁定在产业链条低端的风险。而改变产业、产品结构，实现经济赶超的动力和策略不是国内市场机制能够提供的，只能依靠政府。从微观看，市场经济能够自动产生效率，但由于外部性的存在不能自动带来社会福利，市场自身更无法提供对自身的监管，进入垄断阶段市场监管就变得日益困难，劣币驱逐良币的现象就会出现在政治和经济领域，市场机制会内生出"坏的市场经济"，因而需要政府加以规制。

---

① 胡代光：《萨缪尔森〈经济学〉批判》序言，经济科学出版社2002年版，第2页。

（2）对中国市场经济体制属性的理论分析

中国现代化建设的历程是中国人立足国情艰难探索民主富强的历程，同时也是市场经济体制有效性得以检验并最终复归的过程。一如世上没有超越时间和历史客观条件放之于四海而皆准的普遍真理，世上也没有超越时间和历史客观经济基础放诸四海而皆兴的经济发展模式。在西方经济学家们的宣说中，市场经济体制在世界范围内的发展历程中就曾经被披上了市场万能的神话外衣，但从中国近现代史和当代史发展历程看，市场经济是受到特定时空条件约束的。市场经济源于商品经济，是一个社会形态的生产能力达到一定发展水平进而可用于交易的产品达到一定规模的产物。同时市场经济这种配置资源的模式又能够调动各类生产要素的积极性，使创造财富的源泉充分涌流。但需要我们特别注意的是，市场经济发挥作用的经济基础是供给方面的生产能力发展到一定程度，社会的整体基本刚性需求如衣食得到基本保障，也即产品丰富到一定程度。否则，在供给无法给社会全体成员提供基本生活保障的状态下，如果缺乏政府等外部监管，市场经济在无止境的贪婪需求作用下，就会出现“坏的市场经济”，即1949年中国投机盛行，畸形金融，物价飞涨，通胀严重，“工不如商、商不如金（金融），金不如屯（投机）”的市场经济模式。这是因为总量严重不足的供给与需求处于非常严重的失衡状态中，而在任何一个失衡系统中，一点微小的力量就足以加剧这种失衡程度。资本是市场中的重要组成部分，在供求严重失衡的情况下，投机资本很容易兴风作浪，通过加剧市场失衡而获取超额利润。这曾经在中国上演得活灵活现的一幕在当今世界上采用了市场经济且生产能力无法满足其国民基本需求的不发达国家中仍在不断地重复上演。

中国的现代化建设历程还说明了一个道理，即当社会的生产能力越过了满足基本需求的供给量底线后，建立好的市场经济体制就具备了基本的物质基础，供给就能够有效地在市场需求价格信号指导下发挥作用，以较高的效率配置资源，调动各类生产要素的积极性。但与西方古典经济学家们宣扬的强大的市场无形之手能够使“市场自动出清”、达到均衡的结论相反，市场经济在内外生因素的作用下是脆弱的，此时需要注意的是市场平衡是短暂和静态的，平衡属于一种特殊状态。在绝大多数的时间里，市场是动态的、非均衡的，因此经济波动乃至经济周期性波动是无法避免的。经济波动属于短期经济现象，对于熨平经济波动，以凯恩斯为代表的西方主流经济学强调侧重于需求管理。但中国的经济实践证明，管理好短期的经济周期性波动恰恰要着眼于长期的供给，唯有如此，才能实现经济发展的均衡，实现对经济周期波动的有效管理。中国改革开放后始终注重强调社会经济活动的落脚点在于“落后的生产力同人民群众日益增长的物质文化需要之间的矛盾”，在调控经济周期时的成功经验也是盯紧峰位，削峰填谷。这也充分说明了短期经济周期有效管理的实现途径在于长期的供给管理。中国经济 30 年高速发展的成功经验充分证明成功之处在于“供给”方面的调整，中国经济模式发展的成功就在于供给管理，中国调控经济周期的成功经验也在于供给管理。供给增长平稳，则经济增长平稳；供给周期性波动幅度小，则经济周期波动幅度小。在邓小平看来，计划是手段，市场也是手段，二者在手段的属性上是一致的。那么，调控管理经济周期，同样也可以同时选择采用市场和计划两种手段。鉴于政府“有形之手”是对市场经济“无形之手”的必要补充，那么政府除了对静态的供给和需求情况进行调整和干预外，对经济周期实行调控管理是站在更宽广视野上的调整和干预，对于确保市场经济体制下国民经济的持续稳定健康发展具有更为深远的影响和意义。

4.3.2 中国经济周期调控管理的现实可行性

在目前宏观调控的四项指标中，经济增长、物价稳定、充分就业和国际收支平衡都带有强烈的静态指标特征。这是因为上述四项指标都是西方凯恩斯主义主流经济学所确定的宏观调控指标，而包括凯恩斯主义在内的西方主流经济学都有一个共同的特征或者是共同的弱点，既他们的理论体系都是对国民经济发展变化某个时点的静态考察，而经济实践是千变万化的，运用静态的方法来分析动态的事物可以得到局部真理，但却往往容易犯下形而上学的错误，因为“一叶障目，不见森林”，其结果必然是以偏概全，不能真实地反映客观变化的实际情况和规律。相对于目前宏观调控的四项静态指标，经济周期的管理与考察具有明显的动态特征，可以灵活地对可长可短的特定时段国民经济运行状况进行考察，并据以确定调控管理的对策。由于中国政府掌握着数量巨大的经济资源，同时经过改革开放 30 多年的努力探索，国民经济已经建立起改革发展的稳定机制，改革开放的动力机制，社会主义制度下集中力量办大事的动员机制和国有骨干企业的社会责任机制等适合中国国情的体制机制，调控管理经济周期已经具有坚实的基础。

中国经济周期调控管理的现实可行性主要来源于两个方面：一是改革开放以来所积累的资金、技术与劳动力等生产要素构成了坚实的物质基础；二是改革开放以来政府宏观调控和管理经验的积累成熟。从资金情况看，改革开放 30 多年来，国家财政收入增长了 50 多倍，2009 年国家财政收入达到 6.85 万亿元，金融机构的人民币各项存款余额为 59.77 万亿元，其中，城乡居民人民币储蓄存款余额 26.08 万亿元，外汇储备 23991.52 亿美元，占全世界外汇储备的三成以上。从技术情况看，改革开放以来，中国始终注重加强技术创新，自主创新、集成创新、引进消化吸收再创新的能力不断增强，目前已在高速铁路、水稻育种等高科技领域取得领先的优势地位，吸收发达国家和地区技术外溢的能力不断增强，经济持续稳定健康发展所需的技术基础不断发展壮大。从政府调控的能力和经验看，从改革开放以来，政府共进行了 6 次宏观调控，其中有 4 次是针对经济过热，有两次是针对经济过冷。通过宏观调控的实践，政府宏观调控实现了以行政手段为主的直接方式向以经济手段为主的间接方式转变，政府掌握经济周期的能力和调控经验大大提高，对宏观调控的力度、节奏、时机把握日趋成熟。比如在最近一轮宏观调控中调控政策的针对性和及时性就大大加强，成为中国经济率先复苏的重要保证。

林毅夫（2004）说：“我同意市场竞争本身并不能必然地、自动地导致高效，在不少领域必须辅之以必要的政府的作用，从长期来看，市场竞争本身可能也保持不了公平和公正。中国是社会主义市场经济，是一种混合经济。要管理好混合经济需要几个领域的共同作用，例如要建立有效率的市场体系，有创新能力和意识的企业；政府要保证社会的稳定，调整地区不平衡，包括在教育和基础设施方面投资的不平衡。将国有企业简单地全面私有化的结果可能会扩大不公平，而不是缩小不公平。”① 改革开放以后，在市场经济逐步建立和市场机制逐步完善的过程中，政府“有形之手”不断调整与市场“无形之手”共同影响经济发展的边界，不断修正政府与市场之间的“黄金分割点”，充分运用财政政策、货币政策和土地管理政策，对影响经济周期波动的内生因素和外生因素进行了有效调节。从经济建设的发展历程看，政府“有形之手”能够对经济生活造成正反两方面的重大影响。改革开放30年来的经济实践表明，只要中国政府在经济建设的重大战略方向选择上不出现失误，完全有能力在供给和需求方面通过市场机制对经济发展施以积极影响，进而调控管理好经济周期波动。以供给管理为基础，同时兼顾需求的“经济周期调控管理论”是中国经济建设经验总结，也是“中国模式”的重要组成部分，其构成要素是富有调控管理经验而强有力的中央政府，准确便捷的信息反馈渠道，敏锐科学的决策机制，高效灵活的政策传导机制，可由政府施加影响的充足经济资源，经济要素丰富的大国优势，制度创新和技术创新带来的经济持续稳定发展的创新动力。

4.3.3 中国经济周期调控管理的政策可操作性

从调控管理经济周期的目的看，在宏观经济学中，萨缪尔森“熨平”经济周期为调控管理的目的。在调控管理中国经济周期过程中，笔者认为，单纯追求“熨平”经济周期的调控方式目的过于单一，而且在熨平经济周期波动的同时，也熨平了经济国民经济发展和经济结构调整的机会和机遇。而调控管理经济周期是在对经济周期规律更全面、更准确认识的基础上对经济周期规律的更有效利用。经济

① 林毅夫：《经济学家眼中的北京共识》http://www.zmw.cn/bbs/thread-28934-1-1.html.

发展出现周期性的“波浪”是不可控的，是无法消除的；但“波浪”的大小是可控的，过大或过小的“波幅”是可以消除的。管理经济周期既不是消除经济周期，也不是削平经济波动，而是有效管理和避免经济发展过程中内部和外部的巨大冲击，避免国民经济出现大起大落，避免社会经济非正常波动。在管理经济周期过程中，要准确判断经济发展的阶段和经济周期所处方位。在经济周期上升阶段，要把关系到国民经济全局发展的战略性新兴产业摆在更为优先的位置上，借助市场的力量实现“乘势而上”，加快这些战略性新业产业的发展，在世界经济竞争中抢占发展的制高点；对于技术落后、产能过剩的行业，则要通过政府规制严格管理，防止这些夕阳产业出现过度投资和盲目发展。在经济周期下降阶段，要在反周期的宏观经济政策中对优先产业给予重点倾斜。政府要适当调配资源，保证战略性新兴产业平稳发展，顺利渡过经济周期波动时期，为下一轮快速发展积蓄力量，同时对落后产能和产业采取“顺势而为”的做法，借助市场的力量予以淘汰，从而减少震荡和退出阻力，用最小的经济社会综合成本实现产业结构的升级换代。

从宏观调控政策的选择看，财政政策、货币政策均为政府调控管理经济周期的重要政策手段。其中，财政政策可以通过扩大政府采购、改变国民收入分配格局、增减税率等多种途径对国民经济体系的需求方面进行管理。而且从中国改革开放以来宏观调控的实际情况看，积极的财政政策在 1997 年以后的通货紧缩治理过程中发挥了重要作用，而以 4 万亿元投资为标志的巨额投资更是在 2008 年应对国际金融危机过程发挥了无可替代的作用，有效地实现了国民经济周期在 2009 年触底后的迅速反弹。由于中央级财政连年增收，中央政府掌握着大量资金，中央财政可以采取调整税率、安排赤字、发行国债等多种途径刺激经济增长，增加公共开支和投入，有效拉动经济增长，稳定经济周期。财政政策的有效性无论是从经济理论方面还是从中国经济实践方面都得到了充分的验证。中国的货币政策主要是通过控制货币发行量、调整利率及存款准备金率对投资成本施以影响。改革开放以来，根据经济发展形势变化，央行与财政政策相配合，在不同情况下分别采取了宽松的货币政策或紧缩的货币政策，兼顾了经济增长和通货膨胀，确保经济高速适度增长的同时，通货膨胀率保持在合理的水平范围内，表现出了日益成熟的掌控技巧。

除与大多数国家政府调控手段相同的财政政策和货币政策外，中国政府还具备一个其他国家所不具备的重要调控政策工具，即土地调控政策。土地是经济活动的基本要素。由于中国实行了土地公有制，土地管理制度是土地有偿使用、农用地转用、土地用途管制和建设用地统一供应的制度，国家通过土地利用总体规划、土地利用年度计划、土地审批、土地执法监察和国家土地总督察等管理措施控制土地供应“闸门”，可以根据宏观经济情况决定土地的供给量，调控国民经济增长速度。在上述土地管理政策中，土地总体规划是土地管理的重要纲领性文件，也是加强宏观调控管理并发挥市场配置土地资源重要作用的前提，1987 年以来中国已经编制和实施了三轮土地利用总体规划；土地利用年度计划是计划年度中国家对农用地转用量、土地整理补充耕地量和耕地保有量的具体计划，是国民经济活动用地审批的重要依据；土地审批则是土地利用总体规划和土地利用年度计划得到落实的重要环节，也是土地供应的一道重要“闸门”；土地执法监察和国家土地总督察则是土地政策得以贯彻落实的重要保证。这些政策措施使中国政府可以采取调节土地供应总量和规模、结构和比重、节奏和速度等多种方式对经济发展施以影响，从而达到宏观调控管理经济周期的目的。在中国经济模式下，政府除运用财政、货币和土地政策对经济进行有效调控外，还可以通过政府指导的国有企业产量扩张和收缩对经济进行有效调节，这是中国模式下政府对经济调节的独特优势。

财政、货币和土地政策目标的制定，要始终着眼于发挥国民经济的潜在能力，依据潜在的国民经济增长率调控管理经济周期，切实处理好眼前利益和长远利益的矛盾关系；要始终着眼于产业升级和结构优化，提高国民经济可持续发展的能力；要始终密切关注经济波幅，加强对经济周期运行态势的监测，把握宏观调控时机，适时出台反周期调节政策。随着中国与世界经济联系的日益紧密，世界经济周期对中国经济周期的影响会加大，经济周期的协动性将进一步增强，因而要始终密切关注外部影响，有效利用外部资源，充分利用国际国内两种资源和内需外需两个市场，趋利避害，不断增强中国经济与世界经济的良性互动，不断提高国民经济发展的稳定性。实证分析表明，重大改革措施具有明显的扩张或紧缩效应。因此，在推出重大改革措施时，我们要考察届时经济周期波动状况和波动趋势，尽量使体制改革产生的波动效应与经济周期波动逆向运行，把体制改革措施与反周期的政策工具如财政政策、货币政策和土地政策配合使用。

第 5 章 调控管理中国经济周期的政策建议

“每块大陆、每个地区的各个民族都有各自独特的问题，他们有责任拿出自己独特的解决办法。这是当今世界所做的社会实验和社会改革比人类历史上任何时期都要多的原因。”这是希腊裔加拿大籍历史学家 L. S. 斯塔夫里阿诺斯（Leften Stavros Stavrianos）在其著作《全球通史》中的论断。放眼世界经济格局发展变化，席卷全球的世界金融危机在经济领域内引起巨大波澜的同时，也引发各种经济制度下人们对自身命运和发展前途的思考。弗朗西斯·福山（Francis Fukuyama）所提出的“历史终结”的论断已被遭到历史无声的嘲笑和事实无情的否定。[①] 是的，只要人类在发展，历史就不会终结。历史会以出人意料的方式提出各种问题，而任何社会制度下为自己前途

① 冷战结束以后，面对苏联和东欧共产主义国家的政治巨变及其经济私有化浪潮，日裔美国学者福山在其《历史终结及最后之人》一书中提出了他的历史终结理论。福山认为在人类社会发展过程中，西方式的自由民主制度对其他政治制度具有无可比拟的内在优势，因而各种经济制度的竞争结果是西方自由民主制度将成为人类社会的通行制度，其最终结果是西方自由民主制度的确立将使人类的生存方式和价值模式走向终点，西方实行的自由民主制度是“人类意识形态发展的终点”和“人类最后一种统治形式”，不同意识形态和社会制度之间互相竞争的历史已经结束，历史将就此终结。但这次肇始于美国并席卷全世界的金融危机不仅在经济上给世界各国造成巨大损失，同时也在思想上给世界各国带来巨大震动，人们开始质疑为何代表历史终结的近乎完美的西方自由民主制度会豢养出次贷危机这样一头能够重创世界经济秩序的贪婪巨兽，而驯服这头巨兽并给世界带来繁荣的恰恰是在福山看来发展阶段低于西方自由民主制度的东方中国模式。

和命运负责的人们必然要不断地思考、不断地创新，不断地进行社会实验和社会改革，以便对自己面临的问题提出研究解决办法。理论的价值在于指导社会实践和解决现实问题。今后一段时期，中国在经济发展方面的问题是如何利用未来较短的时间完成从全球经济的追赶者到全球经济的领跑者的转变，中国宏观调控需求管理的三个方面仍然是要处理好投资、消费和出口三驾马车的关系。唯有调整优化产业结构，转变经济发展方式，提高居民收入在国民收入分配中的比重从而提高国内消费能力，同时准确把握世界经济格局发展变化，调整外贸发展方式，才能管理好投资、消费和出口，保证国民经济始终处于高位运行，减少经济周期的波动，提高国民经济增长质量。在前四章理论研究的基础上，本章提出三方面调控管理经济周期的政策建议。

5.1
转变经济增长方式以调整优化投资需求

经济周期作为现代工业化经济活动的外在表现形式，直接受到经济发展方式的制约和影响，而不同的经济增长方式更成为经济周期波动的直接原因，决定着经济周期波动的峰位、谷位、扩张期、收缩期等各项特征。因此，作为经济周期管理的重要内容，转变经济增长方式与转变投资方式在很大程度上具有相同的作用和含义。调整优化产业结构在很大程度上要通过调整优化投资结构来实现，是转变经济发展方式的重要途径。这是因为现代经济发展过程既是经济总量持续增长的过程，又是经济结构不断优化的过程，经济总量持续增长与经济结构调整优化相伴而生且互为条件。没有经济总量的扩张，经济结构优化缺乏调整空间，就如同在堆满家具的房间中难以重新科学布局，结构调整会举步维艰；没有经济结构的优化，经济总量增长往往不可持续，就如同飞机在重量和体积增加一倍后再按原设计图纸将零部件尺寸放大一倍也无法起飞，总量增长将遭遇瓶颈。经济总量和经济结构相互作用并相互促进，体现了经济发展过程中质与量的辩证统一关系。2009年中国应对国际金融危机取得显著成绩，经济率先复苏，GDP实现335353亿元，增长8.7%；粮食总产量达到53082万吨，增长0.4%，超过计划3082万吨；全年社会消费品零售总额125343亿元，增长16.9%；全年国家财政收入68477亿元，增长11.7%；全年出口规模超过德国，达到12017亿美元，外汇储备达到23992亿美元，规模总量均列世界第一。在中国成为当今世界增长最快经济体的背景下，中央政府提出加快转变发展方式，调整优化经济结构，而且强调“转变经济发展方式刻不容缓”，这是因为经济规模经过多年持续扩张，依靠过度消耗能源资源支撑的粗放式发展已难以为继，国民经济进入了必须通过结构调整才能促进持续发展的关键阶段。在经济结构调整优化与经济总量持续增长相互作用的矛盾关系中，经济结构调整优化已居于主导地位。

5.1.1 转变经济增长方式以调整优化投资需求的原因

经济增长方式与投资方式密切相关，从中国经济学者对经济增长的理解可以看出中国模式中投资与经济增长的辩证关系。吴敬琏（2005）认为，经济增长方式就是指推动经济增长的各种生产要素在生产过程中的投入及其组合方式，其实质是依赖于什么要素，借助于什么手段，通过什么样的途径，怎样实现国民经济增长。[①] 蔡昉、王美艳（2007）认为，[②] 增长方式是指经济增长与产业结构变化过程中，在宏观与微观层面上，生产要素及其他投入品的配置方式，最终表现为经济增长结果对不同要素源泉的依赖程度。邱晓华（2006）

---

① 《专家谈话：吴敬琏等纵论中国经济增长方式转变》http：//news.xinhuanet.com/newscenter/2005－04/12/content_ 2819513.htm。

② 蔡昉、王美艳：“劳动力成本上涨与经济增长方式转变”，《迈向新增长方式的中国》，社会科学文献出版社2007年版，第109页。

《2009年城镇居民人均可支配收入同比增长9.8%》，http：//www.sina.com.cn 2010年1月21日10：29中国网。

等[①]认为，转变经济增长方式就是通过技术进步、资源合理配置、科学的管理，实现以效率不断提高为前提的经济增长，摒弃过去主要依靠资金、劳力和资源消耗的粗放式增长方式。王梦奎（2007）等[②]认为，转变经济增长方式是由低效粗放且资源环境代价过高的增长格局转向高效集约和要素组合优势充分发挥、经济发展可持续的增长格局。因此，未来经济增长过程中要发挥科学技术第一生产力的作用，加快技术进步与科技创新，促进新技术、新成果的不断涌现和转化，不断提高技术进步对国民经济增长的贡献率。

（1）转变经济增长方式是经济发展新阶段的必然要求

经济发展过程是一个不断突破原有组织形式、不断获得新驱动力的创新过程。纵观人类社会经济发展历程，阶段性特征是十分明显的，比如从农耕时代进入工业时代再到以信息化为显著特征的后工业时代。而且在不同的发展阶段中，经济活动的组织方式，经济资源的配置方式，经济发展的动力源泉，各种因素对经济活动发展的影响程度均表现出明显的阶段性和差异性。华尔特·惠特曼·罗斯托（Walt Whitman Rostow）提出了经济成长阶段的理论，认为社会发展必然依次经过 6 个阶段：即传统社会阶段、起飞准备阶段、起飞进入自我持续增长的阶段、成熟阶段、高额群众消费阶段和追求生活质量阶段。不仅历史性的发展阶段各不相同，在现代工业化发展历程中，经济发展也具有十分明显的阶段性特征，见图 5.1。

从图 5.1 中可以看到，处于经济发展早期的国家，其比较优势通常都表现在资源禀赋高的初级产品上。在此阶段农业经济在国民经济中占有明显优势份额，初级产品在出口总额中占有较大比重。由于仅仅依靠不可再生的资源难以维持长久增长，因此，当这种增长方式遇到瓶颈后，终究要从依靠不可再生的能源资源转为依靠可再生的资本积累和劳动投入；在实现了国民经济从资源驱动型向资本劳动驱动型

---

① 邱晓华、郑京平、万东华、冯春平、巴威、严于龙："中国经济增长动力及前景分析"，《经济研究》2006 年第 5 期。

② 国务院发展研究中心课题组："中国：加快结构调整和增长方式转变"，《迈向新增长方式的中国》，社会科学文献出版社 2007 年版，第 51 页。

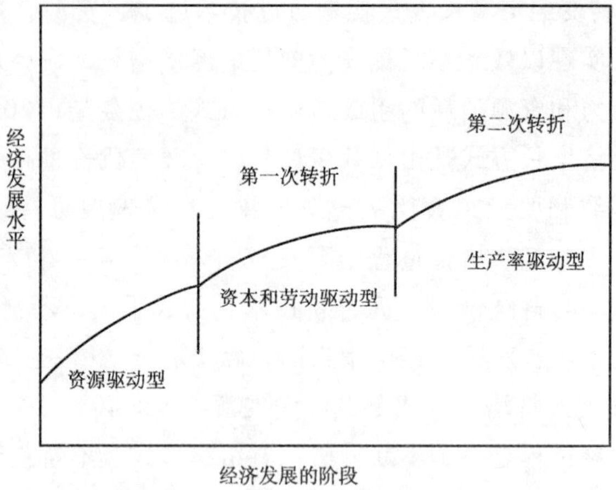

图 5.1 经济发展阶段的转折情况

转变以后，资本的积累情况和劳动力的供给情况在国民经济发展过程中就变得至关重要。资本的积累也不是无限的，在积累过程中会受到边际投资效率递减规律和人口红利期的约束，因而，资本积累和劳动供给的有限性与经济发展的无限性的矛盾也迟早会使国民经济面临再次转型；在经历第二次转折以后，经济发展将进入了技术创新驱动的新阶段。

对于目前中国所处经济阶段的观点尚没有取得一致，但笔者认为，罗斯托提出了两个论断对于判定中国经济发展阶段具有重要作用：一是中国起飞阶段开始于 1952 年；二是在经济开始起飞后，经济进入成熟阶段大约要经过 60 年。按此标准匡算，中国经济即将进入到成熟阶段。虽然经济发展具有渐进性，阶段划分在时间上具有很大跨度，同时，由于转折初始期各种特征并不明显而往往难以准确观察以致经济成长进入新阶段而不容易准确界定，但根据近年来中国国民经济的发展变化，仍然可以看出中国经济已经进入了依靠生产率提高驱动经济增长的发展新阶段。因此，转变经济增长方式就是经济发展新阶段的大势所趋。

（2）转变经济增长方式是在资源环境约束下提高投资效率的必然途径

从投资效率看，中国经济的快速增长，在一定程度上是依靠资金、劳动力和自然资源等生产要素的粗放投入实现的。从1949年以来，消除物价指数后中国GDP可比口径增长了10多倍，矿产资源消耗增长了40多倍。从“六五”至“十五”的前3年，每增加一亿元GDP需要的固定资产投资分别是1.8亿元、2.15亿元、1.6亿元、4.49亿元和4.99亿元。[①] 这里虽然有一些不可比的因素，但仍可反映出我国的高增长在相当程度上是靠高投入支撑的。土地和劳动力投入也同样存在粗放的问题。

从能源消耗情况看，中国目前单位GDP所耗能源是美国的4.3倍，是日本的11.5倍，2009年中国工业占GDP比重达到43%，而工业能源消耗占全球能源消耗的比重达到70%以上；从资源消耗情况看，中国每万美元GDP增量所消耗的矿产资源是日本的7.1倍，是印度的2.5倍，能源消耗量是世界平均水平的3倍。[②] 与能源资源消耗情况形成鲜明对比的是中国人均资源占有量远低于世界平均水平，其中水资源人均占有量仅为世界平均水平的1/4，预计到2030年将成为世界上严重缺水的国家之一，而石油、天然气自然储存的人均占有量只有世界平均水平的11%和4.5%，45种重要矿产资源人均占有量不到世界平均水平的一半，人均耕地面积已不足1.5亩，不到世界平均水平的1/2。这就决定了高消耗、低效率的发展方式难以实现经济社会长期稳定发展。

从外贸情况看，国际金融海啸带来的产业结构重大变化将使国际市场贸易结构发生重大变化，在后危机时期经济全球化出现复杂化趋势，中国以往传统方式继续分享经济全球化红利的时代已成历史。中国钢铁工业协会统计结果显示，2009年68家大中型钢铁企业产量同比增长11.27%，但销售收入却同比下降了10.14%，利润下降了33.62%。[③] 目前中国工业总量虽然很大，但很多产业缺乏核心技术，

---

① 《专家谈话：吴敬琏等纵论中国经济增长方式转变》http：//news.xinhuanet.com/newscenter/2005－04/12/ content_ 2819513.htm。

② 《加快经济发展方式转变学习读本》，人民出版社2010年版，第60、112、116页。

③ 同上，第5页。

存在企业核心技术空心化，关键部件要依靠进口，处在全球产业链低端，“大而不强，多而不优”的特点较为明显。

从国际比较看，中国自主创新能力不强，在国际产业分工中处于价值链条的低端。目前中国制造业的平均增加值为26%，而美国为49%，英国为48%。[①] 由于企业缺乏核心技术和知识产权，尽管销售额很大，但利润很小。而且由于缺乏核心技术，国内投资需求主要集中在钢铁、电解铝、水泥、房地产等高耗能、高污染的“夕阳产业”中，而电子信息、精密制造等技术、知识密集型行业主要依靠外商投资或直接进口产成品满足国内市场需要，这就使中国的经济增长日益受到资源支撑力和环境承载力的严重制约。

从总体上看，经过改革开放30多年的快速发展，中国在经济方面取得了举世瞩目的成就，在完成了发达国家上百年才完成的工业化发展历程的同时，也将上百年的工业化的污染集中在30多年里集中释放，出现了自然灾害频繁，能源资源紧缺，荒漠化蔓延，空气污染、水污染和环境污染等生态问题，生态环境总体恶化的趋势明显，有些地区的污染物排放总量已经大大超过环境容量，生态系统功能严重退化，已经威胁到国家生态安全，因而要通过节能减排缓解资源约束和环境压力，提高经济增长质量和效益，实现节约发展、清洁发展、安全发展和可持续发展的重大战略任务，促进经济增长从主要依靠物质资源消耗驱动向主要依靠科技进步、管理创新和劳动者素质提高驱动转变。

(3) 转变经济增长方式是减少经济周期波动保持国民经济持续稳定发展的必然选择

经济发展过程是一个不断突破原有组织形式，不断获得新驱动力的创新过程。目前中国发展方式不协调、不平衡与不可持续的问题还是比较突出，除了上文已经论述过的资源环境等生产要素约束以外，还表现为内需与外需之间、投资与消费之间的关系不协调，而城乡和区域发展的不平衡也导致居民收入差距扩大，特别是中国面向生产的

① 《加快经济发展方式转变学习读本》，人民出版社2010年版，第4页。

服务业，如金融、设计、物流、信息、研发、商务、节能环保等行业发展滞后，在新的经济发展趋势面前，产业结构不合理等问题暴露得较为明显。而通过调整优化经济结构转变经济发展方式以后，科技含量高的接续产业会改变经济发展的驱动方式。当产业结构从低水平重复建设、服务业落后且高端产业竞争力不强的格局转变为技术含量较高，服务业发达、整体竞争力较强的格局时，高效集约、要素组合优势得以充分发挥，生产要素投入少，经济体的可持续发展能力就越强，经济发展的稳定性就越强，经济的周期性波动幅度就越小。从世界范围内国民经济发展阶段的实践看，从农业文明到工业文明再到以知识经济为主要代表的后工业时代，人类社会经济活动越来越表现出超越自然条件和生产要素限制的特征，经济发展的稳定性也越来越强。在农业社会，由于土地、劳力等生产要素的局限性，经济发展受自然条件和自然气候的影响很大，经济发展缓慢，在几百年间人均生活水平差异不大，新增财富的速度远远低于人口增长速度，每有重大自然灾害，经济产出水平就会出现剧烈波动。因而此时经济周期也通常表现为增长率出现负数的古典型经济周期，产出的绝对量会出现大量减少，经济稳定性极差，即使在现代经济体中，农业也要面临自然和市场双重约束，在无论哪个国家中，都表现出弱质产业的特征，因而具有内在的不稳定性；在工业化初始阶段，特别是重化工业时期，经济活动已经开始摆脱了自然气候条件的影响，经济总量仍然有较大波幅，但对经济活动的冲击主要来自于市场供需情况，当财富增长速度超过人口增长速度时，经济体的富裕程度便有明显提高，国民经济的现代化程度也会有明显的进步，但在此阶段中，由于能源、资源及土地、劳力、资本等生产要素投入量大，经济对生产要素的依赖程度高，任何一种生产要素的总量变化都会对经济运行产生明显的影响，在重化工业时期，经济发展的稳定性有所增强，但在国家宏观经济政策出现失误时，仍然会出现古典型经济周期，即产出总量水平会出现低于平均水平的负增长，经济周期波动剧烈，这种状况随着重化工业的完成，会有明显改善；当工业化进入以技术创新和知识经济为主要特征的时期后，在技术水平显著提高的作用下，效率得以明显提高，因而对实物要素投入量的需求不断减少，经济增长和经济发展更主要地依靠无形的智力成果，而智力成果具有可持续性和无限发展的空间，因而，正如实物生产要素的有限性会决定重化工业发展的空间和时间有限性一样，以信息化为代表的智力成果的可持续性同样会给后工业时代的产业发展带来空间和时间的无限性，特别是对金融、工业设计、物流等产业，同时国民经济结构中这些面向生产的服务业发展壮大以后，也必然会由于产业链条的延长，增强经济发展的稳定性，避免经济周期出现大的起落，有利于国民经济增长率始终处于潜在经济增长率的水平，充分利用现有各类生产要素。

5.1.2 调整优化经济结构促进经济增长方式转变的途径

中国目前仍然处于工业化和城市化的快速发展阶段，这就决定了经济增长与资源、环境的矛盾将长期存在。中国经济发展目前面临的不平衡、不可持续等问题是经济高速增长的产物，既与发展过程中策略和路径选择的不当有关系，同时也是经济发展还没有进入高级阶段的具体表现。这些问题不能用停止发展的方法解决，而只能通过调整优化发展方式加以解决。从各国现代化历程的发展实践看，资源和环境并非是经济发展不可逾越的鸿沟，因为一些资源禀赋和环境条件远远不如中国的国家已经在战后顺利实现了工业化和现代化，而一些资源禀赋条件优越的国家却仍然贫困。中国在未来几十年内，包括石油在内的重要战略性资源仍然具有支撑国民经济高速发展的潜力，因而，从客观条件看，当前中国经济发展面临的问题解决程度取决于转变经济增长方式战略选择的正确性。

（1）积极推进资源和要素价格改革

中国经济发展能源资源消耗量大，利用效率低的一个主要原因是能源资源的价格形成机制不完善，比价关系非常不合理，因而在很大程度上刺激了对资源的过度消耗。中国大多数资源和能源的人均占有量低于世界平均水平，但是有一个较为异常的情况是中国资源和能源的价格同样低于世界平均水平，远远没有反映出资源的稀缺性。比如土地资源的供求状况已经十分紧张，18 亿亩耕地红线已经是保证粮食安全的底线，但土地的使用却存在大量的浪费，其价值被低估的现象十分普遍。再如矿产资源人均储量低，但长期以来却存在资源税过低的问题，矿主取得资源的成本极低，与其所获得的利润形成鲜明对比。水资源的利用也存在很大问题，中国淡水资源的总量与经济社会发展的要求相比严重不足，而且空间分布极不均衡，可是长期以来的水资源管理和价格形成机制也并不健全，水资源价格被低估的情况普遍存在。因此，要为市场发挥配置资源的基础性作用创造条件，积极稳妥推进水、电、天然气、成品油等重要资源性产品的价格改革，理顺水、电、天然气、成品油等重要资源性产品的价格形成机制，研究试点开征污水处理费和垃圾处理费，充分发挥价格在节约能源和资源与保护环境中的作用，全面核算资源开采使用的成本，深化资源税改革，健全矿产资源的有偿使用制度，逐步地推广排污交易制度，建立起生态环境补偿制度，充分发挥价格杠杆引导资源配置的作用。

在推进资源和要素价格改革改革进程中，要着力健全有利于资源和要素充分利用的长效机制，因此，今后的能源资源价格体系要能够真实反映资源稀缺性、市场的供求状况以及环境代价，对于电力、石油、天然气、水等领域考虑引入竞争机制，充分发挥市场配置资源的基础性作用，而对于价格不便于放开的领域，则要加强政府的成本监管，并依据国际市场价格的变化适当调整国内价格，实行按用户类型和时间阶段划分的阶梯式水价、电价和天然气价格。对于矿产资源、水资源和森林资源等稀缺自然资源要改革资源管理体制，健全资源的有偿使用制度，推广按可采储量征收资源开采费用的方法，抑制对自然资源的破坏性开采行为，同时要充分利用财政、税收和货币政策等经济杠杆促进发展循环经济，切实提高资源的综合利用效率。要按照“节约优先、立足国内、保障供给、结构多元、市场推动和环境友好[①]”的方针，把节能、降耗、减排、增效作为主要切入点，加强技术性措施的综合配套，形成资源节约型、环境友好型的生产、流通和消费模式，实施重点领域、重点企业的节能改造，在着重抓好工业领

① 国务院新闻办，2007年《中国的能源状况与政策》白皮书。

域中电解铝等消耗能源大户的节能减排工作同时，要着重抓紧做好建筑、交通运输、公用事业、政府机构和民用建筑的节能降耗工作。

（2）加快科技创新步伐

创新是现代经济发展的持久动力，自主创新是保持国民经济长期平衡较快发展的重要支撑。自主创新是通过拥有自主知识产权的独特核心技术并在此基础上实现新产品价值的过程。加快推进自主创新是调整优化经济结构和转变经济发展方式的中心环节。随着现代经济发展，科学技术作为第一生产力的特点和作用日益明显，中国农业科学院农业经济研究所的研究结果显示，在农业 GDP 增长的贡献中，每 1 元的要素投入，教育、通讯、道路、灌溉、电力的回报分别为 3.71 元、1.91 元、2.12 元、1.88 元和 0.54 元，而科技的回报达到 9.59 元；在对粮食生产的贡献中，每 1 元的要素投入，灌溉、道路、教育、通讯、电力的回报分别为 5.56 元、1.95 元、2.02 元、1.84 元、1.37 元，科技的回报则高达 4.41 元。[①] 虽然现代科技已经在实践中显现了巨大的推动力量，但由于中国自主创新能力不足，目前的创新活动和创新水平还难以适应产业结构升级的需要，而且技术创新及成果转化的激励机制不完善，研发成果与实际应用存在脱节，企业还没有成为真正的创新主体。因此，今后要以现有较强的生产制造能力为基础，同时提高研发设计能力和产业配套能力，采用适用先进的技术，促进传统产业的改造升级。

在创新过程中，要努力在三个方面推进创新，一是原始创新，二是集成创新，三是引进消化吸收再创新。在推行赶超战略的同时，要充分发挥政府在提升创新能力的重要作用，政府的需求对于一些新技术和新产业的拉动作用是不可替代的，中国已经具有通过创造特殊需求进而促进新产业和新技术发展的成功案例。比如高速铁路和大型水轮机组，就是充分发挥政府对垄断性行业的控制，对引进技术消化吸收并成功升级的结果。除了用市场来换取核心技术的作法以外，政府还可以直接购买创新的产品或服务，或者可以给

① 《加快经济发展方式转变学习读本》，人民出版社 2010 年版，第 97 页。

予一定的补贴和税收优惠加快新技术和新产品的引入，同时设置一定的技术标准加快新兴战略性产业的发展。比如在火电、风电以及核电等设备中可以设定国产化率的要求，实施自主依托工程，从而提升技术的国产化能力，提高产品的科技竞争力。对于具有准公共产品属性的共性技术，要考虑由政府提供相关生产要素，加快共性技术平台建设，提高基础项目研究的水平，建立开放性的国家实验室和国家工程中心，调动一切可用力量对特定技术进行科技公关，充分利用中国巨大的市场规模，鼓励产业创新联盟发展，深化技术扩散。要在创新过程中着力发展战略性新兴产业，这是因为战略性新兴产业是新兴科技与新兴产业的深度融合，代表着现代科技创新的方向，同时也代表着现代产业发展的方向。战略性新兴产业不仅对经济总量的贡献大，同时对创新能力的推动作用也强，因而结构调整的带动作用就大，有利于迎接新一轮科技革命和产业革命，夺取未来国际经济竞争的制高点。

（3）稳步推进城镇化进程

城镇化既是促进国内需求增长的重要途径，又是促进供给能力和潜在 GDP 水平持续增长的重要途径，同时也是促进非农就业机会增长的主要途径，有利于城乡统筹发展和区域协调发展，因而是解决城乡差异和区域差异问题的有效途径。从解决城乡差异问题的传导机制看，由于农村人口流入城市，农业劳动力的相对稀缺性就不断提高，农业投资的边际效率就不断提高，因而能够缩小工农业部门之间的收入差距。同时农业部门内部高收入的人群不断进入到城市中，也使农村内部的收入差距减小，因而城镇化对缩小城乡收入差距作用明显，进而能够通过缩小收入差距影响经济增长。从中国区域发展的动向看，2004 年以来，由于东南沿海地区综合成本上升和结构调整带来增长速度放缓，同时中西部能源和原材料的采掘业和关联产业发展迅速，北部沿海地区综合优势发挥后也带来了经济增长加速，全国的经济重心开始北移，东、中、西部和东北地区四大经济板块之间的差距呈现缩小趋势，同时各个经济区域内部的经济差距呈现出缩小的趋势，因而统筹协调区域经济发展面临较为良好的契机，城镇化可以依托本地具有比较优势的产业在各个发展区域中形成新的经济增长点。因而，统筹推进城镇化进程有利于解决城乡差距和区域发展问题。

全面推进城镇化发展是一项复杂的系统工程，涉及面广，影响因素也很多，必须全国一盘棋科学推进，而不能在各个行政区域范围内分割进行。从中国的实际情况看，在科学推进城镇化的战略和政策选择方面，农民工市民化是未来一段时期内推进城镇化进程的重要突破口。这是因为农民工已经在目前的城镇中获得就业机会，并已经适应城镇生活，具有在城镇中谋生的强烈愿望和基本技能，而且中国推进城镇化的客观物质基础也决定了不可能在较短时期内快速实现全部人口的城镇化，而只能是分步骤推进。加快推进农民工的市民化进程就要促进城镇非农就业岗位的持续增长。在社会主义市场经济体制下，非农就业机会增长主要依靠市场，但也不能离开合理的就业政策。政府要取消行业准入限制，降低企业注册的门槛，促进城镇劳动密集型的中小企业发展，为中小企业发展提供配套的金融支持，保持劳动力市场的灵活性。政府要完善基本公共服务领域和社会保障制度，提供普惠和高效的教育、医疗等基本公共服务，完善社会保障体系，尽快形成“人口全覆盖、制度统一、可在地区和部门间顺畅结转、服务和保障水平与各地物价水平以及个人缴费积累情况相挂钩”的基本公共服务和社会保障格局，保证农民工跨省流动时也能够同步转移接续城镇就业时的基本养老保障关系，为建立全国统筹的社会保障体系创造条件。在城镇化推进过程中，需要处理好的另一个重要问题是完善保障性住房政策，要按照“保基本、广覆盖”的原则切实保障中低收入家庭的居住权，为低收入者提供廉租房，一视同仁地对待城市居民和进城务工的农民，按照统一的收入水平、居住年限等准入条件，使农民工也能够平等地享受国家保障性住房福利。建立公开透明的监管机制，加强对保障性住房的资格审查，避免社会上的高收入阶层挤占低收入者的住房资源。此外要为农民工子女提供平等的教育机会，实现发展机会的公平，为缩小城乡差距提供智力支持。

5.2 调整居民收入分配比重以拉动消费需求

1978 年改革开放以来，伴随着经济总规模的不断增长和国民收入分配领域内改革的不断深入，与计划经济体制联系密切的平均主义分配方式逐渐被与社会主义市场经济体制相适应的按劳分配为主体、多种分配方式并存的收入分配制度所取代，国民收入分配比例关系和收入分配的总体格局发生重大变化。国民经济快速发展带动了城乡居民收入水平的快速增长。1978—2009 年，城镇居民人均可支配收入由 1978 年的 343 元提高到 17175 元，比上年增长 8.8%，扣除价格因素后实际增长 9.8%。2009 年城镇居民家庭人均总收入中的工资性收入增长了 9.6%，财产性收入增长了 11.6%，经营净收入增长了 5.2%，转移性收入增长了 14.9%；2009 年农村居民人均纯收入由 1978 年的 134 元增加到 5153 元，比上年增长 8.2%，扣除价格因素后实际增长 8.5%，其中，工资性收入增长了 11.2%，财产性收入增长了 12.9%，转移性收入增长了 23.1%，第一产业生产经营收入增长了 2.2%，第二、三产业生产经营收入增长了 10.0%。在收入总量大幅增长的同时实现了收入来源的日益多元化。虽然纵向比较城乡居民收入有了较大幅度的增长，但在宏观收入分配格局中居民收入所占比重不断下降，同时在居民收入分配格局内部劳动所占比重也呈逐渐下降的态势。居民收入水平不断降低的直接后果是自 20 世纪 90 年代以来居民消费率一直处于缓慢下滑状态，特别是进入 2000 年以来，伴随中国经济增长加速同时出现的是消费率连续 6 年下降，消费对经济增长的拉动作用弱，没有发挥应有的支撑作用，对平抑经济波动贡献很小，而且城乡之间、区域之间和行业之间的收入差距日益扩大，在一定程度上影响了社会公平和稳定。尤其需要注意的是，目前出现了居民收入在国民收入分配中比重呈逐年下降的趋势，统计数据显示，2007 年中国居民收入占国民可支配收入比重为 57.5%，比 1992 年低了 10.8 个百分点，[①] 与此形成对照的是政府收入和企业收入呈现快速上升趋势。

5.2.1 1978 年以来居民消费变化趋势分析

在社会总消费需求中，居民消费是重要的组成部分。从总体上看，1978 年以来，居民消费变化趋势经历消费快速增长、波动增长和稳定增长三个阶段，[②] 具体数据可见表 5.1：

表 5.1 1978 年以来居民消费水平增长速度情况[③] 上年 = 100

年份	全国	农村	城镇	年份	全国	农村	城镇
1978	104.1	104.3	103.3	1993	108.4	104.3	110.4
1979	106.9	106.5	102.8	1994	104.6	103.1	104.4
1980	109	108.4	107.2	1995	107.8	106.8	107.2
1981	108.3	109.8	104	1996	109.4	114.5	103.4
1982	106.8	109.1	100.7	1997	104.5	103.1	102.2
1983	108.1	110.6	102.1	1998	105.9	101.2	105.9
1984	112	112.9	107.9	1999	108.3	105.1	107
1985	113.5	113.3	111.1	2000	108.6	104.5	107.8
1986	104.7	102.3	106.7	2001	105.7	104.5	103.2
1987	106	104.9	105.6	2002	106.5	105.2	104.2
1988	107.8	105.2	109.7	2003	106.5	100.3	106.3
1989	99.8	98.3	100.7	2004	107.4	103.4	106.4
1990	103.7	99.2	108.5	2005	107.7	106.5	105.8
1991	108.6	105.4	110.7	2006	113	109.8	113.3
1992	113.3	108.5	108.5	2007	116	114.2	117.4

① 中共中央宣传部理论局："怎么看分配不公"，《理论热点面对面 2010》人民出版社 2010 年版，第 88 页。

② 孔泾源、刘强："国民收入分配与居民消费"，《迈向新增长方式的中国》社会科学文献出版社 2007 年版，第 95 页。

③ 数据来源于历年《中国统计年鉴》。

根据上表，可有如下消费变动趋势，见图5.2：

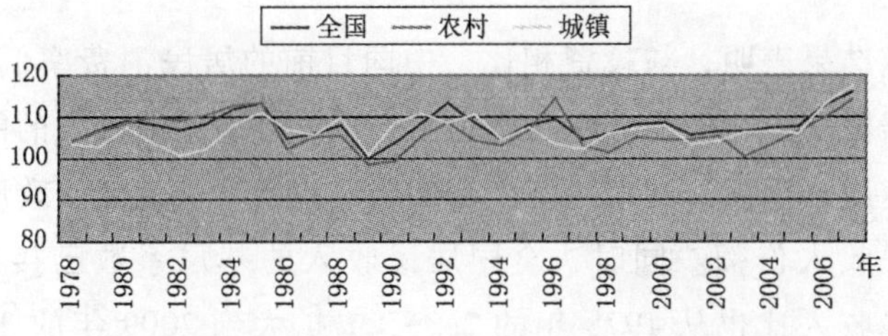

图5.2　1978年以来消费支出变动趋势

（1）1978—1986年消费快速增长阶段。在这个时期，全国居民消费水平的年平均实际增长率达到8.6%，最高的1985年达到13.5%。这个阶段最显著的特点是农村居民收入快速增长，消费水平呈现持续递增趋势，甚至在1982年农村居民消费实际增速超过了城市居民8.4个百分点。与此相反，同期城镇居民消费水平增速不高且波动较大。出现这个现象的主要原因是中国的改革开放是从农村开始的，这个时期改革开放的重点恰恰是农村地区。因而，对农业的投入也较以往的时期有明显增加，农民增收明显。

（2）1986—1997年是消费波动增长阶段。在这个阶段全国居民消费水平实际增长速度达到6.5%，这个阶段中最为明显的特征是消费水平波动幅度较大，峰值出现在经济过热的1992年，达到13.3%；谷值出现在经济紧缩时期的1989年，负增长0.2%。由于这个阶段经济体制改革的重点已经转向城市，各类资源的配置都向城市倾斜，城镇居民的消费水平明显加速并全面超过了农村，最高的1992年比农村高出7.6个百分点。

（3）1998—2007年是消费稳定增长阶段。在这个阶段全国居民消费水平实际增长速度达到8.6%，消费增长整体高于波动时期2.1个百分点，除2006年和2007年消费支出增长幅度较大外，整体增长态势还是较为平稳，说明城乡居民消费愿望和消费动机开始趋于谨慎，消费拉动不足问题开始显现。在此时期城镇消费水平增长速度城市为7.7%、农村为5.5%，城乡之间消费差距继续拉大。

5.2.2 1978 年以来居民消费变化原因分析

研究结果表明，与投资相比，中国目前的居民消费率低。政府、企业和居民个人之间的分配比例也不合理，政府组织收入的能力和收入增长速度远远超过同期经济产出和居民收入增长速度，政府收入挤占了居民收入份额。同时，全国居民收入的基尼系数已接近 0.47，城乡居民收入比也从 1978 年的 2.36 : 1 扩大到 2009 年的 3.33 : 1。而且从绝对差距看，1978 年农民人均可支配收入与城镇居民人均可支配收入相差 209.8 元，1992 年城乡收入差距突破了千元大关，达到 1242.6 元，2009 年更是达到 12022 元①；1997—2007 年劳动报酬占国内生产总值的比重也从 53.4% 降为 39.74%，劳动报酬所占比重逐年下降。从经济发展的宏观层面来研究，这些问题的负面影响最终都归于削弱了经济发展动力，使经济持续稳定健康发展的后劲不足。产生上述问题的原因较为复杂，主要有以下几点：

（1）社会历史原因。新中国成立后，计划经济时期采取工农业产品“剪刀差”以及户籍制度等制度安排，使历史既有的“城乡二元社会经济结构”特征进一步加重，拉大了国民收入分配中的城乡差距。而且中国地域辽阔，各地经济发展基础各不相同，资源禀赋、自然条件都有很大差异，造成了区域经济发展不平衡的特点，使中国经济区域呈现出东中西部阶梯式的格局。加之改革开放以来采取了自东向西推进的梯次发展策略，也在客观上带来了拉大东部和中西部收入差距的后果。

（2）体制改革不到位的原因。由于受到多种因素影响，不同地区、领域、行业推进改革的顺序和力度不同，因而各个区域、领域和行业占有的资源也有很大区别，得到的发展机会也有很大差异。而且改革开放以来，社会主义市场经济体系不断发展，市场竞争机制逐渐发挥着配置资源的基础性主导地位，这就不可避免地会造成收入的分

① 中共中央宣传部理论局：“怎么我国发展不平衡”，《理论热点面对面 2010》人民出版社 2010 年版，第 3 页。

化。因此，在经济体制改革深化过程中，不同部门、不同地区和不同的行业在市场化程度方面的差异也反映在居民收入分配领域中。

（3）分配制度改革滞后的原因。目前在国民收入分配存在初次分配、再分配和三次分配三个层次。初次分配是指按照各生产要素对国民收入的贡献大小进行的分配，主要是由市场机制完成；再分配也即是二次分配是在初次分配的基础上，通过税收杠杆把国民收入中的一部分集中到国家手中，通过政府调控机制发挥作用建立社会保障体系，扶助弱势群体；三次分配是指动员社会力量，建立社会救助、民间捐献、慈善事业等多种形式的制度和机制，以补充政府调控的不足。目前在中国的国民经济分配体系中，初次分配没有科学界定国家、企业、居民三者的利益分配关系，也没有建立劳动报酬正常的增长机制，因而会出现劳动者收入落后于国民经济增长和企业增长的局面。而在二次分配中，也没有法律制度明确政府用于社会保障的支出比例，同时三次分配的规模过小，捐献的激励机制、管理机制及监督机制都还不够健全，对国民收入分配的调节功能也有限。

（4）宏观调控政策的原因。在改革开放以来的历史进程中，宏观调控政策也对居民消费产生较大影响。资源的分配和改革的进程都对居民收入产生重要影响，在城市化进程中，大量资源和资金被投入城市。自20世纪90年代以来，30年的改革开放历程中，改革开放的重点有20年在城市。这就不可避免地把资金、土地、资源、人力等生产要素优先用于城市的发展。

（5）社会保障及教育方面的原因。社会保障是社会的安全网，也是保障低收入者基本生活的重要措施，但由于大部分私营企业都没有建立社会保障制度，因而在民营经济中从业的人员都无法享受社会保障。同时随着社会事业发展，教育产业化抬高了教育的门槛，使经济落后地区和弱势群体丧失了教育公平的机会，难以改变自身在社会分配格局中的不利地位。

5.2.3 调整优化国民收入分配结构的路径选择

调整优化收入分配结构是调整经济结构的重要抓手和关键环节，

抓好收入分配结构调整，就相当于牵住了调整优化经济结构的牛鼻子，这是因为，想要缩小城乡差别，实现区域均衡，必先加速推进工业化进程，促进城乡和区域协调发展；在现有能源、资源和环境等要素约束条件下，想要加速工业化，必先优化产业和产品结构，引导产业有序转移；在市场经济条件下，需求导向决定供给结构，想要优化供给范畴的产业和产品结构，必先优化需求范畴的国民收入分配结构，提高国民收入水平，增加有效需求，从而通过需求拉动供给，带动产业和产品结构升级转型，推动经济进入创新驱动、内生增长的发展轨道，进而使更多的人力、物力资源从服务国外消费者转向服务国内消费者，提高国内居民的生活水平和整体福利。

2010 年，十一届人大三次会议审议通过的《政府工作报告》明确提出，调整国民收入分配格局就是要提高居民收入在国民收入分配中的比重，提高劳动报酬在初次分配中的比重，深化垄断行业分配制度改革，进一步规范收入分配秩序。鉴于市场机制的“无形之手”在调整国民收入分配过程中出现了“强资本、弱劳动”的结果，我们就要倚重政府调控的“有形之手”，坚持和完善按劳分配为主体，多种分配方式并存的分配制度，兼顾效率和公平，通过“提低、扩中、限高、打非、保困”实现共同富裕，充分体现社会公平正义。为此，要在四个方面采取措施：

（1）加大初次分配调节力度。鉴于初次分配领域中国民收入不断向政府、资方和垄断行业集中的趋向，应当灵活地运用财政税收政策杠杆，加大调节力度，准确测算包括土地出让收入在内的政府收入规模，科学设定政府收入增长幅度及其在国民收入分配结构中的比重，适度减轻企业税负，在国民收入的“蛋糕”初次分配过程中为居民收入留出更多份额。同时应当建立职工工资的正常增长机制，工资激励机制、工资保障机制，通过建立工资集体协商机制，改变劳动力价格由资本单方面决定的现状，切实扭转居民收入增幅多年来始终低于 GDP 增幅的情况；应当重点关注农民工工资收入状况，对农民工的工资增长、工资支付等进行法律规范，保障农民工工资按时足额发放并有稳步增长。

（2）加大二次分配改革力度。应当深入推进再分配领域改革，深化行政体制改革，提高政府再分配效率。故应在国民收入二次分配领域中充分地运用财政税收政策杠杆，研究开征资源税、物业税和遗产税，继续改革个人所得税征收标准及征收方式，通过深化土地流转改革增加农民财产性收入；继续实施更加积极的就业政策，增加涉农补贴规模；要以社会保险、社会救助、社会福利为基础，以基本养老、基本医疗、最低生活保障制度为重点，完善社会保障体系，提高城乡居民社会保障水平，改善优抚对象待遇和企业退休人员基本养老金；应当增加对义务教育学校、基层医疗公共卫生事业的资金投入，健全家电下乡补贴政策，扩大补贴对象范围，增加补贴品种；应当加大对城乡特困群众救济救助力度，继续完善扶贫对象瞄准工作机制，提高扶贫资金使用效益，加大对革命老区、民族地区、边疆地区和贫困地区财政转移支付力度。

（3）加大三次分配创新力度。应当根据各地实际情况研究创新发展慈善事业和公益事业的有效途径，鼓励先富起来的人承担更多的社会责任，充分发挥社会组织在财富分配中的作用，倡导民间自愿捐赠活动，调动社会力量帮助低收入困难群体，缓解贫困，缩小差距，推动实现共同富裕。

（4）加大分配秩序整顿力度。据中国改革基金会的《国民收入分配状况与灰色收入研究报告》统计，2008 年占全国就业人员比重只有 8% 的垄断行业职工工资包括福利和住房加在一起，占了工资福利奖金总额的 55%。为缩小收入分配差距，保证收入分配的公平合理，应当加大对垄断行业收入分配的监管力度，科学界定垄断企业利润中的正常经营部分和垄断收益部分，深化电信、电力、石油、民航、金融、铁路、邮政、烟草和水电气公用事业等行业改革，进一步引进竞争机制。在有效调节过高收入的同时，还应当构建规范的国家公职人员工资制度，严格清理灰色收入，坚决取缔非法收入，建立平等公开透明的收入分配秩序。

5.3 适应世界经济格局变化以调整外贸需求

2007 年 4 月，美国第二大次贷供应商新世纪金融公司宣告破产，拉开了美国次贷危机的序幕。截止到 2010 年，这场由美国次贷危机引发的国际金融危机已经进入第四个年头。金融危机爆发后，世界经济在经历了“恐慌”、“行动”、“缓解”三个阶段后，现正进入后危机时期的“重建”阶段，从世界经济发展情况看，经济复苏比预想的来得更早、更强。随着中国近年来经济持续高速增长，在世界经济一体化程度不断加深的背景下，中国与世界经济的联系日益紧密，中国经济周期与世界经济周期协动性也不断增强，中国与世界的相互联系、相互影响已经达到前所未有的程度。在这种情况下，我们必须把后危机时期世界经济格局变化趋势及对中国经济发展的影响作为一个重要问题，把中国经济的发展放在国际经济格局变动的大背景下进行研究和规划，这对当前完成保持经济平稳较快发展、调整优化经济结构和管理好通胀预期三大宏观调控任务，对制定“十二五”规划乃至更长远的规划都具有重要意义。

5.3.1 世界经济格局变动趋势

与 1929 年世界经济危机不同的是，这次世界性金融和经济危机并没有造成大规模的社会动荡和长期萧条；但与 1929 年世界经济危机相同的是，这次世界性金融和经济危机通过贸易和资本流动影响着世界各国和地区，引起了世界经济格局的深刻变动。在后危机时期，世界经济格局变动趋势出现了三个明显变化。

（1）经济全球化趋势继续加强。全球化是人类社会发展的新阶段，也是长期持续的宏伟世界潮流。这次危机发生后，通过全球化的贸易和资本流动，危机迅速传导到世界各地，把越来越多的国家卷入其中。为有效应对金融危机，2007年4月以来，世界发达国家和发展中国家通过多次协商，联合采用降息、政府注资、银行国有化等多种措施，共同研究协调应对危机的策略。这次危机没有造成长期萧条，在很大程度上要归功于各国救市措施得当，协调有力。通过各国联手救市，世界各国协调机制不断健全，沟通渠道逐步增加，经济联系日益紧密，传统的国际关系迅速地向国际化转变，进一步推动了经济全球化。这在很大程度上证实了经济全球化加速趋势具有内生性。从经济全球化的发展基础看，世界上大多数国家已经走上市场化道路，伴随着市场化的广度和深度的不断拓展，经济全球化的基础得以不断扩大，并不断得到夯实；从经济全球化的发展动力看，信息化浪潮把世界变成了“地球村”，信息技术革命以互联网、电脑、传感器等手段迅速地把世界各国经济和社会生活都联结在一起，有力地推动了全球化的进程。目前信息技术已进入物联网研发阶段，这充分地证明了经济全球化的发展动力并没有受到危机影响，仍然十分强劲。因此，从长远看，经济全球化具有市场化的雄厚基础和信息化的强劲动力，必然呈现继续加速的发展势头。

（2）新兴经济体所占比重逐渐加大。以“金砖四国”为代表的新兴经济体在全球化进程中日趋活跃。中国、印度、俄罗斯和巴西组成的“金砖四国”占世界领土总面积的26%，占全球总人口的42.9%。据国际货币基金组织统计，2006—2008年四国经济平均增长率为10.7%，远高于世界经济平均增长率。在国际贸易领域，2003—2008年，四国出口的年均增长率都在20%以上，截止到2008年，四国出口占全球出口总额的比重已由2003年的9.7%上升到14.5%，占全球进口总额的比重由8.0%上升到11.9%。此外，近年来国际经济学者还提出了“新钻十一国”（包括埃及、韩国、墨西哥、尼日利亚等11国）和“展望五国”（包括越南、印度尼西亚、南非、土耳其和阿根廷）的概念。2003年提出“金砖四国”概念的美国高盛首席经济师吉姆·奥尼尔在研究报告中预测，到2050年，世界经济格局将重新洗牌。这次国际金融危机中新兴经济体的增长态势发挥着稳定世界经济的作用，新兴经济体正在世界经济格局中占据越来越重要的位置，有望在“后危机时期”引领世界经济的发展，并使世界经济版图发生重大变化。

(3) 经济多极化趋势不断加快。世界经济多极化与美国经济地位的相对衰弱是密切相关的。由美国肇始的国际金融危机重创了美国经济，给美国的国际地位造成沉重打击，使美国在经济上和政治上遭遇重大挫折。近年由于美国虚拟经济过度膨胀，国民普遍过度消费，同时国家债务不断增长，失业率高企，美国经济发展动力不足。2000—2007 年，美国占世界 GDP 的比重已从 30.6% 下降到 25.4%，占世界出口贸易的比重也从 19.2% 下降到 14.3%。不仅美国在世界经济中的比重持续下降，英、德、日等美国西方盟友的经济比重也在下降。G7 占世界 GDP 比重从 1989 年的 68% 下降到 2009 年的 56%。随着美国及其西方盟友经济实力的削弱，美国推行单边主义的能力也在不断削弱。从 2008 年 10 月到 2009 年 9 月，20 国集团领导人在不到一年的时间内举行了 3 次峰会，2009 年 9 月美国匹兹堡峰会上发展中国家在全球经济治理中的代表性和发言权得到大幅提升，峰会发表的《领导人声明》宣布 20 国集团将成为“国际经济合作的主要论坛”，20 国集团峰会也将机制化，自 2011 年起每年举行一次，这意味着 G20 将成为全球经济治理的主要平台。国际社会通过联合救市协调行动，使各种多边和双边关系深化交错，世界发展中国家广泛参与世界经济事务，极大地改变了以往美国主导的单极世界格局。伴随着发展中国家经济实力进一步加速增长，世界经济多极化发展趋势也必然呈现加速状态。对于多极化趋势，西方国家也有清醒认识。美国国家情报委员会在 2008 年 11 月发表的《2025 年全球趋势：一个改变了的世界》中说：“‘新秩序’的最显著特点将是从美国主宰的单极世界转变为由旧的大国和崛起中的国家组成的一个相对无等级的结构，以及力量从国家到非国家行为主体的扩散。”

5.3.2 世界经济格局变动对中国的影响

这次国际金融危机不仅冲击各国经济发展，而且冲击世界格局变动，对现有世界经济秩序构成了严重挑战，同时也给世界发展中国家带来了重大机遇。危机必然引发变革，与世界各国一样，中国在面对国际金融危机时也始终面临有利和不利两方面影响，而且在后危机时期，无论是需要认真把握的机遇，还是需要妥善应对的挑战都日趋紧迫和明显。

（1）有利影响。这次危机给中国增强经济实力和扩大国际影响提供了一次难得机遇。危机爆发以来，中国政府采取积极财政政策和宽松货币政策，出台4万亿元投资计划，积极扩大内需，有效刺激经济增长，2009年经济增长率达到8.7%，率先实现了经济复苏。中国的经济动力不仅驱动了中国发展，更传递到全球。联合国发表的2009年世界经济报告指出，如果中国能够在2009年实现8%的经济增长，对世界经济增长的贡献将达到50%。2009年的经济实践充分证明了中国经济当之无愧地成为2009年带动全球经济复苏的最强引擎。这些事实彰显了中国在世界经济中的地位，加强了中国经济对世界的影响。2009年初，美国《外交》杂志刊载的《2008年大崩溃——西方地缘政治的挫折》这样写："在今后的一年里，没有哪个国家会从这次金融危机中获取经济上的好处，但少数几个国家——尤其是中国——将获得更为强势的全球地位"。"尽管中国也受到危机的破坏，但相对于西方而言，该国的经济和金融实力反而有所加强。中国的全球影响力将因此而扩大，北京将具备承担政治和经济任务，从而进一步扩大影响力的能力。"

（2）不利影响。后危机时期，在世界经济再平衡过程中，美国过度消费倾向明显降低，其他发达国家和发展中国家也更为重视其国内市场，我国外部需求不足问题将长期存在。而且在后危机时期，中国经济的快速发展和一些国家、地区经济发展相对迟缓甚至恶化的对比，必然使中国成为贸易摩擦的焦点。从实际情况看，2010年2月以来，美国、欧盟相继对中国铜版纸、油井钻管、三聚氰胺等产品发起了反倾销调查；韩国以中国属于香蕉穿孔线虫疫区为名，对广东、广西、海南三省区出口的生姜、马铃薯实行禁运；阿根廷对中国西装、套装及原产于中国的手动高速钢直锯片立案进行反倾销调查；墨西哥继续对原产于中国的高碳锰铁征收为期5年的反倾销税；哥伦比亚决定对原产于中国的榨汁机征收临时反倾销税。除国际贸易保护主义抬头，贸易摩擦加剧，后危机时期中国和美国围绕人民币汇率的争议再起；在积极发展低碳经济和清洁能源的背景下，中国经济规模急剧扩大，资源消耗和污染物排放总量持续增加，节能减排的内外压力越来越大，在气候变化和环境问题日益受到重视的情况下，中国经济发展受到的制约也会继续增加。

5.3.3 后危机时期中国的对策选择

历史事件的深远意义必然要经过一段长时期的观察才能充分表现，再过 10 年或者更长时间，这次“百年一遇”的世界经济和金融危机给世界带来深远影响必然更为清晰。孙中山先生说：“世界潮流、浩浩荡荡，顺之者昌，逆之者亡”，历史机遇转瞬即逝，为使缩短中国成为世界强国的发展历程，我们当下必须准确把握潮流，敏锐判断方向，掌握天下大势，统筹考虑内部和外部影响因素，统筹兼顾眼前与长远经济利益，统筹运用国内和国外两种资源，妥善解决当前后危机时期影响中国经济发展的突出问题。

(1) 积极参与全球治理，稳步推进人民币国际化进程。随着全球化的深入推进，世界经济联系愈益紧密，全球治理问题日益重要。后危机时期全球治理所带来的不只是外部挑战，还有自身发展的战略机遇。参与全球治理不但事关国际责任，而且关系到本国的经济利益。中国已经超越了被动遵从国际规则的阶段，目前有实力也有机会主动参与制订国际规则。因此，在实现世界经济再平衡的过程中，中国要积极开展与世界大国的合作，努力参与现有主要国际组织的改造，积极参与国际经济政策协调和规则的制定，推广中国经济建设的经验和有效做法，促进各国交流合作，共同搭建有效的全球经济治理架构，推动经济全球化朝着均衡、普惠、共赢方向发展。在参与全球治理过程中，中国要多方面搭建平台和载体，人民币国际化是值得重视的一个战略选择。后危机时期“去美元化”呼声甚高，从目前发展趋势看，人民币未来很可能会与美元、欧元共同成为世界 3 种主要货币。因此，应当扩大货币互换和跨境贸易结算，逐步改革我国结售汇管理体制，推进人民币自由兑换和汇率的定价机制，力争到 2020 年人民币能够成为重要的国际储备货币之一。

（2）充分利用国际规则，反对贸易保护主义。后危机时期贸易保护主义幽灵再现，世界银行 2010 年 2 月发布的全球贸易预警报告显示，1—2 月，各国采取的贸易限制措施接近贸易开放措施 4 倍。在这样的背景下，西方发达国家特别是美国对华贸易限制措施升级，具体表现为贸易保护的频率升级、强度升级、手段升级和内容升级，贸易摩擦有转为常态化的趋势。中国应充分利用国际规则，尽快形成政府、行业协会和企业联合应对的贸易救济机制，以遏制发达国家贸易保护政策产生不断扩散的“涟漪效应”。在未来的多边谈判中，我国更应重视为应对外部冲击而保留必要政策空间的特殊保障机制的制定，在灵活性和原则性之间寻求平衡。在反对贸易保护主义的同时，也应当看到，经过这次经济危机，以往的国际贸易条件已不复存在，后危机时期出口贸易继续保持高速增长在经济上和政治上都是不可持续的，中国必须更加注重扩大国内需求，使经济进入创新驱动、内生增长的轨道。

（3）调整优化经济结构，筑牢可持续发展的经济基础。国际金融危机的冲击充分暴露了中国经济结构内存的矛盾和问题，主要是产业结构不合理，部分行业产能过剩，过度依赖于投资和出口，自主创新的能力不强，缺乏核心的技术和品牌，创意设计不足，总体处于国际产业分工体系的中低端。中国的产业处于产品附加值和利润分配的低端（具体可见图 5.3“微笑曲线”）。在这样的国际分工位置上，经济发展必然依靠大量消耗物质资源驱动，资源环境难以支持，经济发展难以为继。在后危机时期，要加快调整工业结构，推动制造业与面向生产的服务业紧密结合，推动劳动密集型与资金密集型、技术密集型产业协调发展。同时要提升技术和产业产品结构，优化区域布局，改善产业组织结构。建立产业区域协调机制，根据科学规划布局，引导沿海地区与内地产业接续转移。

（4）发展战略性新兴产业，抢占技术制高点。经济危机往往会孕育出新的科技革命，技术创新是推动经济持续稳定健康发展的持久

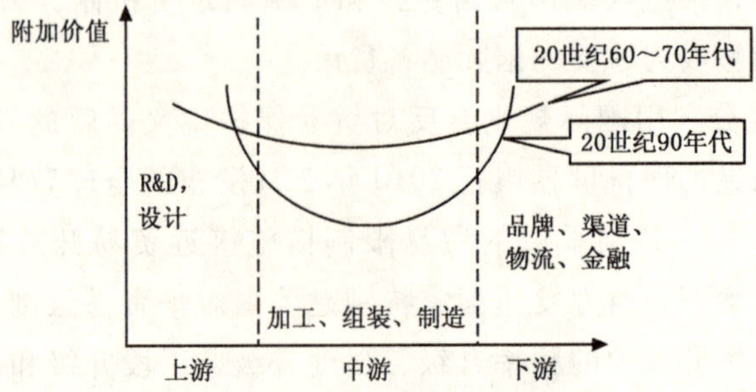

图 5.3　微笑曲线

动力。后危机时期，以美国为首的发达国家提出了“低碳经济”、“再工业化”和“智慧地球”等新的理念，加快布局新能源、新材料、信息环保、生命科学等领域发展，抢占未来科技制高点。中国也应当充分利用新技术革命带来的契机，以促进信息技术的深度应用为目标，提升信息化与工业化融合的水平，利用信息化技术加快传统产业改造，促进产业升级，制定实施鼓励物联网发展的政策措施，切实推动电子商务、电子政务的研发应用。在改造传统产业的同时，还要通过培育和发展新能源、新材料、生物技术、电动汽车、节能环保和先进制造业等战略性新兴产业拓展国民经济增长点。如能通过科技创新在战略性新兴产业发展中占据制高点，创设新的比较优势，中国就能够有效提高能源利用效率，进一步提高可持续发展能力。

结　论

经对西方经济学经济周期理论进行系统综述，并采用历史分析的方法，理论抽象的方法和统计计量的方法对新中国成立以来经济周期波动进行实证分析，我们清楚地看到，无论是计划经济体制还是市场经济体制，只要处在现代化工业化进程中，国民经济运行都是有周期的，而且波浪式前进、螺旋式上升作为事物运动和发展的一般规律，同时也是经济发展的一般规律，这符合辩证法关于世界物质运动发展规律的论断。经过前几章的分析论证，笔者认为，经济周期是进入现代工业社会后经济运行的普遍现象，源自国民经济各部类各自生产要素投入波动及汇总后的相关性。

中国迈向现代化的过程同时也是实现工业化的过程。因此，对经济周期实施有效地调控管理就是中国经济发展和建设过程中必然要解决好的一个重大问题。中国经济周期具有社会主义市场经济体制下的独特规律。这是因为，中国的经济周期受到投资因素的影响很大，在改革开放以后发生的历次经济周期基本都属于供给驱动型，因而，中国经济周期的一个显著特征是受到政府的影响很大。在很大程度上，中央政府可以对国民经济的周期性波动实施调控管理，而且只要采取正确的宏观调控政策，在中国模式下，政府可以达到掌控经济周期的程度。

由于存在市场失灵，而且面对日益复杂的经济活动，市场无形之手日益表现出无能为力，政府“有形之手”干预经济发展就变得日益重要。从调控管理经济周期的目的看，在宏观经济学中，萨缪尔森“熨平”经济周期作为调控管理的目的，在调控管理中国经济周期过程中，笔者认为，单纯追求“熨平”经济周期的调控方式目的过于单一，而且在熨平经济周期波动的同时，也熨平了经济国民经济发展和经济结构调整的机会和机遇。而调控管理经济周期是在对经济周期规律更全面、更准确认识的基础上，对经济周期规律的更有效利用。经济发展出现周期性的“波浪”是不可控的，是无法消除的；但“波浪”的大小是可控的，过大或过小的“波幅”是可以消除的。管理经济周期既不是消除经济周期，也不是削平经济波动，而是有效管理和避免经济发展过程中内部和外部的巨大冲击，避免国民经济出现大起大落，避免社会经济非正常波动。在管理经济周期过程中，要准确判断经济发展的阶段和经济周期所处方位。在经济周期上升阶段，要把关系到国民经济全局发展的战略性新兴产业摆在更为优先的位置上，借助市场的力量实现“乘势而上”，加快这些战略性新业产业的发展，在世界经济竞争中抢占发展的制高点；对于技术落后、产能过剩的行业，则要通过政府规制严格管理，防止这些夕阳产业出现过度投资和盲目发展。在经济周期下降阶段，要在反周期的宏观经济政策中对优先产业给予重点倾斜，政府要适当调配资源，保证战略性新兴产业平稳发展，顺利渡过经济周期波动时期，为下一轮快速发展积蓄力量，同时对落后产能和产业采取“顺势而为”的做法，借助市场的力量予以淘汰，从而减少震荡和退出阻力，用最小的经济社会综合成本实现产业结构的升级换代。

基于21世纪头20年是中国经济发展和现代化建设的战略机遇期判断，根据第一个十年中国政府已对经济周期波动实施有效调控管理的经验，本文建议在下一个十年中，中国经济发展过程中应当着眼于供给，同时兼顾需求，根据后危机时期世界经济全球化趋势继续加强、新兴经济体所占比重逐渐加大、经济多极化趋势不断加快的形势发展变化，准确判断世界经济格局变动对未来中国经济发展的双重影响，努力把握这次危机给中国增强经济实力和扩大国际影响提供的难得机遇，加强中国在世界经济中的地位；同时要对外部世界带来的不利影响给予充分重视和评估，积极参与全球治理，反对贸易保护主义，调整优化经济结构，发展战略性新兴产业，抢占技术制高点。在把握外部世界发展趋势前提下，要加快转变经济发展方式，尽快推动产业结构优化升级，通过优化需求范畴的国民收入分配结构，提高国民收入水平，增加有效需求，从而拉动供给，带动产业和产品结构优化升级，推动经济进入创新驱动、内生增长的发展轨道，引领新一轮经济周期在高位持续稳定发展。

主要参考文献

[1] 亚当·斯密:《国民财富的性质和原因的研究》,商务印书馆 1972 年版。

[2] 马克思:《马克思恩格斯全集》,人民出版社 1962 年版。

[3] 凯恩斯:《就业、利息和货币通论》,华夏出版社 2005 年版。

[4] 色诺芬:《经济论》,商务印书馆 1961 年版。

[5] 西斯蒙第:《政治经济学研究(第一卷)》,商务印书馆 1960 年版。

[6] 马尔萨斯:《政治经济学原理》,商务印书馆 1962 年版。

[7] 列宁:《列宁选集(第 2 卷)》,人民出版社 1995 年版。

[8] 毛泽东:《毛泽东选集》,人民出版社 1991 年版。

[9] 萨伊:《政治经济学概论》,商务印书馆 1963 年版。

[10] 约翰·穆勒:《政治经济学原理》,商务印书馆 1997 年版。

[11] 阿尔弗雷德·马歇尔:《经济学原理》,商务印书馆 1983 年版。

[12] 熊彼特:《经济周期循环论》,中国长安出版社 2009 年版。

[13] 熊彼特:《经济分析史第 1—3 卷》,商务印书馆 2001 年版。

[14] 蒋中一:《数理经济学的基本方法》,商务印书馆 2004 年版。

[15] 保罗·萨缪尔森、威廉·诺德豪斯:《经济学(第 18 版)》,人民邮电出版社 2004 年版。

[16] 小罗伯特·E. 卢卡斯：《经济周期理论研究》，商务印书馆2000年版。

[17] 小罗伯特·E. 卢卡斯：《经济周期模型》，中国人民大学出版社2003年版。

[18] 布坎南：《经济学家应该做什么》，西南财经大学出版社1988年版。

[19] 齐默尔曼：《经济学前沿问题》，中国发展出版社2004年版。

[20] 丹尼尔·贝尔：《经济理论的危机》，上海译文出版社1985年版。

[21] 加尔布雷斯、戴瑞提：《宏观经济学》，经济科学出版社1997年版。

[22] 汪同三：《宏观经济模型论述》，经济管理出版社2007年版。

[23] 高铁梅：《计量经济分析方法与建模：Eviews应用及实例》，清华大学出版社2007年版。

[24] 李子奈、潘文卿：《计量经济学（第二版）》，高等教育出版社2009年版。

[25] 李雪松：《高级计量经济学》，中国社会科学出版社2008年版。

[26] 熊彼特：《经济发展理论——对利润、资本、信贷、利息和经济周期的探究》，中国社会科学出版社2009年版。

[27] 马克斯·韦伯：《经济·社会·宗教》，上海社会科学院出版社1997年版。

[28] 西蒙·库兹涅茨：《各国的经济增长》，商务印书馆2005年版。

[29] 特维德，董裕平译：《逃不开的经济周期》，中信出版社2008年版。

[30] 方福前：《当代西方经济学主要流派》，中国人民大学出版社2004年版。

[31] 斯坦利 L·布鲁:《经济思想史（原书第 6 版)》，机械工业出版社 2003 年版。

[32] 林兆木:《经济周期与宏观调控》，中国计划出版社 2008 年版。

[33] 刘明远:《马克思主义经济危机和周期理论的结构与变迁》，中国人民大学出版社 2009 年版。

[34] 刘崇仪:《经济周期论》，人民出版社 2006 年版。

[35] 刘树成:《经济周期与宏观调控》，社会科学文献出版社 2005 年版。

[36] 贾俊雪:《中国经济周期波动特征及原因研究》，中国金融出版社 2008 年版。

[37] 马丁·雅克:《当中国统治世界：中国的崛起和西方世界的衰落》，中信出版社 2010 年版。

[38] 王泽彩:《财政均富论》，经济科学出版社 2008 年版。

[39] 王梦奎:《迈向新增长方式的中国》，社会科学文献出版社 2007 年版。

[40] 刘俊生:《我国经济周期的测定与分析》，吉林大学商学院 2007 年博士论文。

[41] 刘树成:“继续延长本轮经济周期的适度高位运行——分析中国经济周期波动的良性大变形”，《经济学动态》2007 年第 8 期。

[42] 刘福垣:“工农两种生产方式的矛盾是现阶段中国经济社会诸种矛盾的总根源”，《管理世界》2000 年第 4 期。

[43] 刘恒、陈述云:“中国经济周期波动的新态势”，《管理世界》2003 年第 3 期。

[44] 秦宛顺、靳云汇、卜永祥:“中国经济周期与国际经济周期相关性分析”，《学习与实践》2002 年第 2 期。

[45] 刘金全、张海燕:“经济周期态势与条件波动性的非对称性关联分析”，《管理世界》2003 年第 9 期。

[46] 刘树成:“实现经济周期波动在适度高位的平滑化”，《经济研究》2005 年第 11 期。

[47] 陈磊："中国转轨时期经济增长周期的基本特征及其解释模型"，《管理世界》2002年第12期。

[48] 王梦奎："后危机时期的世界和中国经济"，《管理世界》2010年第1期。

[49] 柴尚金："国际金融危机'见底复苏'三问"，《红旗文稿》2010年第8期。

[50] 何方："全球化的几个问题"，《炎黄春秋》2010年第5期。

[51] 吴敬琏："中国应当走一条什么样的工业化道路"，《管理世界》2006年第8期。

[52] 王小鲁、樊纲、刘鹏："中国经济增长方式转换和增长可持续性"，《经济研究》2009年第1期。

[53] 林毅夫、余淼杰："我国价格剪刀差的政治经济学分析：理论模型与计量实证"，《经济研究》2009年第1期。

[54] 赵德馨："关于中国近代国民经济史的分期问题"，《学术月刊》1990年第4期。

[55] 朱佳木："对中国当代史定义、分期、主线问题的再思考"，《当代中国史研究》2010年第1期。

[56] 蔡昉、王美艳："劳动力成本上涨与经济增长方式转变"，《中国发展观察》2007年第4期。

[57] 潘维："中国经济模式是走向成功的模式"，《红旗文稿》2010年第8期。

[58] 李慎明："七大资源匮乏呼唤加快经济发展方式转变"，《红旗文稿》2010年第10期。

[59] 刘树成："努力延长经济周期的上升阶段"，《人民日报》2003年12月18日。

[60] 裴长洪："国际金融危机与我国对外开放形势"，《人民日报》2009年6月29日。

[61] 林兆木："危机对我国中长期经济增长格局的影响"，《人民日报》2009年7月6日。

［62］陈佳贵："推动我国经济迈向新一轮平稳较快发展"，《人民日报》2010年8月4日。

［63］巩胜利："中国'市场经济地位'能迅速得到吗？"，《中华工商时报》2010年6月2日。

［64］钱永昌："全球30个港口吞吐量上亿吨三分之二在中国"，《新华每日电讯报》2010年5月27日。

［65］吴敬琏、刘福垣、胥和平．专家谈话吴敬琏等纵论中国经济增长方式转变．2005年4月12日，http：//news. xinhuanet. com/newscenter/2005－04/12/content_2819513. html。

［66］李德水："国民经济指标和经济形势分析方法"，中国人大网2004年5月16日，http：//www. ruc. edu. cn/。

［67］李晓西："如何看待中国经济增长的真实性"，http：//blog. sohu. com/ people/zgq_dyy！ c/117766393. html。

［68］林毅夫："中国经济增长的真实性与可持续性"．国务院发展研究中心信息网．http：//www. drcnet. com. cn/DRCNet. Channel. Web/expert/showdoc. asp？ doc_id = 198649。

［69］霍兰："西方质疑中国经济数据真实性"，参考消息网，http：//www. badingjie. cn。

［70］白津夫："中国经济搅动海外舆论"，中国新闻网 http：//www. chinanews. com. cn/n/2003－01－27/26/267860. html。

［71］李博、奚平："西方关于中国的五大失败预言"，中国社会科学报人民网 http：//theory. people. com. cn/GB/41038/9822331. html。

［72］李海燕、郭翠荣："全球金融危机背景下国际经济政策协调"，http：//www. docin. com/p－51719440. html。

［73］张严冰："崛起的中国与全球治理"，http：//www. cass. cn/file/2010020 4257330. html.

［74］俞可平："全球治理引论"，http：//www. ailong. com/pages/journal/mks/。

［75］Correia，I.，J. C. Nves and S. ebelo，Business Cycles in a

Small Open—Economy [J], *European Economic Review*. 1995, 39 (6).

[76] John Kenneth Galbraith. The Affluent Society (*Boston: Houghton Mifflin*). 1958.

[77] Burns, A. F., and Mitchell, W. C., Measuring Business Cycles, *New York: NBER*. 1946.

[78] Barro, R. J., Inflation and economic growth. Bank of England Quarterly Bulletin, 1995.

[79] Beverage, S1, and Nelson, C1, A new approach to decomposition of economic time series into permanent and transitory components with particular attention to measurement of the business cycle, *Journal of Monetary Economics*, 1981.

[80] BjOrnland H. C. Detrending methods and Stylized Facts of Business Cycles in Norway—an International Comparison, *Empirical Economics*, 2000.

[81] Hodrick, R. J., and Prescott, E. C. Post—war U. S. business cycles: an empirical investigation Working Paper, *Carnegie University*. 1980.

[82] Kydland, F. E. and E. C. Prescott, Time to Build and Aggregate Fluctuation, Econometrica 50, November. 1982.

[83] Hamilton, J. D., A new approach to the economic analysis of nonstationary time series and the business cycle, Econometrica, 1989.

[84] Long, J. and C. Plosser. Real Business Cycles, *Journal of Political Economy*. 1983.

[85] Romer, C. D. Changes in Business Cycles: Evidence and Explanations, *NBER Working Paper*. 1999.

[86] Sichel, D. E. Are Business Cycles Asymmetric? A Correction, *Journal of Political Economy*, 1989.

[87] Solow R M. Intergenerational equity and Exhaustible Resources. *Review of Economic Studies*, 1974.

[88] Barro, R. J. Ragional Expectations and the Role of Monetary

Policy, *Journal of Political Economy*, 1976.

[89] Blinder, A. S. , and S. Fischer. Inventories, Ragional Expectations and the Bussiness Cycle, *Journal of Monetary Economics*, 1981.

[90] Chatterjee, S. From Cycles to Shocks: Progress in Bussiness Cycle Theory, *Business Review*, 2000.

[91] Makin · H · John. China: Bogus Boom? American Enterperise Insitute [OL] http: //www. aei. org/docLib/08 – EO – Aug – 2009g. pdf.

[92] Cho, J. O. , and R. F. Cooley. The Business Cycle with Nominal Contracts, *Economic Theory*, 1995.

[93] Makin · H · John. Can China Keep Growing? American Enterperise Insitute [OL] http: //www. aei. org/docLib/05% 20EO% 20May – g. pdf.

[94] Backus, D. K. , P. J. Kehoe, and F. E. Kyland. Imternagional Bussiness Cycles: Theory vs. Evidence, *Federal Reserve Bank of Minneapolis Quarterly Review*, 1993.

[95] Chen, Shyh – wei and Lin, Jin – Lung, Indentifying Turning Points and Bussiness Cyclys in Taiwan: A Multivariate Dynamic Markov – Switch Factor Model Approach, *Academia Econimic Papers*, 2000.

[96] Hamilton, J. , Anew Approach to the Economic Analysis of Nonstationary Time Series and the Business Cycle, *Econometrica*, 1989.

致 谢

在本书即将出版时，请允许我郑重拜谢博士生导师吴宇晖教授，拜谢博士后导师财政部科学研究所所长贾康研究员，同时感谢中国社科院副院长兼当代中国研究所所长朱佳木研究员，感谢当代中国经济研究所武力研究员和于俊霄研究员，感谢陈翔先生，感谢王泽彩博士，感谢中央人民政府驻澳门特别行政区联络办公室各位领导和同事，特别感谢行政财务部各位领导及同事，特别感谢吉林省财政厅各位领导、人事教育处领导和全体同仁。本书出版还得到中国财政经济出版社赖伟文副总编辑的大力支持，财经社赵力编审也为本书的编辑出版付出了大量心血，如果没有这些专家学者、领导、同事和家人朋友的支持，我将无法顺利完成此项研究，对于大家的关怀和指导，我将永远铭记在心。

本书是在我的博士论文基础上编辑出版的，而博士论文主要是我在澳门工作期间完成的。写作博士论文，使我在澳门的业余时间里心有所属，情有所系，学有所长，当我身在境外，更方便地查阅世界各个经济体的发展资料，特别是接触东南亚国家及南亚国家的经济实践时，我对祖国经济建设的成就有了更深刻的独特体会。苏轼是对的，“横看成岭侧成峰，远近高低各不同，不识庐山真面目，只缘身在此山中。”当我获得了一个在时间和空间上远距离观察中国经济建设历史的立足点时，祖国建设的成就令我深深体会到建设成果的来之不易，同时也充分理解了为什么海外华人华侨特别期盼祖国母亲的强大，为什么离家万里的游子分外惦念家乡和父母的消息。这次博士论文写作的过程是我受教育和受感动的过程，作为一名学习和研究西方经济学的博士研究生，我曾每每醉心于西方经济理论的富丽堂皇和精准分析与数学方面的简练与优美，但当我面对反映新中国建立时“一穷二白”建设基础的各项经济指标的枯燥数据时，我却不止一次泪湿衣襟，因为数据虽然抽象枯燥，但作为一名经济学人，我深知数据所代表的艰难困苦，也深知数据所代表的巨大成就，在拿到和分析数据过程中，我深深体会到共和国建设的艰辛与成就的伟大。在这数据背后，我看到了奋斗发展史、理论创新史和自身建设史，也看到了先行者们无与伦比的开拓勇气和前所未有的创新精神。历史不允许假设，但在研究中国当代史时，仍有假设难以回避：如果没有中国一九四九年的惊天巨变和前人 60 年来胼手胝足、齐心协力的艰苦建设，现在的中国又将是怎样的中国？

前人节衣缩食的奋斗成果使我们这一代人身受恩泽，我在想，如果再过 60 年，如果再有后人翻阅或研究中国经济 120 年的周期性波动与变化时，我们这一代人所影响的经济周期效果能否与前面的 60 年相媲美，我们能否有对历史的合格答卷？这个问题将鞭策我在今后的研究道路上继续求索。“不要问你们的国家能为你们做些什么，而要问你们能为国家做些什么。”这带有强烈集体主义精神和社会主义色彩的语言恰恰出自美国总统肯尼迪的就职演说中，愿我们重拾新中国成立初期中华民族无所畏惧的奋斗精神，为祖国的明天，也为后人的福祉而努力奋斗！